ESOTERISCHES WISSEN

Herausgeber dieser Reihe Michael Görden

DALAI LAMA
MICHAEL VON BRÜCK

WEISHEIT DER LEERE

WILHELM HEYNE VERLAG
MÜNCHEN

HEYNE ESOTERISCHES WISSEN
08/9614

Genehmigte Taschenbuchausgabe erschienen im Wilhelm Heyne Verlag, München
Printed in Germany 1992
Umschlaggestaltung: Atelier Adolf Bachmann, Reischach
Umschlagillustration: action press, Hamburg
Satz: Layout & Grafik 1000, München
Druck und Bindung: Presse-Druck Augsburg

ISBN 3-453-06093-8

Die Übersetzungen der Originaltexte stammen
von Margareta von Borsig, Heinz Braun,
Michael von Brück, Torakazu Doi
und Jampa Panglung.

Inhalt

Zur Aussprache der Sanskritbegriffe

Die Längsstriche über den Vokalen *ā*, *ī* und *ū* zeigen die gedehnte Aussprache an; *e* und *o* werden immer lang ausgesprochen. Das *ṛ* sonans wird etwa wie *ri* ausgesprochen, also *saṃvriti* für *saṃvṛti*. *C* wird als *tsch*, *j* als *dsch* gesprochen. Die Laute *ś* und *ṣ* entsprechen dem deutschen *sch*; *y* wird wie das deutsche *j*, *v* wie *w* gesprochen. Das *ñ* entspricht italienischem *gn*, während *ṃ* den vorangehenden Vokal leicht nasaliert. Am Ende eines Wortes bedeutet *ḥ* eine leichte Behauchung. Betont werden die langen Silben.

Rad der Lehre und Gazellen.
Symbol für die erste Predigt des Buddha
im Gazellenhain bei Sarnath.

Vorwort

Das Wesen des Mahāyāna-Buddhismus

Buddhisten können von Nicht-Buddhisten aufgrund ihrer philosophischen Grundhaltung und durch ihre Praxis unterschieden werden.

Was die philosophische Grundhaltung betrifft, so kann der als Buddhist betrachtet werden, der die Vier Siegel der Lehre des Buddha akzeptiert, daß nämlich 1. alles verunreinigte Dasein leidvoll ist, 2. alle zusammengesetzten Erscheinungen vergänglich sind, 3. alle Erscheinungen ohne inhärentes Selbst sind und 4. *nirvāṇa* Friede ist. Wer dies nicht anerkennt, kann nicht als Buddhist bezeichnet werden.

Was die Praxis betrifft, so gilt die allgemeine Anschauung, daß jeder ein Buddhist ist, der die Drei Juwelen als seine letztgültige Zuflucht betrachtet. Wer dies nicht tut, ist ein Nicht-Buddhist. Diese Drei Juwelen sind Buddha, Dharma und Saṃgha.

Will man die Drei Juwelen im Zusammenhang ihrer historischen Tradition erklären, so muß zuerst der Buddha genannt werden. Er überliefert und spricht das Wort der Lehren, diese bilden den schriftlich festgelegten Dharma. Indem sich nun die Schüler auf das Drehen des Dharma-Rades durch den Buddha[1] verlassen und den Dharma wahrhaftig üben, entwickeln sie die Verwirklichung des Dharma in ihrem eigenen Bewußtseinsstrom; dies versteht man unter dem verwirklichten Dharma. So gibt es zwei Aspekte des Dharma: den schriftlich festgelegten und den verwirklichten Dharma.

Ein Schüler wächst stufenweise in der Verwirklichung des Dharma, bis er endlich zur direkten Einsicht in die Natur der

1 Die Verkündigung des Buddha, vor allem die erste Predigt in Benares.
(Die Anmerkungen und Erläuterungen zum Vorwort stammen vom Herausgeber dieses Bandes).

Wirklichkeit gelangt. Wer übt und diese Ebene erreicht hat, wird *ārya saṃgha* genannt, er ist ein Heiliger, der höhere spirituelle Ebenen betreten hat.

Das erklärt, wie die Drei Juwelen Buddha, Dharma und Saṃgha als eine bestimmte geschichtliche Tradition entstehen. Wie aber erreicht der einzelne Übende das fortgeschrittene Stadium der Drei Juwelen, die Stufe nämlich, auf der ein Schüler übt oder bereits jenseits der Übung angelangt ist?

Hier muß zuerst der schriftlich festgelegte Dharma genannt werden, nämlich der *tripiṭaka* oder die ›Drei Körbe der Literatur‹. Diese Schriften muß der Schüler studieren und meditieren. Die drei entscheidenden Themen dieser Schriften sind die Belehrungen über Tugend *(śīla)*, Meditation *(samādhi)* und Weisheit *(prajñā)*. Die Schüler müssen alle drei üben und in ihrem eigenen Bewußtseinsstrom lebendig werden lassen.

Tugend ist die Grundlage aller Übung. Auf dieser Grundlage kultiviert der Übende seine Meditation in Einheit mit Weisheit oder vereint ›*śamatha* und *vipaśyanā*‹. Die Meditation wird schrittweise immer weiter vertieft, bis schließlich die direkte Einsicht in das Wesen der Wirklichkeit erlangt wird.

Diesen Übungsweg nennt man auch den ›wahren Pfad‹, und das Ziel oder der Zustand, zu dem er führt, heißt ›wahres Aufhören‹. Diese zwei zusammen beschreiben das, was wir unter Dharma verstehen. Sind beide Aspekte fest im eigenen Bewußtseinsstrom verankert, wird man ein *ārya saṃgha*. In bezug auf die Drei Juwelen ist man dann zu einem ›wirklichen Saṃgha-Juwel‹ herangereift.

Nun fährt man fort, die vielfältigen und tiefgründigen Methoden des Dharma zu üben, die als die Drei Höheren Übungswege[2] bekannt sind, bis man schließlich alle Fehler und Befleckungen vom eigenen Daseinsstrom, also der eigenen Existenz, entfernt hat. Ist das erreicht und ein letztgültiges Stadium erlangt, in dem alle Verblendungen überwunden sind, gelangt man zur Erfahrung des nichtverweilenden *nirvāṇa*. Damit ist die Erleuchtung eines Bodhisattva

2 Tugend *(śīla)*, Meditation *(samādhi)*, Weisheit *(prajñā)*.

gemeint, der weder im weltlichen Daseinskreislauf *(saṃsāra)* noch im *nirvāṇa* verweilt. In diesem Moment ist man zu einem Übenden auf der Stufe jenseits aller Übung geworden und hat die Buddhaschaft erreicht.

Dies beschreibt, wie ein Individuum durch systematische Praxis die verschiedenen Ebenen der Verwirklichung des Dharma durchläuft. Wenn der Übende den schriftlich festgelegten und verwirklichten Dharma anwendet, erzeugt er allmählich im eigenen Bewußtseinsstrom das wirkliche Dharma-Juwel. Und es ist eben diese Qualität, die verwandelnde Kraft hat und einen Menschen zuerst zum *ārya saṃgha* und dann zu einem *Buddha* werden läßt. Das bedeutet, daß alle Drei Juwelen von jedem ganz normal Übenden erfahren und verwirklicht werden können.

Wer den Pfad auf diese Weise geht, gelangt Schritt für Schritt zum Stadium der vollständigen und vollkommenen Buddhaschaft. Wenn wir nun die Frage stellen, ob die Buddhas vielleicht ohne Ursachen bzw. ohne bestimmte Bedingungen entstanden seien oder ob sie immer anfangs- und bedingungslos existiert hätten, so ist die Antwort negativ. Buddhas sind nicht ohne Ursache da, sondern sie entwickeln sich in Abhängigkeit von bestimmten und entsprechenden Bedingungen. Weil also Buddhaschaft in Abhängigkeit von bestimmten Ursachen und Bedingungen entwickelt wird, kann sie auch immer wieder neu erlangt werden – unerleuchtete Wesen können somit die Erleuchtung aus sich heraus verwirklichen.

Entscheidende Bedingung für die Erleuchtung ist die Entwicklung des Erleuchtungsgeistes *(bodhicitta)*, der zwei Tendenzen in sich trägt: einmal, das Wohl aller lebenden Wesen zu suchen, und zum anderen das Streben nach Erleuchtung. Das ist die Wurzel der Buddhaschaft.

Wurzel dieser Wurzel ist das Bewußtsein der allumfassenden heilenden Hinwendung zu allen Wesen *(mahākaruṇā)*. Diesbezüglich hat Ācārya Candrakīrti[3] gesagt: »Das, was die Erleuchtung zuwege bringt, ist die Vollkommenheit in allumfassender heilender Hin-

---

3 Candrakīrti (6. Jh. n. Chr.), wichtigster Mādhyamika-Philosoph nach Nāgārjuna und Āryadeva.

wendung.« Das bedeutet, daß letztlich nichts anderes als ein offenes und mitfühlendes Herz voll heilender Hinwendung zu allen Wesen *(karunṇā)* die Bedingung dafür ist, daß man zur allwissenden Erleuchtung gelangt.

Buddha

Dies wird sichtbar im Leben unseres Buddha Śākyamuni und in den Erzählungen über seine früheren Leben, als er noch ein Bodhisattva auf den gewöhnlichen Ebenen der Übung war, wie sie in den *jātaka*-Geschichten überliefert sind. Zuerst hat er ein gutes Herz oder die edle Haltung in sich entwickelt, die in dem Wunsch besteht, anderen hilfreich zu sein. Auf dieser Grundlage verrichtete er dann die zahlreichen einzelnen Übungen von Methode *(upāya)* und Weisheit *(prajñā)*, die schließlich in den Sechs Vollkommenheiten zusammengefaßt worden sind.[4]

Grundlage war für ihn die Motivation der heilenden Hinwendung zu allen Wesen, der Wunsch, anderen beizustehen. So übte er sich in den Sechs Vollkommenheiten, um schließlich in spezifischer Weise die Übungen der höheren Meditation und höheren Weisheit zu meistern. Um ein vollkommener Buddha zu werden, hat er also systematisch die Fünf Pfade[5] und Zehn spirituellen Ebenen[6] geübt und erlangt.

Die Eigenschaften eines Buddha sind dreifach: solche, die mit der Erkenntnis zusammenhängen, diejenigen der heilenden Hinwen-

---

4 Die Sechs Vollkommenheiten des Mahāyāna *(pāramitā)* sind: uneingennütziges Geben *(dāna)*, tugendhaftes Verhalten *(śīla)*, Geduld *(kṣānti)*, Tatkraft *(vīrya)*, Meditation *(dhyāna)*, Weisheit *(prajñā)*.

5 Bei den Fünf Pfaden *(mārga)* handelt es sich um die Aspekte der Praxis, die ein Bodhisattva auf dem Weg zur Buddhaschaft nacheinander meistern muß: Anhäufung von positiven Bewußtseinsformungen *(saṃbhāra-margā)*, Anwendung *(prayoga-margā)*, Einsicht *(darṣana-margā)*, Meditation *(bhāvanā-margā)* und Meisterschaft *(aśaikṣa-mārga)*.

6 Dies sind die *bodhisattva-bhūmi* oder Ebenen bzw. Grade der Verwirklichung: die Ebene der Freude *(pramuditā)*, der Reinheit *(vimalā)*, des Leuchtens *(prabhākarī)*, des Strahlens *(arciṣmatī)*, der Unüberwindbarkeit *(sudurjayā)*, des Widerstehens *(abhimukhī)*, des Weitreichens *(duraṃgamā)*, der Unerschütterlichkeit *(acalā)*, der heilsamen Intelligenz *(sādhumatī)* und der Dharmawolke *(dharmameghā)*.

dung und solche, die seine Macht ausdrücken. Hierbei sind die am wichtigsten, die sich auf die heilende Hinwendung zu den Lebewesen beziehen.

Das Wesen des Buddha

Was die Frage nach Natur und Wesen eines Buddha betrifft, so finden sich in den Schriften der Śrāvakas (dem Theravāda-Kanon) noch keine Hinweise auf die drei *kāya* (Buddha-Körper), sondern nur Erzählungen vom historischen Buddha, der in Indien geboren wurde. Die ersten seiner zwölf grundlegenden Taten werden als die eines gewöhnlichen Menschen angesehen. Erst als er dann in der Meditation plötzlich vom Stadium der Vorbereitung in das der höchsten Vollendung gelangt war, erreichte er die tiefste Einsicht und die Buddhaschaft. Dieser Ansicht zufolge war der Buddha also zu Beginn seines Lebens ein ganz gewöhnlicher Mensch, und erst nachdem er zur Erleuchtung gekommen war, vollbrachte er die ›Taten eines Buddha‹.

Diese Interpretation der Śrāvakas erläutert die Überwindung der vier *māras*[7] durch den Buddha so: In Bodh Gayā[8] überwand er zwei *māras*, nämlich den dämonischen *māra (devaputra)* und den *māra* der Verblendung. In Kushinagar[9] schließlich, als er in das *parinirvāṇa* eintrat, das heißt, als er starb, überwand er noch die letzten beiden *māras*: den *māra* des Todes und *māra* der vergifteten Daseinselemente. Zu diesem Zeitpunkt erlangte er das ›*nirvāṇa* ohne Rest‹ (vergifteter Daseinselemente, d. h. eines noch vergänglichen Körpers).

Die Schriften der Bodhisattvas (Mahāyāna-Schriften) deuten das Wesen des Buddha auf andere Weise. Danach erschien unser

---

7 Personifizierte Mächte von Hindernissen auf dem spirituellen Weg, Gottheiten des Bösen und der Versuchung. Die vier Māras sind *kleśa māra* (Bewußtseinsverunreinigungen bzw. Verblendung), *skandha-māra* (der die Skandhas bzw. vergifteten Daseinselemente betreffende Māra), *mṛtyu-māra* (Māra des Todes), *devaputra-māra* (dämonenartige Māras).

8 Der Ort, an dem der Buddha zur Erleuchtung kam. Heute eines der wichtigsten Pilgerzentren der buddhistischen Welt im indischen Bundesstaat Bihar.

9 Stadt in Nordindien, nicht weit von Bodh Gayā entfernt.

Buddha in der Form eines höchsten *nirmāṇakāya*, er inkarnierte sich in der Welt für das Heil derer, die ihm auf dem Übungsweg folgen sollten. Anfangs gab er nur vor, ein unerleuchtetes Wesen und gewöhnlicher Mensch zu sein. Er entsagte dem weltlichen Leben, wurde Mönch und übte sechs Jahre lang strengste Askese, bis er schließlich seine vollkommene Erleuchtung bekanntmachte, das Rad der Lehre zu drehen begann und zuletzt seinen Eingang ins *parinirvāṇa* offenkundig machte.

Aber all diese Taten in ihrer Abfolge hat er nur zur Belehrung für die anderen vollbracht. In Wahrheit war er während der gesamten Zeit vollkommen erleuchtet.

Einige der Śrāvaka-Schulen meinen, daß der Bewußtseinsstrom eines Buddha aufhört, nachdem er in das *parinirvāṇa* eingegangen ist und das ›*nirvāṇa* ohne Rest‹ erlangt hat. Dem stimmen die Bodhisattva-Schriften nicht zu. Sie halten entgegen, daß es unlogisch ist, wenn ein Übender über zahllose Äonen positive Bewußtseinsformungen aufbauen soll, nur um sich dann eines Zustandes der Buddhaschaft zu erfreuen, der nicht länger währt als wenige menschliche Lebensjahre, da ja danach das Bewußtseinskontinuum ausgelöscht sein soll wie eine Butterlampe, die man ausbläst. Außerdem müßte es einen zureichenden Grund dafür geben, daß das Bewußtseinskontinuum plötzlich enden würde, aber ein solcher Grund wird nicht angeführt.

Nein, die Befleckungen und Vergiftungen des Bewußtseins können ausgelöscht werden; ihrer Existenz ist eine Grenze gesetzt. Aber es gibt keinen Grund anzunehmen, daß die Kontinuität des Bewußtseins selbst, das ja die Basis der aufgetragenen Befleckungen ist, jemals ausgelöscht wird. Es ist logisch unhaltbar zu behaupten, daß ein Bewußtsein im Stadium des ›*nirvāṇa* ohne Rest‹ aufhören sollte.

Aus diesem Grunde kann gelten, daß das Bewußtseinskontinuum unseres Buddha weiterhin besteht, nachdem er das Stadium des ›*nirvāṇa* ohne Rest‹ erlangt hatte. Mehr noch, man muß auch einen Form-Aspekt annehmen, der diesem Bewußtseinskontinuum als Träger dienen kann: Der gewöhnliche (materielle) Körper des

Buddha war mit dem Eintritt ins *parinirvāṇa* vergangen. Da nun sein Bewußtseinskontinuum weiter existierte, mußte es eine Basis (eine Trägerenergie) für dieses Bewußtsein geben. Deshalb haben wir von einem Form-Körper zu sprechen, der dem Bewußtsein als Träger dient.

Aus diesem Grund wurde in den Bodhisattva-Schriften die Theorie von den drei *kāya* entwickelt – *dharma-kāya, saṃbhoga-kāya* und *nirmāṇa-kāya*, oder Wahrheitskörper, Seligkeitskörper und Emanationskörper. Denn auf welcher Grundlage entsteht der höchste Emanationskörper eines Buddha? Er formt sich aus dem Seligkeitskörper. Und was ist die Grundlage dieses Seligkeitskörpers? Der Wahrheitskörper, die Sphäre des *dharmadhātu*, in der die Zwei Verdunklungen[10] vollkommen gereinigt und der Klarheit gewichen sind. Der Urgrund dieser drei Körper ist *dharmadhātu* (der Bereich des Dharma oder letztgültigen Wahrheit) selbst. Auf diese Weise erläutern die Bodhisattva-Schriften die Theorie der drei Körper *(kāya)*.

Der *dharma-kāya* wird gelegentlich unter zwei Aspekten betrachtet: Erstens unter dem Aspekt der letztgültigen Weisheit, die Einsicht in das absolute Wesen der Wirklichkeit ermöglicht, der Weisheit der Allwissenheit also, die als Weisheits-Wahrheits-Körper oder *jñāna-kāya* bezeichnet wird. Zweitens unter dem Aspekt der reinen Leere aller Erscheinungen, die jene Weisheit der Allwissenheit herbeiführt. Sie entspricht der wahren Natur der Wirklichkeit. Dies nennt man den Wesens-Wahrheits-Körper oder *svabhāvakāya*.

So sprechen wir also von zwei reinen *dharma-kāyas*: der eine, der in seinem Wesen oder von Natur her rein und von der Einsicht in die Leere erfüllt ist, und der andere, der von verschiedenen Verunreinigungen gereinigt worden ist. Wenn man den *dharma-kāya* so interpretiert, werden aus den drei *kāya* vier.

---

10 *āvaraṇadvaya:* 1. die Verdunklung, die durch Verunreinigungen (Leidenschaften) entsteht *(kleśāvaraṇa)*, 2. die Verdunkelung in bezug auf Erkenntnisobjekte *(jñeyāvaraṇa)*. Die erste kann von Arhats und Bodhisattvas, die letzte nur von vollkommen erleuchteten Buddhas überwunden werden.

An dieser Stelle ist es sinnvoll, wenn ich einige Bemerkungen zum Tantra-(Mantra-)Fahrzeug, dem Vajrayāna, mache und erläutere, in welcher Beziehung es zu der gesamtbuddhistischen Vorstellung von der Zuflucht steht.

Das Geheime Tantra-(Mantra-)Fahrzeug beschreibt in seinen zahlreichen tantrischen Schriften Mandalas, und in Verbindung mit diesen Mandalas können wir von verschiedenen tantrischen Gottheiten oder Buddha-Formen sprechen. Diese treten als Manifestationen verschiedener Bewußtseinskontinua oder auch eines einzigen Kontinuums auf. Im letzteren Fall manifestiert sich der barmherzige Buddha spontan in den Formen verschiedener tantrischer göttlicher Wesenheiten, und zwar in Übereinstimmung mit den geistigen Voraussetzungen und Neigungen der Schüler, die sich der Übung des Bewußtseinstrainings unterziehen (diese göttlichen Wesenheiten bilden also die Basis für die zahlreichen Mandalas). Alle tantrischen Gottheiten der vier Klassen von Tantras[11] sind nichts anderes als die Formen des Buddha, und darum gehören sie zum ersten Juwel, dem Buddha-Juwel.

Einige spezifische Tantras lehren Methoden, durch die innerweltliche göttliche Wesenheiten gnädig gestimmt werden sollen, damit der Übende die höheren geistigen Kräfte, wie zum Beispiel inneren Frieden, erlangen kann. In diesem Fall können einige dieser (Manifestations-)Formen der Kategorie des Saṃgha-Juwels zugeordnet werden.

Dharma

Welche Methoden aber gibt es nun, die Buddhaschaft zu erlangen? Oder mit anderen Worten: Was sind die Lehren des Buddha?

11 Zur Einführung in den tantrischen Buddhismus sei verwiesen auf R. u. M. von Brück, Ein Universum voller Gnade. Die Geisteswelt des tibetischen Buddhismus (vgl. Literaturverzeichnis).

Authentischer Überlieferung zufolge lagen neunundvierzig Tage zwischen der Erleuchtung des Buddha und seiner ersten Predigt, der Ersten Drehung des Rades der Lehre. Als die Zeit reif war, drehte er das Rad der Lehre zum ersten Mal in Benares (Sarnath) für die fünf herausragenden Schüler.

Diese Erste Drehung (Predigt) behandelte die tiefgründigen und umfassenden Stadien des Pfades in bezug auf die Vier Edlen Wahrheiten: Leiden, seine Ursache, die Beendigung des Leidens und der Weg, der zu dieser Beendigung führt.

Die Vier Edlen Wahrheiten

Die Grundidee dieser vierfachen Wahrheit kann man etwa so verdeutlichen: Wir alle wünschen Frieden und Glück. Nur wenn wir völlig frei von Leid sind, können wir letztgültigen Frieden und Glück erfahren. Glück, das fortwährend durch Erfahrungen des Leidens getrübt wird, ist nur ein vorübergehender Zustand von Glück. Um aber im letztgültigen Glück verweilen zu können, müssen wir völlig frei von jeder Form des Leidens werden.

Was also die ›Wahrheit von der Beendigung des Leidens‹ genannt wird, ist der Zustand, in dem alles Leiden und seine Ursachen vollkommen zur Ruhe gebracht und überwunden sind. Das ist der Zustand des endgültigen Friedens im *nirvāṇa*, die ›Beendigung des Leidens‹. Genau das wollen wir erlangen. Der Weg dorthin wird die ›Wahrheit des Pfades‹ genannt.

Der Pfad, der zum Glück führt, ist die Ursache, und der tatsächliche Zustand des Glücks ist die Wirkung. Um zu begreifen, was der Zustand ewigen Glücks ist, und um ihn erlangen zu können, müssen wir zuerst die Leiden erkennen, die zu überwinden sind. Diese unerwünschten Leiden, die man zusammenfassend als ›Wahrheit vom Leiden‹ bezeichnet, sind von dreierlei Art: das Erleiden unmittelbaren Schmerzes *(duḥkha-duḥkha)*, das Leiden an der Vergänglichkeit *(vipariṇāma duḥkha)*, und das Leiden, das mit dem Zustand der Daseinselemente im *saṃsāra* unweigerlich verbunden ist *(saṃskāra-duḥkha)*.

Diese Leiden sind die unerwünschten Folgen bestimmter Ursachen, und um sie zu überwinden, müssen wir ihre Quelle, also die Ursachen, beseitigen. Was aber sind die Ursachen? *Karman* und Verblendung. Sie beinhalten das, was mit ›Wahrheit von der Ursache des Leidens‹ gemeint ist.

Demzufolge entfalten die Vier Edlen Wahrheiten zwei Reihen von Ursache und Wirkung: die erste befaßt sich mit den verblendeten, die zweite mit den gereinigten Aspekten des Daseins. Die Vier Edlen Wahrheiten enthalten zahlreiche Übungsmöglichkeiten zur Überwindung.

Das immerwährende Glück, nach dem wir alle streben, und das Leiden, das keiner von uns wünscht, sind nicht etwa Erscheinungen, die ohne Ursache bestehen würden. Sie entstehen aufgrund besonderer Umstände und Bedingungen. Und deshalb kann der Zustand der ›Beendigung des Leidens‹ erlangt werden, indem man sich auf den wahren Pfad verläßt.

Was ist die Wurzel aller Vier Edlen Wahrheiten? Die Tatsache, daß alles, was existiert, ob schädlich oder hilfreich, wesensmäßig in gegenseitiger Abhängigkeit entstanden ist. Das bedeutet, daß alles, was entsteht, nur unter bestimmten Bedingungen entstehen kann. Nichts entsteht durch bloßen Zufall ohne Ursache und Bedingungen, und unserer Ansicht nach sind die Dinge auch nicht durch den Willen eines Schöpfergottes entstanden. Um uns unsere Lage bewußt zu machen und um zu verdeutlichen, wie Leiden und seine Ursachen überwunden werden können, hat der Buddha die Lehre von den zwölf Gliedern *(nidāna)*[12] des ›Entstehens in gegenseitiger Abhängigkeit‹ *(pratītya-samutpāda)* gelehrt. In dieser zwölfgliedrigen Kette bildet der Wurzelgrund allen Leidens das erste Glied: die Unwissenheit *(avidyā)*. Abhängig von diesem ersten Glied entsteht das zweite: die leidverursachenden karmischen Bildungen *(saṃskāra-karma)*. Diese hinterlassen Spuren im Bewußtseinskontinuum, und

---

12 Die zwölf Glieder sind: Unwissenheit *(avidyā)*, karmische Bildungen *(saṃskāra)*, Bewußtsein *(vijñāna)*, Name und Form *(nāmarūpa)*, die sechs Sinne *(ṣadāyatana)*, Berührung *(sparśa)*, Empfindung *(vedanā)*, Anhaften *(tṛṣṇa)*, begierdehaftes Greifen *(upādāna)*, Existenz *(bhāva)*, Geburt *(jāti)*, Alter und Tod *(jaramaraṇa)*.

das ist das dritte Glied *(vijñāna)*. Dies wiederum führt zu verblendeter Wahrnehmung und schließlich bis hin zum zwölften Glied, das in Alter und Tod besteht. Auf diese Weise sind Leiden und seine Ursachen miteinander verzahnt.

Die Überwindung der späteren Glieder hängt nun an der Überwindung der vorangehenden Glieder dieser Kette. Letztlich werden alle weiteren Glieder aufgebrochen und überwunden, wenn das erste, nämlich die Unwissenheit, beseitigt ist. Als der Buddha also von der Beendigung des Leidens sprach und damit die Beruhigung und vollständige Überwindung aller Leiden im Auge hatte, so meinte er, daß zuerst die Unwissenheit zu überwinden sei.

Die Unwissenheit, um die es sich hier handelt, betrifft nicht einfach falsche Vorstellungen, die wir uns in diesem jetzigen Leben angeeignet haben. Und sie kann nicht durch die Erzeugung irgendwelcher okkulter Kräfte beseitigt werden.

Die Unwissenheit als erstes Glied in der Kette des ›Entstehens in gegenseitiger Abhängigkeit‹ ist vielmehr die falsche Vorstellung, die wir uns von der Art und Weise der Existenz der Erscheinungen machen. Um Unwissenheit zu überwinden, müssen wir zu einem richtigen Verständnis und unverfälschten Bild der Wirklichkeit gelangen. Das heißt, daß wir zu der Weisheit erwachen müssen, die in der Einsicht in Nicht-Selbst und Selbstlosigkeit *(anātman)* besteht. Das Objekt dieser Erkenntnis ist dasselbe wie das der verfälschten Erkenntnis; die Weisheit widerspricht aber direkt der falschen Wahrnehmungsweise, die zur Unwissenheit geführt hatte. Mit anderen Worten: Um den Zustand der Freiheit von Verblendung zu erlangen, bedürfen wir der Weisheit der Einsicht in Nicht-Selbst, die direkt dem widerspricht, wie wir im Zustand der Verblendung die Dinge wahrnehmen. Sind wir einmal zu diesem Weisheitsbewußtsein gelangt, müssen wir uns immer weiter darin vertiefen, bis schließlich die Unwissenheit gänzlich getilgt ist.

Das ist die Bedeutung der zwölf Glieder des Entstehens in gegenseitiger Abhängigkeit, und zwar sowohl hinsichtlich der Art und Weise, wie sich der Daseinskreislauf *(saṃsāra)* entwickelt, als auch bezüglich der Möglichkeit, ihn zu überwinden.

Etwas, das durch Ursachen und Bedingungen entsteht und wandelbar ist, kann keine unabhängige Entität oder Existenz sein. Gäbe es etwas, das unabhängige Existenz in sich selbst hätte, dürfte es hinsichtlich seiner Existenz nicht von anderen Faktoren abhängig sein. So wie die vorangehenden Glieder in der Kette Bedingungen für die folgenden sind, so gilt umgekehrt, daß die folgenden durch die vorangehenden verursacht sind. Infolgedessen ist ihnen allen der Charakter gegenseitig abhängigen Entstehens gemeinsam. Weil alles, was ins Dasein tritt, von anderen Faktoren abhängt, sagt man, daß die Erscheinungen leer *(śūnya)* und ohne inhärente Existenz *(svabhāva)* bzw. Selbst-Natur *(ātman)* sind.

Leere

Was nun uns Menschen, die wir äußeren Objekten gegenübertreten, betrifft, so sind es die fünf psychosomatischen Daseinsgruppen *(skandhas)*[13], die in ihrer Gesamtheit die Basis dafür bilden, daß wir dem Menschen bestimmte Eigenschaften zuschreiben. Schauen wir uns aber die fünf Gruppen von der materiellen Form bis zum Bewußtsein genau an, so können wir keine in sich selbstgenügsame Wesenheit oder ›Person‹ darin finden, die dieselben kontrollieren würde. Aus diesem Grunde lehren wir die Leere *(śūnyatā)* in bezug auf die Person als einer sich selbst genügenden oder substantiell existierenden Wesenheit. Gehen wir in unserer Analyse noch weiter, dann erweist sich, daß die Person nicht als eine in sich selbst substantiell existierende Wesenheit betrachtet werden kann, sondern daß bei der Betrachtung der jeweils einzelnen *skandhas* das Selbst oder die Person, sollte sie denn existieren, in der Daseinsgruppe des Bewußtseins *(vijñānaskandha)* anzutreffen sein müßte.

Innerhalb der verschiedenen philosophischen Schulen des Buddhismus gibt es nun allerdings einige Lehrer, die meinen, daß es in

13 Die fünf *skandhas* sind: sinnlich wahrnehmbare oder körperliche Form *(rūpa)*, Empfindungen und Gefühle *(vedanā)*, unterscheidende Wahrnehmung und Vorstellungen *(saṃjñā)*, Wille oder Motivation, woraus karmische Bildekräfte und Charakter entstehen *(saṃskāra)*, und die Bewußtseinskraft *(vijñāna)*.

der Daseinsgruppe des Bewußtseins eine vom Verstand auffindbare Entität gibt, die das repräsentiert, was man Person nennen kann. Wenn man jedoch diese Auffassung von der Person im Bewußtsein weiter analysiert, ergibt sich die Schwierigkeit, daß wir nicht von einer ›Person als dem Subjekt, das Gebrauch macht‹, und den ›Daseinsgruppen als dem, von dem Gebrauch gemacht wird‹, sprechen können. Der Handelnde und das, woran gehandelt wird, würden in eins zusammenfallen, was aber absurd ist. Dieser Vorschlag ist demnach widersprüchlich. Daraus wird ersichtlich, daß bei eingehender Analyse unter den Daseinsgruppen *(skandhas)* nichts gefunden werden kann, was ›Person‹ oder ›Selbst‹ repräsentieren würde. Deshalb sagen wir, daß ›Person‹ eine bloße Bezeichnung ist, die wir in Abhängigkeit von den fünf Daseinsgruppen gebrauchen. Unabhängig von der Grundlage dieser aufgetragenen Bezeichnung, also innerhalb der Daseinsgruppen selbst, können wir aber nicht von ›Person‹ sprechen.

Auf diese Weise wird die subtile Lehre vom Nicht-Selbst in den Schriften dargestellt. Die Argumentation zum Problem des Nicht-Selbst (oder der Leere) der Erscheinungen verläuft wie folgt: Die Daseinsgruppen und Grundlagen der Wahrnehmung, die von der Person kontrolliert werden, entstehen in Abhängigkeit von der Summe ihrer Ursachen und Bedingungen. Bei der Analyse stellt sich heraus, daß sie bloße Bezeichnungen für ihre entsprechende Basis sind. Wenn wir also vom Selbst als dem Subjekt oder den Objekten, die das Subjekt benutzt, sprechen, so existieren dieselben nur nominal als Namen. Sie sind Bezeichnungen. Im Buddhismus ist die eigentliche Bedeutung des Begriffs ›Entstehen in gegenseitiger Abhängigkeit‹ die, daß die Person und so auch alle anderen Erscheinungen leer und ohne inhärente Eigennatur sind. Daher entsteht jedes der zwölf Glieder des ›Entstehens in gegenseitiger Abhängigkeit‹ in Abhängigkeit von den anderen. Sie müssen alle überwunden werden, angefangen bei der Unwissenheit bis hin zu Alter und Tod. Und indem man die Unwissenheit überwindet, kann man den Zustand erlangen, in dem alle Leiden vollständig überwunden sind.

Diese zwölf Glieder sind also voneinander abhängig und beruhen auf der Lehre von den Vier Edlen Wahrheiten. Deshalb ist es möglich, die Theorie der zwölf Glieder so anzuwenden, daß sie sowohl zur Erklärung des fortdauernden Kreislaufs des *saṃsāra* als auch zu dessen Überwindung dienen kann. Die Vier Edlen Wahrheiten wurzeln aber auch in der Lehre von den zwei Wahrheitsebenen *(satya-dvaya)*.

Normalerweise beurteilen wir den Charakter oder das Wesen jeder Erscheinung danach, ob sie für uns nützlich oder gefährlich ist. Wir tun dies aufgrund einer Wahrnehmungs- und Urteilsweise, die den Objekten etwas auferlegt, das heißt nicht mit Bezug auf Eigenschaften, die in den Objekten selbst gegeben sind. Unser Urteil ist somit von der subjektiven Gestimmtheit des Bewußtseins abhängig, nicht von einer tiefgründigen Analyse der Erscheinung selbst. Es handelt sich um die konventionelle Ebene der Wahrnehmung von Wirklichkeit. Deshalb nennt man dies die ›konventionelle (oder relative) Wahrheit‹ *(saṃvṛti-satya)*.

Geben wir uns aber nicht mit der bloßen Erscheinung der Dinge zufrieden und fragen statt dessen nach ihrem eigentlichen tieferen Wesen, werden wir zu einer Wahrnehmungsweise der Dinge gelangen, die der Wirklichkeit tatsächlich entspricht. Dies nennen wir auch das Urteil über »das Objekt, wie es einem Bewußtsein erscheint, das die letztgültige Wahrheitsebene analysiert« *(paramārtha-satya)*.

Die Theorie von den zwei Wahrheitsebenen ist die Wurzel der buddhistischen Philosophie, und jede der vier philosophischen Hauptschulen im Buddhismus hat ihre je spezifische Erläuterung dazu. In der Mādhyamika-Schule, die wir[14] als die höchste betrachten, werden die zwei Wahrheitsebenen als Grundlage betrachtet, von der die Vier Edlen Wahrheiten abgeleitet werden.

Als der Buddha Śākyamuni das Erste Rad der Lehre drehte und

---

14 In der tibetischen Gelugpa-Tradition.

die Vier Edlen Wahrheiten verkündete, sagte er: »Dies ist die edle Wahrheit vom Leiden. Dies ist die edle Wahrheit von der Ursache des Leidens. Dies ist die edle Wahrheit von der Beendigung des Leidens. Und dies ist die edle Wahrheit vom Weg zur Beendigung des Leidens.« Auf diese Weise erläuterte er die Vier Wahrheiten in einem ganz bestimmten Kontext.

Dann fuhr er fort und sprach: »Leiden muß verstanden werden. Die Ursache des Leidens muß überwunden werden. Die Beendigung des Leidens muß verwirklicht werden. Der Weg muß gegangen werden.« Dies war der zweite Kontext.

Als drittes sagte er: »Leiden, das verstanden werden muß, ist nicht verstanden. Die Ursache, die überwunden werden muß, ist nicht überwunden. Die Beendigung, die verwirklicht werden muß, ist nicht verwirklicht. Und der Weg, der gegangen werden muß, ist nicht gegangen.« Dies war der dritte Kontext, und er bedeutet, daß auch die Vier Edlen Wahrheiten keine inhärente Existenz haben, keine in sich selbst bestehende Natur. Denn die Ursache kann nicht überwunden werden unter dem Gesichtspunkt des absoluten oder letztgültigen Wesens der Wirklichkeit (weil sie abhängig und das heißt relativ ist). Das gilt auch für die anderen drei der Vier Edlen Wahrheiten.

Als der Buddha also das Erste Rad der Lehre drehte und die Vier Edlen Wahrheiten lehrte, erörterte er sie zunächst auf der Ebene der relativen Erscheinungen und danach auf der Ebene der letztgültigen absoluten Bedeutung.

Danach drehte er das Zweite Rad der Lehre (die Mahāyāna-Sūtras) und zeigte dabei, wie alle Erscheinungen in gegenseitiger Abhängigkeit entstehen und daß diese Tatsache die Wurzel für die Vier Edlen Wahrheiten ist. Mit anderen Worten, bei der Zweiten Drehung des Rades der Lehre gab er eine ausführliche Erörterung über das ›Entstehen in gegenseitiger Abhängigkeit‹ und legte dar, daß die Erscheinungen leer oder ohne inhärente Existenz sind, daß sie letztlich also auch nicht hervorgebracht sind, nicht aufhören und nicht bestehen können. Die Art und Weise, in der Erscheinungen existieren, ist ohne Entstehen, Aufhören und Dauerhaftigkeit. Dies wird innerhalb des Mahāyāna-Buddhismus auf zweifache Weise gedeutet:

Würden wir annehmen, daß der Satz: »Die Erscheinungen haben keine inhärente Existenz oder kein Selbst« bedeuten sollte, daß sie überhaupt keine individuelle Identität hätten, könnten wir gar nicht davon sprechen, daß irgend etwas existierte. Die Folge davon wäre, daß die Erscheinungen völlig nichtexistent wären, und es hätte gar keinen Sinn, etwa über das Leiden zu meditieren. Warum sollten wir meditieren, wenn weder der Meditierende noch das, worüber meditiert wird, existieren? Wir könnten nicht einmal sagen, daß dort ein Meditierender meditiert, wenn es weder den Meditierenden noch das Meditationsobjekt gibt. Diesen doch offensichtlichen Tatsachen in solcher Weise zu widersprechen ist einfach unsinnig.

Aus diesem Grund kann der Ausdruck ›ohne inhärente Existenz oder Selbst‹ nicht bedeuten, daß damit den Objekten ihre individuellen Merkmale oder ihre Identität abgesprochen würde. Diesbezüglich lehrte der Buddha im *Saṃdhinirmocana-sūtra (*tib. *m Do-sde-dgongs-'grel)* die Unterscheidung von drei Aspekten der nicht-inhärenten Natur der Erscheinungen, um die Lehre von der Leere deutlich zu machen. In ähnlicher Weise erklärte der Buddha auch in den *Prajñāpāramitā-sūtras* die Lehre von der nicht-inhärenten Existenz unter den drei Aspekten der Leere. Danach haben die Erscheinungen in jedem Fall ihre Identität, die sich aus ihren jeweils individuellen Merkmalen ergibt. Der Buddha lehrte aber auch das System der Nur-Bewußtseinsschule *(cittamātra)*, das die äußere Existenz der Objekte leugnet und sagt, daß alle Erscheinungen im Bewußtsein entstehen.

Wer versteht, wie die Dinge auf der Ebene bloßer Erscheinung existieren (der konventionellen oder relativen Wahrheitsebene) und wie sie nicht aus sich selbst oder inhärent existieren (auf der letztgültigen oder absoluten Wahrheitsebene), wer also die Kriterien kennt, die zu der Unterscheidung von Existenz und Nichtexistenz führen, kann die exakte Bedeutung der Lehre des Buddha von der nicht-inhärenten Natur der Erscheinungen, wie er sie während der Zweiten Drehung des Rades der Lehre erläutert hat, richtig erfassen.

Schriften wie das *Tathāgatagarbha-sūtra* (tib. *b De-gshegssnying-poi-mdo)* messen der Lehre von der reinen Natur aller Erscheinungen große Bedeutung zu. Sie betonen, daß das eigentliche Wesen unseres Bewußtseins makellos, reine Klarheit und Bewußtheit, ist. Die Verunreinigungen des Bewußtseins können also beseitigt werden.

Zusätzlich zu diesen Drehungen des Rades der Lehre hat der Buddha auch zahlreiche tantrische Belehrungen gegeben.

Bei der *Ersten* Drehung des Rades der Lehre erläuterte der Buddha die allgemeine Struktur des buddhistischen Pfades vor allem in bezug auf die Methoden zur Erlangung persönlicher Befreiung. Bei der *Zweiten* und *Dritten* Drehung des Rades der Lehre erläuterte er dann vorrangig die Lehre von der subtilen Leere *(śūnyatā)* und die Methoden, zur vollkommenen allwissenden Erleuchtung zu gelangen, indem die Verschmutzungen und negativen Instinkte des Bewußtseins von diesem selbst gereinigt werden. In seinen tantrischen Lehren hat der Buddha die exklusiven Yoga-Wege erörtert, wo Methode und Weisheit untrennbar miteinander verbunden werden, damit das Bewußtsein gereinigt wird und der Übende Schritt für Schritt auf den Stufen zur Vollkommenheit voranschreiten kann.

Stufen zur Vollkommenheit

Das Mittel, das die Befleckungen des Bewußtseins wirksam beseitigt, ist die höhere Übung in der Weisheit der Leere *(prajñā)* oder des Nicht-Selbst *(anātman)*. Diese Weisheit muß fest in der höheren Übung der meditativen Konzentration auf einen Punkt (der ungeteilten meditativen Achtsamkeit) begründet sein *(samādhi)*. Dies wiederum setzt die Übung in höherer Selbstdisziplin und Tugend voraus *(śīla)*. Durch die Praxis der drei höheren Übungen werden die negativen Eindrücke und Verdunklungen des Bewußtseins durch das Bewußtsein selbst gereinigt.

Damit dieses Dharma-Juwel – ein Zustand des Bewußtseins, in dem alle Fehler überwunden sind – Gestalt gewinnen kann, müssen

Anfänger zuerst die Fehler, die auszumerzen sind, erkennen. Danach müssen sie sich bemühen, die tatsächlichen Fehler zu überwinden. Dazu ist es wichtig, die zur Aufgabe der Zehn negativen Handlungsweisen[15] erforderliche Disziplin zu entwickeln und die jeweils individuell geeigneten Gegenmittel gegen bestimmte negative Eigenschaften und Hindernisse anzuwenden. So sollte der Übende im Anfangsstadium also die Zehn negativen Handlungsweisen genau kennen und, damit er sie überwinden kann, ein Fundament an Selbstdisziplin aufbauen.

Wer sich der Zehn negativen Handlungen enthält, indem er die entsprechenden Gegenmittel einübt, gewinnt damit nicht nur einen Zuwachs an spiritueller Übung, sondern er wird auch in der Gesellschaft als kultivierter Mensch anerkannt. Deshalb haben Ācārya Nāgārjuna[16] und andere große indische buddhistische Meister immer hervorgehoben, daß wir am Anfang die Selbstdisziplin zur Überwindung der Zehn negativen Handlungsweisen einüben müssen und im Lebensstil kultivierter Menschen wetteifern sollen, damit die karmischen Bedingungen für eine günstige Wiedergeburt geschaffen werden. Nāgārjuna lehrte weiter, daß wir auf dieser Grundlage dann die Einheit von meditativer Ruhe *(śamatha)* und höherer Einsicht *(vipaśyanā)* kultivieren müssen, um Befreiung und höchste Erleuchtung zu erlangen.

Tatsächlich sind für Anfänger zunächst die Übungen zur Erzeugung einer günstigen Wiedergeburt von besonderer Bedeutung. Denn sie dienen nicht nur einer höheren Wiedergeburt in der Zukunft, sondern tragen auch unmittelbar zum Wohlergehen in diesem Leben bei. Indem sie uns dabei helfen, bessere Menschen zu werden, vermehren sie unser inneres Glück und inspirieren uns, in der Gesellschaft eine nützlichere Rolle zu spielen.

Die Selbstdisziplin zur Überwindung der Zehn negativen Handlungsweisen ist wie eine Rüstung, die ein Kämpfer in der Schlacht

---

15 Die Zehn negativen Handlungsweisen oder Sünden *(akuśala)* sind: Töten, Stehlen, sexuelles Fehlverhalten, Lügen, grobe Rede, Verleumdung, leichtfertiges Geschwätz, Habsucht, Bosheit, üble Ansichten.

16 Nāgārjuna, 2. Jh. n. Chr., bedeutendster Philosoph des Mahāyāna in Indien.

trägt. Solange wir unfähig sind, die grundlegenden Verblendungen mit den empfohlenen Gegenmitteln zu bekämpfen, ist die Praxis des Sich-Enthaltens von physischen und verbalen Akten, die aus der Unwissenheit entstehen, wie eine Rüstung, die uns schützen soll. Haben wir diese Übung gemeistert, können wir uns der Praxis meditativer Ruhe und höherer Einsicht zuwenden, durch die wir die grundlegenden Verblendungen direkt überwinden können.

Verblendung oder Unwissenheit ist der eigentliche Gegner, und dieser befindet sich einzig und allein in uns selbst. Der tibetische Begriff für Unwissenheit, *nyonmongs*, bedeutet, daß es sich hier um einen geistigen Faktor handelt, der Unzufriedenheit und einen Zustand großer innerer Verwirrung stiftet, wenn er ein Bewußtsein trübt. Am Anfang, in der Mitte und am Ende des geistigen Pfades ist dies der tatsächliche Gegner, der uns angreift und zerstört.

Ein Mensch, der den Dharma übt, bekämpft diese Verblendung. Der Dharma ist das Mittel, das wir gebrauchen, um den Sieg über die Unwissenheit zu erlangen. Grundsätzlich können wir sagen: Je stärker die Gier (Anhaften) und der Haß (Widerwille) bezüglich der Dinge und Lebewesen in einem Menschen sind, desto größer sind Unzufriedenheit und Disharmonie, die der Betreffende in der Gesellschaft erzeugt. Das leuchtet unmittelbar ein.

Soviel zur Erläuterung der Zuflucht beim Dharma. Nun komme ich zur Erörterung über den Saṃgha.

Saṃgha

Das Schrifttum der Śrāvakas zählt acht Gruppen von Mitgliedern des Saṃgha auf: vier, die im Begriff sind, in die vier höheren Stadien einzutreten, und vier, die bereits in diesen Stadien verweilen. Demgegenüber zählen die Bodhisattva-Schriften achtundvierzig Gruppen von Saṃgha-Mitgliedern.

Betrachten wir die Sache historisch, so wissen wir, daß es zur Zeit des Buddha viele bedeutende Śrāvaka Saṃgha-Mitglieder gab, zum Beispiel Śāriputra und Maudgalyāyana. Nachdem der Meister ins *parinirvāṇa* eingegangen war, übernahmen die Hauptträger des Dharma die Führung des Saṃgha. Später traten die großen indischen Meister auf, die wir die ›Sechs Ornamente und die Zwei Höchsten‹ nennen – Nāgārjuna, Āryadeva, Asaṅga, Vasubandhu und so weiter. Ebenso wirkten die großen Träger des *vinaya* (der Mönchsregel), die vollkommenen Weisen, und die Meister der Schriften des *bodhisattva-piṭaka* oder des Großen Fahrzeugs. Und schließlich gab es dann noch die gewaltigen tantrischen Meister, die alle üblichen Vorstellungen hinter sich ließen, indem sie die Yogas von untrennbarer Weisheit *(prajñā)* und Methode *(upāya)* mit dem Geheimen Tantra-(Mantra-)Fahrzeug verbanden.

In Tibet, dem Land des Schnees, blühte der Buddhismus und wurde in seiner vollständigen Form geübt, nämlich Hīnayāna und Mahāyāna zusammen mit Vajrayāna. *Vinaya*, mit den drei wesentlichen monastischen Riten, wurde in Tibet als Grundlage des Buddha-Dharma geübt. Und so heißt es: Ob der Buddha-Dharma weiter existieren und gedeihen wird, hängt von der Praxis der monastischen Disziplin ab, denn *vinaya* ist die Grundlegung für alles weitere. In Tibet nun wurde *vinaya* in Verbindung mit dem Geheimen Mantra geübt. Bereits in Indien hatte es die Tradition der *mahāsiddhas* gegeben, und in Tibet hatten wir dementsprechend unsere tantrischen Meister.

Seit den Zeiten unserer ersten buddhistischen Könige[17] gibt es bei uns zwei Arten von Saṃgha-Mitgliedern: die Ordinierten, die dunkelrote Roben tragen, und die langhaarigen Laien-Adepten, die weiße Roben tragen. Beide Saṃgha-Traditionen existieren auch heute. Die weißgekleideten Saṃgha-Mitglieder beachten nicht die zahlreichen Regeln und Gebote des *vinaya*, sondern sie sind Tantriker und beachten demzufolge die tantrischen Verpflichtungen. Die dunkelrot gekleideten Saṃgha-Mitglieder müssen jedoch sämtliche *vinaya*-Regeln einhalten. Anderen gegenüber sollen sie sich in demütigem Verhalten üben, wie es in den *vinaya*-Regeln beschrie-

17 Söngtsen Gampo (620–648 n. Chr.) gilt als der König, der den Buddhismus in Tibet eingeführt hat.

ben wird, und in ihrem Bewußtsein sollen sie die Sechs Vollkommenheiten[18] des Mahāyāna kultivieren. Gleichzeitig mit den Übungen zur Erlangung aller Stufen des Bodhisattva-Fahrzeugs sollen sie den Pfad des Geheimen Mantra gehen.

Ich habe die buddhistischen Grundlagen hier einzig und allein von einem buddhistischen Standpunkt aus erläutert, und es ist meine Hoffnung, daß auf diese Weise die Gläubigen anderer Religionen den Buddhismus, wie er von uns Buddhisten tatsächlich geübt wird, besser verstehen können. Und ich hoffe auch, daß dieses Buch, das Michael von Brück herausgegeben hat, zu einem besseren Verständnis zwischen Buddhisten und Menschen anderer Religionen, ganz besonders Christen, beitragen wird.

Dharamsala, im Januar 1988

Tenzin Gyatso
Der XIV. Dalai Lama

18 Vgl. S. 14, Anmerkung 4.

Seikō Hirata Rōshi: ›Kū‹ – die Leere.
Japanische Kalligraphie.

Einleitung

Die Begegnung mit dem Fremden ist ein Abenteuer, das die einander Begegnenden nicht unverändert läßt. In der Begegnung mit anderen Menschen werden wir uns der eigenen Identität bewußt, aber wir nehmen auch den Mangel in bezug auf nicht entwickelte Möglichkeiten der geistigen Entfaltung in uns selbst wahr, d. h., wir beginnen zu lernen. Nur in Begegnung können wir reifen.

Die Geschichte der Menschheit ist gekennzeichnet durch solche Begegnungen verschiedener Kulturen und Religionen. Die großen Religionen sind zu einer bestimmten Zeit und unter ganz spezifischen kulturellen Bedingungen entstanden – Buddhismus und Christentum als Bewegung innerhalb einer schon lange gewachsenen Tradition, dort die brahmanische, hier die israelitische Religion, und sowohl der Buddha als auch Jesus standen in einer Geschichte, die sie geprägt hatte und die sie veränderten. Buddhismus und Christentum blieben aber nicht, was sie waren – beide Religionen machten in der Begegnung mit den Kulturen, auf die sie trafen, erhebliche Wandlungen durch. Sie assimilierten (meist in langen kulturgeschichtlichen Prozessen und nur in seltenen Fällen bewußt gelenkt), was dem ›Geist‹ oder der Grundgestimmtheit der missionierenden Religion entsprach, und sie überwanden vieles von dem, was im krassen Gegensatz dazu stand. Die heutige Gestalt des Christentums – welche: die europäische, afrikanische, indische? – ist ebenso Produkt dieser Begegnungen wie die heutige Form des Buddhismus – welche: die südasiatische, japanische, amerikanische, europäische? – Indem ich die verschiedenen Formen aufzähle, möchte ich deutlich machen, daß wir es auch innerhalb des Buddhismus mit sehr unterschiedlich geprägten Strömungen und Paradigmen geistigen und sozialen Lebens zu tun haben, was sich in den ausgewählten Texten widerspiegelt, obwohl sie *ausschließlich* dem Mahāyāna, und hier wiederum *allein* dem indischen ursprünglichen Mahāyāna, entstammen.

Nur wer sich in der Begegnung auf den anderen einläßt, Vorurteile überwindet und bereit ist zu lernen, indem er das Selbstverständnis des anderen ernst nimmt und partnerschaftlich auf ihn zugeht, kann Nutzen aus der Begegnung ziehen und in dem Sinne reifen, wie es wünschenswert ist. Dazu ist es unerläßlich, die wichtigsten Dokumente, die heiligen Texte der anderen Religion, nicht nur zu lesen, sondern zu meditieren, sie auf sich wirken zu lassen, um zu erfahren, was ihr Sinn sein könnte. Vorschnelles Urteil verstellt den Blick, denn wir stehen immer in dem Dilemma, Fremdes durch die eigenen Vorurteile und Kategorien zu beurteilen, auf- oder abzuwerten und damit echter Begegnung auszuweichen. Versuchen wir aber wirklich zu verstehen, werden wir nicht nur Freunde gewinnen und zum Frieden in der Welt beitragen, sondern unsere eigene geistige Welt weitet sich, das Mysterium, das wir ›Gott‹ nennen, wird uns vertrauter und fremder zugleich, und angesichts des Reichtums der Erkenntnis und Tiefe Gottes wird das Kennenlernen anderer Religionen vielleicht zum Staunen und schließlich zu einer befreienden Gewißheit führen, die unsere Brüder und Schwestern aus den anderen Religionen einschließt. Die Begegnung mit dem Buddhismus kann Christen in tiefere spirituelle Erfahrung führen, sie kann Glaubenserfahrungen neu zum Leuchten und vielleicht in ganz anderer Form zur Sprache bringen.

Geschichtliches

Der Mahāyāna-Buddhismus entstand in Indien als Rückbesinnung auf die Tiefen spiritueller Erfahrung und Weisheit des Buddha, in dessen einzigartiger Persönlichkeit und Meditationserfahrung die Religion, mit der wir es hier zu tun haben, gründet. Siddhārtha Gautama Śākyamuni (um 560–480 v. Chr.) wurde in einer fürstlichen Familie geboren, wuchs in allem erdenklichen Luxus der damaligen Zeit auf und entsagte der Welt, als er erkannte, daß die Oberflächlichkeit einer materialistischen Geisteshaltung angesichts von Krankheit, Alter und Tod unerträglich ist. Er unterzog sich asketischen Übungen und lernte bald, daß nur ein mittlerer Weg zwischen Weltlichkeit und Distanz von der Welt zum Ziel spiritueller Reife führen kann. In einer tiefen und unbeschreiblichen Meditationserfahrung erfuhr er, was das wahre Wesen der Wirklichkeit ist, begann zu predigen und begründete jene Bewegung, die zu einer Weltreligion werden und zunächst fast ganz Indien, dann Sri Lanka, Südostasien, Zentralasien, China, Tibet, Korea, Japan und seit dem 19. Jahrhundert auch Amerika und Europa erfassen und prägen sollte.

Ich möchte hier nicht die Geschichte des Mahāyāna im einzelnen erläutern, sondern dies an Hand der Einführungen in die jeweiligen Sūtra-Texte nachholen. Vielmehr möchte ich aufzeigen, daß der Übergang vom frühen Buddhismus zum Mahāyāna und dann die Epochen des Mahāyāna selbst einer inneren Logik folgen, die paradigmatisch ist, weil Grundmodelle des gesamten Lebens- und Heilsverständnisses, die bis heute prägend sind, einander ablösen und doch immer wieder miteinander reagieren.

Das Mahāyāna unterscheidet sich nicht unerheblich vom Buddhismus der Theravādins, der uns im Pāli-Kanon überliefert ist und heute vor allem in Sri Lanka, Burma und Thailand blüht. Der Theravāda-Buddhismus ist in erster Linie eine Mönchsreligion, die auf Grundlage strikter Einhaltung der monastischen Regel einen individuellen Heilspfad lehrt. Philosophisch hat er eine Orthodoxie hervorgebracht, die zur Zeit des Aufkommens des Mahāyāna exklusiv geworden war. Die soziale und auf das Heil bezogene Individualisierung spiegelt sich in der Philosophie so wider, daß die letzten Grundbausteine der Welt *(dharma)* als real gelten, d. h., sie bestehen ewig in Pluralität und bringen in ihren Wechselbeziehungen das hervor, was wir Welt nennen. Dies steht aber in einer gewissen Spannung zu der urbuddhistischen Intuition von der Impermanenz (Pāli *anicca*) aller Erscheinungen.

Mahāyāna stützt sich hingegen stark auf die Laien, lehrt im Bodhisattva-Ideal einen universalen Heilspfad und macht das auch in seiner philosophischen Grundhaltung deutlich: Alle Erscheinungen sind leer in bezug auf Eigenexistenz *(śūnya)*, sie *sind* nur im Wechselspiel mit allen anderen, d.h. *Beziehung*, nicht Substanz ist der letzte Begriff der Wirklichkeit. Dies wirkt sich in der Heilslehre so aus, daß der Bodhisattva zwar ebenfalls nach Erleuchtung bzw. dem *nirvāṇa* strebt, dies aber in ganz und gar *altruistischer* Gesinnung tut: Er gelobt, auf den Genuß der Früchte seines Strebens so lange zu verzichten, bis alle anderen Wesen im Leid des Daseinskreislaufs zur Befreiung gelangt sind. Bloß individuelle Befreiung kann es angesichts der Grundintuition der Leere und Beziehung aller Erscheinungen nicht geben.

Bereits etwa einhundert Jahre nach des Buddhas Tod können wir erste Ansätze für die Entwicklungen zum späteren Mahāyāna feststellen, und man nimmt an, daß bestimmte Lehren (so etwa auch die Lehre von der Leere, *śūnyatā*) durchaus auf den Buddha selbst zurückgehen könnten. Mahāyāna gründet im Pāli-Kanon und erkennt diesen an, geht aber in Theorie und Praxis darüber hinaus. Wir werden an den Texten selbst diesen Übergang erläutern.

Der Buddha widersprach mit seiner *anattā*-(Nicht-Selbst)-Lehre der Philosophie und Kastengesellschaft des Brahmanismus, in der die Welt als etwas objektiv Existierendes begriffen worden war, das man durch Opferkulte zu eigenen Gunsten beeinflussen konnte. All dies ist für ihn nicht real, sondern konstruktive Projektion des Menschen, der dadurch unfrei wird, weil sich die Begriffe zu einer Eigenwelt verdichten und von der wirklichen Welt abheben, so daß die Wirklichkeit in einen Bereich des Geistes und einen Bereich des materiellen Lebens gespalten wird, ja das Bewußtsein des Menschen selbst sich in dieser Dualität von Subjekt und Objekt gespalten wiederfindet. Die Lehre vom Nicht-Selbst will die Projektion, die Selbstentfremdung vermittels abstrakter Ideen, überwinden und das daraus resultierende Leiden aufheben.

Im Buddhismus der ersten Jahrhunderte wurde dieser kritische Ansatz mit der Entwicklung der Orden und der Lehre *(abhidharma)* wieder objektiviert. Die Kategorien bekamen Eigenexistenz, und man suchte wieder nach verbal formulierten Maßstäben, um die Autorität des Saṃgha stützen zu können. Aus einer kritischen Theorie, die ursprünglich in Meditationserfahrung begründet war und alle äußere und objektivierte Autorität abgelehnt hatte, war wieder eine abgegrenzte Lehre und Position geworden. Dagegen wendet sich das Mahāyāna mit seiner Lehre von der Leere, die ein für allemal mit der Absolutsetzung jeder Position aufräumen wollte. Der Besen, der das Bewußtsein von der Scheinwelt seiner eigenen Gedankenkonstruktionen reingefegt hat (also die Lehre von der Leere), darf aber nun selbst nicht übrigbleiben, denn er ist ebenfalls nicht-substantiell: Das Denken selbst muß zum Schweigen kommen, damit die Wirklichkeit sprechen kann, d. h., auch die Lehre von der Leere muß immer wieder entleert werden, sonst hat man die Sache nicht erfaßt.

Doch auch im Mahāyāna entwickelte sich im Laufe der Jahrhunderte eine Scholastik. Metaphysiker und Logiker rangen um den reinen Begriff und meinten, damit den Dharma, die unbegreifliche Wirklichkeit, erfaßt zu haben. Sie glaubten, in Lehrsätzen und logischen Ableitungen die tatsächliche Erfahrung der transdualistischen Einheit erfassen zu können. Lehrpositionen werden nun wieder für absolut gehalten, Begriffe werden ›substantialisiert‹, d. h., die Relativität wird im abstrakten Begriff zu einer absoluten Größe konserviert, wenn auch im Mahāyāna das Bewußtsein von der Leere immer lebendig blieb und Reformbewegungen inspirierte.

Die in Indien wurzelnden und in China, Korea und Japan zur Blüte gelangten Schulen des Zen-Buddhismus sind ein solcher Versuch, der Objektivierung von Begriffen entgegenzuwirken. Zen ist eine Überlieferung ohne Überlieferung, ein direktes Erfassen des Buddha-Geistes in der transrationalen Meditation außerhalb der Schriften und Begriffe. Als eine andere Form der Reaktion gegen diese dogmatisierenden Entwicklungen können die Tantriker angesehen werden, die alle Unterscheidung – in Kult, Moralität, Gesellschaft, Dogmatik – aufgeben, um die allgemeine und ununterschiedene Sakramentalität der Wirklichkeit zu leben, nicht nur zu lehren. *Jede* Erfahrung, *jede* Form des Bewußtseins hat für sie direkt das Potential des verwandelnden Buddha-Geistes in sich, denn alle Erscheinungen haben ja die Eigenschaft der Leere. Es bedarf keiner

Hierarchie von Werten, wenn nur der Symbolcharakter aller Erscheinungen tatsächlich erfahren wird, d. h., wenn sie auf die hinter, in und über ihnen liegende Nicht-Dualität hinweisen. Dies ist der entscheidende Punkt für die ganzheitliche Praxis im Mahāyāna, in der die Dualität der Skandhas, d. h. des Materiellen, der Empfindungen, des Bewußtseins usw. überwunden wird.

Die Geschichte des Buddhismus ist also ein ständiger Wandel in der Spirale zwischen Substantialismus oder Konstruktion der Welt in rationalen Modellen und kritischer Dekonstruktion, die die Relativität und den Scheincharakter dieser Modelle erkennt. Während dogmatische Positionen dazu neigen, Hierarchien aufzubauen, die auch im sozialen Leben wirksam sind (die Elitereligion der Mönche), besteht die Konsequenz des nicht-substantiellen Denkens in der Betonung der Gleichwertigkeit aller Menschen – die Laien konnten in gleicher Weise an dem Weg zur Befreiung teilhaben.

Trotz (oder gerade wegen) der Relativität aller begrifflichen Aussagen versinkt das Mahāyāna nicht in Skeptizismus, sondern verweist auf die tiefste Erkenntnisquelle: die transrationale Erfahrung, die durch direkte Einsicht, Meditation und leiblich-psychisch-mentale Reinigung möglich ist. Das meditative Bewußtsein überwindet die entfremdend-entzweiende Rationalität, ohne dieselbe zu zerstören, denn in ihrem begrenzten, relativen, alltäglichen Bereich wird das rationale Denken durchaus akzeptiert. Rationalität wird aber gefährlich, wenn sie absolut gesetzt wird, wenn der Mensch nicht mehr weiß, daß sie ein Werkzeug und nicht die Sache selbst ist.

Grundbegriffe

In seinem Vorwort hat Tenzin Gyatso, der XIV. Dalai Lama, in meisterhafter Klarheit und Kürze die Gesamtschau buddhistischer Welterfahrung dargelegt. Seine Bemerkungen sind ein Kompendium des gesamten Buddhismus, dem es nichts hinzuzufügen gäbe, wenn nicht der Leser vielleicht doch einige Verständnisschwierigkeiten hätte, weil wir es hier mit einer ganz *anderen* Geisteswelt als der christlich-abendländischen zu tun haben. Um die technischen Begriffe verständlich zu machen, habe ich in Klammern und Anmerkungen Erläuterungen hinzugefügt, viele Anschauungen und Zusammenhänge werden sich aber erst dann allmählich klären, wenn sich der Leser in die Texte der Sūtras selbst einfühlt und nicht nur mit einem voreingenommenen Verständnis bei der Lektüre Bekanntes wiederzuentdecken glaubt, sondern gleichsam von innen her den Geist der Sūtras zu erspüren beginnt. Zu viele Vorerklärungen könnten hier hinderlich sein. Um aber einige Wegweiser aufzurichten, möchte ich das Umfeld weniger zentraler Vorstellungen des Mahāyāna-Buddhismus kurz beschreiben.

Grundlage des Buddhismus überhaupt sind, wie der Dalai Lama dargelegt hat, die Vier Edlen Wahrheiten und der Achtfache Pfad zur Befreiung aus dem Leiden, der inhaltlich mit der vierten Wahrheit identisch ist. Bei diesen vier Wahrheiten handelt es sich um eine Analyse des Leidens. Es geht um mehr als die selbstverständliche Vorstellung, daß Schmerz und Vergänglichkeit leidvoll sind. Das Problem besteht nach buddhistischer Auffassung darin, daß der Mensch dem Augenblick Dauer verleihen möchte, daß er sein flüchtiges Dasein übertünchen möchte, indem er sich an etwas Permanentes, einen festen Grund hängt, der unabhängig ist vom Werden und Vergehen. Er möchte Dinge besitzen, um sich Halt zu verschaffen, und gaukelt sich vor, das Ich sei permanent, indem es seinen Wunsch nach außen auf die Dinge projiziert. Dieser Versuch mißlingt aber, denn die von den Wünschen des Ich aufgebaute Welt ist eine Illusion. Dieses Mißlingen ruft eine Frustration hervor, die darin besteht, daß unsere ichhaften Wünsche und Vorstellungen nicht Wirklichkeit, sondern Projektionen sind. Das Leiden an dieser Frustration ist *duḥkha*.

Eine der Ursachen für das Leiden ist *karman*, d. h. nicht ein über uns verhängtes Schicksal, sondern der ursächliche Zusammenhang allen Geschehens nicht nur in der äußeren Welt, sondern auch im moralischen Bereich: Jeder Gedanke und jede Tat hinterläßt Eindrücke im Bewußtseinskontinuum, das dadurch seinen eigenen Charakter formt. Diese Eindrücke verlieren sich nach buddhistischer Auffassung keineswegs mit dem Tode, sondern sind gleichsam eine Matrix, nach deren Vorgaben eine neue Einkörperung dieser Bewußtseinskräfte vollzogen wird. Die andere Ursache für das Leiden sind die leidverursachenden Emotionen *(kleśa)*, die direkt mit der Illusion eines permanenten Selbst zusammenhängen. Wenn nämlich der Mensch um der Stärkung und Aufrechterhaltung des nur eingebildeten Ich willen seine Wünsche nach außen projiziert, begehrt er die Dinge oder andere Personen, um sein Ich aufzubauen; entspricht aber die Wirklichkeit diesem Begehren *(rāga)* nicht, reagiert er mit Haß und Ärger *(dveṣa)*. Begehren und Haß sind nur zwei Seiten der zugrunde liegenden Unwissenheit *(moha)* in bezug auf das Nicht-Selbst (Pāli *anattā)*, d. h. die nicht unabhängige Existenz eines Ich.

Ich möchte versuchen, dies an einem Beispiel zu verdeutlichen: Eine der Hauptsorgen in unserer Gesellschaft sind Partnerprobleme, die entstehen, weil jeder der Partner seine Erwartungen, Wünsche und vorgefertigten Bilder auf den anderen projiziert und eigentlich doch nur sich selbst sucht. Er nimmt den anderen nicht so wahr, wie er ist. Daraus entstehen zunächst egozentrisches Begehren, dann Frustration, weil der andere nicht dem Bild entspricht, schließlich Haß und Gewalt, die wiederum karmische Eindrücke hinterlassen. Somit wird eine Spirale des Übels in Gang gesetzt, die nach buddhistischer Auffassung nur dann zum Stillstand gebracht werden kann, wenn die egozentrische Illusion, daß das Ich in sich selbst begründet existiert, aufgegeben wird.

Was aber ist die Person, wenn sie kein unabhängiges ›Ich‹ ist? Sie besteht nach der Lehre des Buddha aus fünf Daseinsgruppen *(skandha)*, die in ihrer Beziehung zueinander entstehen und das hervorbringen, was wir Person nennen: die materiellen Formen *(rūpa)*, Empfindungen und Gefühle, die als Reaktionen auf äußere Sinneseindrücke entstehen *(vedanā)*, unterscheidende Wahrnehmung und Vorstellungen bzw. das rationale Urteilsvermögen *(saṃjñā)*, der Wille, der aus den schon erwähnten karmischen Eindrücken entsteht und Gewohnheiten formt, die den Charakter ausmachen *(saṃskāra)*, und schließlich die reine Bewußtseinskraft *(vijñāna)*. Wir können dies nicht im einzelnen erläutern, sondern wollen nur deutlich machen, daß hier jede Verdinglichung vermieden wird. Individuen sind Zustände oder Momente im Fluß des Geschehens, die sich gleichsam in ›Punkten‹ kristallisiert haben. Was allem zugrunde liegt, ist der Strom oder das Kontinuum des Bewußtseins, das sich selbstverständlich in ständigem Wandel befindet. Individuen sind nicht irreal, die Persönlichkeit des Menschen ist nicht eine Illusion, wenn sie in diesem Zusammenhang gesehen wird. Wir werden das in den Einführungen zu den Sūtras weiter erläutern. Es kommt nun darauf an, auf dem Achtfachen Pfad voranzuschreiten und das Bewußtsein so zu läutern, daß die leidverursachenden Emotionen verschwinden und wir die Wirklichkeit so wahrnehmen können, wie sie ist.

Der Achtfache Pfad ist: *ganzheitliche Anschauung* (die vollkommen nicht-dualistische Anschauung der Beziehung von Motivation, Handlung und Wirkung), *ungeteilter Entschluß* (diese Einsicht anzuwenden), *untadelige Rede* (die keine Ich-Projektionen auf die Wirklichkeit zuläßt), *vollkommenes Handeln* (in dem die ersten drei Glieder konkret geübt werden), *gleichmäßige Anstrengung* (in Anspannung und Entspannung, so daß Gelassenheit entsteht), *ganzheitliche Lebensführung* (bei der das Heilige *im* Alltag verwirklicht wird), *unablässige Achtsamkeit* (durch die alle physischen, psychischen und geistigen Vorgänge bewußt und kontrollierbar werden) sowie *ganzheitliche Einswerdung* (aller Bewußtseinsprozesse im Grund des Geistes).

Im Mahāyāna ist dies die Voraussetzung für die Praxis der Sechs Vollkommenheiten[1], von denen in den Texten laufend die Rede ist, weil sie den geraden Weg des Bodhisattva zur Befreiung beschreiben. Durch diese Praxis der Bewußtseinsformung prägt der Übende seinen Charakter, also die oben erwähnte karmische Matrix, in positiver Weise aus. Dies meint der Begriff *punya*, der meist mit ›Verdienst‹ übersetzt wird; weil dies auf dem Hintergrund der christlichen Geistesgeschichte, besonders angesichts der Kontroversen in

1 Siehe S. 14 und Glossar.

der Reformationszeit, ein höchst irreführender Begriff ist, übersetze ich *punya* mit ›positive Bewußtseinsformung‹. Es geht im Buddhismus um eine Selbstveränderung oder -formung, nicht um die Erfüllung eines äußeren Gebotes, die von Gott (oder einem impersonalen Prinzip) angerechnet werden könnte.

Wegen der altruistischen Grundhaltung wird im Mahāyāna nun aber die ›Verdienstübertragung‹ *(pariṇāma)* in den Mittelpunkt der Bodhisattva-Praxis gestellt, d. h., der Bodhisattva gibt seine positiven karmischen Bewußtseinsformungen für das Wohl der anderen Wesen hin. Er gibt nicht nur äußerliche Dinge, auch nicht nur Leib und Leben hin, sondern gleichsam den innersten Schatz seines Bewußtseins, um wahrhaft altruistisch zu wirken. Nur aufgrund dieses Gedankens hat die Formulierung Sinn, daß ein Bodhisattva gelobt, alle lebenden Wesen zur Befreiung zu führen, bevor er selbst die Befreiung genießt.

Wenn sein Bewußtsein so geläutert ist, daß er dies tun kann, ist er eigentlich schon erleuchtet. Deshalb finden wir in der frühen Mahāyāna-Literatur bereits den doppelten Gebrauch des Bodhisattva-Begriffs:

1. ein Wesen, das auf dem Weg zur Befreiung im Sinne des Mahāyāna-Ideals ist,

2. ein Wesen, das Befreiung erlangt hat, aber die Buddhaschaft wirkungsvoll einsetzt, bis alle Lebewesen aus dem Kreislauf des Leidens befreit sind.

Um allen Lebewesen wirkungsvoll beistehen zu können, bedarf es eines erleuchteten Bewußtseins, und in diesem Zusammenhang wird von Allwissenheit *(sarvajñatā)* gesprochen. Dies klingt zunächst für den Nicht-Buddhisten befremdlich, denn für den Christen ist dies eine Eigenschaft, die nur Gott zukommt. Abgesehen davon, daß der Buddhist nicht an einen allwissenden und allmächtigen Schöpfergott glaubt (die Welt wird durch karmische Wechselwirkungen hervorgebracht), bedeutet Allwissenheit hier nicht, daß ein hoher Bodhisattva oder Buddha quantitativ über alles relative Wissen der Welt verfügen würde. Es geht vielmehr um das qualitative Wissen, das den relativen Bereich der Vielheit transzendiert, die Einheit *in* der Vielheit erkennt und damit Weg und Ziel aus dem Leidenskreislauf hinaus weiß und weist.[2]

Ein wichtiger Unterschied zwischen frühem Buddhismus und den Mahāyāna-Schulen besteht in der Interpretation von Wesen und Funktion des Buddha. War er im frühen Buddhismus ein Mensch und Lehrer des Weges, so wird er im Mahāyāna zu einem Wesen, das die relative Welt von Raum und Zeit transzendiert. In Bildern, Vergleichen und Lobeshymnen wird uns davon vor allem im Lotos-Sūtra und im Avataṃsaka-Sūtra ein starker Eindruck vermittelt. Philosophisch hat sich dieser Wandel in der Lehre von den drei Körpern des Buddha *(trikāya)* niedergeschlagen, die der Dalai Lama in seinem Vorwort erläutert.[3] Aus seinen Bemerkungen wird ersichtlich, daß es sich hierbei nicht um beziehungslose Spekulation handelt, sondern daß das Problem direkt mit der Frage nach der *Befreiung*, also dem Sinn des buddhistischen Heilspfades überhaupt, verbunden ist: Das Bewußtseinskontinuum muß fortbestehen können, wenn die Anstrengung der buddhistischen Praxis nicht letztlich nichtig sein soll, ja die Befreiungserfahrung selbst kann nur auf dem Hintergrund eines von karmischen Eindrücken freien (und damit Raum und Zeit transzendierenden) Bewußtseinskontinuums erklärt werden. Die Leere *(śūnyatā)* besteht gerade darin, daß sie die Durchdringung aller Erscheinungen (einschließlich Raum und Zeit) ermöglicht, wie wir ausführlich in den Erläuterungen zur Prajñāpāramitā-Literatur darlegen werden. Weil nun der Mahāyāna-Buddhismus keine idealistische Philosophie ist[4], bleibt das Bewußtsein immer mit einer sehr subtilen ›Trägerenergie‹ *(prāṇa)*, d. h. einer materiellen Form, verbunden. Daß Materie ›leer‹ ist, heißt nicht, daß sie nicht als relative Erscheinung existieren würde, sondern die-

---

2 Dharmakīrti (buddhist. Logiker, 600–660 n. Chr.) erläutert, es gehe nicht darum, daß der Buddha die Zahl der Fische im Ozean kennt (denn diese Zahl ist unendlich in unendlich vielen Ozeanen), sondern darum, daß er weiß, wie jeder Fisch in allen Ozeanen zur Reifung gebracht werden kann, damit er zur Befreiung gelangt. Den Hinweis verdanke ich R. A. F. Thurman, The Holy Teaching of Vimalakīrti (s. Literaturverzeichnis), 163.

3 Siehe S. 17.

4 Auch die Vijñānavāda-Schule kann m. E. nicht so charakterisiert werden, wobei wir aber an dieser Stelle das Argument dafür nicht ausbreiten können.

ser Satz verneint, daß sie in sich selbst bestehend eine letztgültige Wirklichkeit wäre; Leere ist das Wesen, nicht das Gegenteil der Erscheinungen, seien sie materieller oder auch geistiger Art. Deshalb spricht der Mahāyāna-Buddhismus von den subtilen Körpern eines Buddha, d. h. eines jeden Wesens, das zur Reife der Buddhaschaft gelangt ist. Die drei Körper beschreiben nicht nur den *einen* Buddha, sondern die Struktur der Wirklichkeit, die wir an diesem erleuchteten Wesen erkennen können.

Zur christlich-buddhistischen Begegnung

Während der letzten Jahre hat der Dialog zwischen Christen und Buddhisten ein hohes Maß an intellektueller Klarheit und existentieller Tiefe erreicht. Zahlreiche Begegnungen von Theologen und Philosophen haben dazu beigetragen, auf beiden Seiten das Verständnis für die Anschauungen des anderen zu schärfen. Kritische Textausgaben und Neuübersetzungen haben das Studium wesentlich erleichtert. Vor allem aber ist es der Austausch zwischen übenden Adepten beider Religionen, der in die spirituelle Tiefe führt. Zahlreiche Christen üben buddhistische Meditationsformen und entdecken, daß dadurch ihre christliche Glaubenserfahrung reicher wird, und Buddhisten lernen von der praktischen Nächstenliebe der christlichen Nachbarn. Enthusiasmus und Warnungen von beiden Seiten treffen aufeinander, und in einer solchen Situation ist es sinnvoll, innezuhalten und nach Klarheit zu streben, indem man die ursprünglichen Texte studiert. Wer die folgenden Texte liest, muß nicht darüber belehrt werden, wie unterschiedlich die christliche und die buddhistische Geisteswelt sind. Hier ein Schöpfergott, dort das *karman*-Gesetz, hier die Einsicht in die Sündhaftigkeit, dort der Optimismus der Veränderbarkeit und Reinigungsfähigkeit des Menschen, hier das Vertrauen in das geschichtliche Heilswirken Jesu Christi, dort die geistige Erfahrung, die alles Geschichtliche überwindet. Weitere Unterschiede ließen sich aufzählen.

Gleichzeitig aber werden auch Ähnlichkeiten deutlich. Nikolaus von Kues, Meister Eckart, die Wolke des Nichtwissens, Teresa von

Avila, Johannes vom Kreuz, Angelus Silesius – sie alle (und viele andere) sprechen von einer Tiefendimension mystischer Erfahrung, die buddhistischen Aussagen verblüffend ähnlich ist. Im Vergleich mit buddhistischen Texten werden Aussagen besonders des Johannesevangeliums in neuer Weise lebendig, und offenbar führt die Begegnung mit dem Buddhismus zwangsläufig in einen Bereich, in dem unsere (wie auch die buddhistischen) theologisch-rationalen Begriffe ›wie Stroh‹ erscheinen, um Thomas von Aquin zu zitieren, der nach einer tiefen inneren Erfahrung am Ende seines Lebens sein eindrucksvolles theologisches Werk auf diese Weise charakterisiert haben soll.

Das bedeutet nicht, daß die buddhistisch-christliche Begegnung nur in schweigender Meditation sinnvoll wäre. Gewiß, dies ist der Kern. Aber Buddhisten und Christen haben ihre Erfahrungen immer wieder interpretiert, nicht nur um sie anderen zu vermitteln, sondern um sich ihrer bewußt zu werden. Diese Interpretationen hängen vom religiösen Kontext ab, und sie ›färben‹ selbst wieder die mystischen Erfahrungen. Erfahrung und Interpretation stehen im Buddhismus wie im Christentum in einem Wechselverhältnis, und darum ist es wichtig, die Interpretation in geistig klarer und stets neuer Weise zu überprüfen. Der theologische Dialog ist also notwendig, und er beruht auf dem Studium der Grundtexte wie ihrer Interpretationen *angesichts* der existentiellen spirituellen Erfahrungen und umgekehrt.

Wir können hier nicht die Ergebnisse des buddhistisch-christlichen Dialogs auf theologischem Gebiet resümieren, sondern nur bemerken, daß unser Reden von Gott, Welt, Mensch, Raum, Zeit, Erfahrung, Bewußtsein und Verantwortung wesentlicher, umfassender – vielleicht auch demütiger – wird, wenn wir uns der kritischen Solidarität des Partners im Ringen um die Wahrheit aussetzen. Könnte nicht die buddhistische Betonung der Meditation als erstrangige Erfahrungsquelle manches Oberflächliche im Christentum korrigieren helfen? Könnte nicht der buddhistische Begriff von der Leere der Gefahr der Objektivierung unserer Begriffe und Kategorien vorbeugen? Könnte nicht die buddhistische Vorstellung des

›geschickten Mittels‹ *(upāya)* Bedeutung für die ökumenischen Bemühungen der Kirchen untereinander wie der Religionen haben? Aber auch: Könnte nicht vielleicht der Buddhist allzu optimistisch über die Sündhaftigkeit der menschlichen Natur hinwegsehen? Sind vielleicht doch all die Wege und Stufen, Regeln und verwirrenden einzelen Faktoren geistigen Strebens letztlich inadäquat? Ohne Besserwissen sollten Christen und Buddhisten *gemeinsam* mit radikaler Ehrlichkeit in ihre eigenen Traditionen und in ihr eigenes Herz schauen. Könnte die religionswissenschaftliche Methodik des Vergleichens gewinnen, wenn wir nicht einfach Begriffe und Vorstellungen einander gegenüberstellen, sondern die Funktionen vergleichen, die Vorstellungen in einem Gesamtsystem haben? Dabei versteht es sich von selbst, daß dies nicht eine reine Ideengeschichte ergeben darf, sondern der Vergleich soziale Veränderungen ebenso einbeziehen muß wie den wirtschaftlichen Hintergrund von Strömungen und Schulen. Die buddhistische Einsicht der gegenseitigen Abhängigkeit oder Interdependenz (nicht des Primats eines Aspektes über den anderen) könnte hier methodisch hilfreich sein.

Schließlich aber kommt es auf die Praxis an, wobei wir Praxis im doppelten Sinn verstehen wollen: einmal als geistiges Training oder Meditationsübung, die die Reinigung unserer Motive und Impulse ermöglicht, damit schließlich tiefere Dimensionen des Geistigen erfahrbar werden, und zum anderen als gesellschaftliche Aufgabe, Befreiung auch im sozialen Bereich herbeizuführen. Christen und Buddhisten arbeiten in vielen Gegenden der Welt in diesem Sinn gemeinsam für die Befreiung oder zumindest Verbesserung des Menschen und seiner Lebensbedingungen. Dabei dient beiden die Inspiration aus den jeweils heiligen Texten als Maßstab. Die brüderliche Begegnung der Menschen aus verschiedenen Religionen wird wesentlicher werden, wenn wir diesen Maßstab des je anderen kennenlernen, aus dieser Kenntnis tiefere Einsicht auch in unser eigenes Wesen gewinnen und schließlich gemeinsam wetteifern, der Praxis im eben beschriebenen Sinn zu entsprechen. Das wäre dann die Sternstunde christlich-buddhistischer Begegnung, die für alle Menschen und ihre gemeinsame Zukunft von Nutzen sein wird.

Der Pāli-Kanon des Theravāda wird als Dreikorb *(tripiṭaka)*, die ›Drei Körbe der Literatur‹, bezeichnet, weil er sich in drei Abteilungen gliedert: die Predigten des Buddha *(sūtra)*, die Verhaltensregeln, vor allem die Mönchsregel *(vinaya)*, und die systematische Darstellung der Lehre *(abhidharma)*. Sūtra bedeutet wörtlich ›Faden‹, und der Begriff wird im Buddhismus für die aneinandergereihten Reden des Buddha verwendet. Der Pāli-Kanon wurde im 1. Jh. v. Chr. schriftlich fixiert, während die ersten Mahāyāna-Sūtras zeitgleich oder etwa einhundert Jahre später aufgeschrieben wurden. Beide gehen auf viel ältere mündliche Traditionen zurück. Wir wissen nicht, wie die Reden des Buddha in Form und Inhalt tatsächlich ausgesehen haben, können aber mit Sicherheit annehmen, daß der Inhalt der Sūtras seine Wurzel in eben diesen Predigten hat und viele Formulierungen, Gleichnisse, Aufzählungen usw. auf den Buddha selbst zurückgehen. Wenngleich die Mahāyāna-Sūtras aus Gründen, die wir oben angedeutet haben, als Reaktion auf Vereinseitigung und Dogmatisierung des Dharma betrachtet werden müssen, enthalten sie doch wohl auch ältestes buddhistisches Überlieferungsgut. Freilich gibt es keinen Mahāyāna-Kanon, der abgeschlossen und somit dem Pāli-Kanon vergleichbar wäre. Während der ersten nachchristlichen Jahrhunderte entstanden vielmehr immer neue Sūtras, vor allem als die Zeit der großen chinesischen Übersetzungen (ab dem 4. Jh.) gekommen war, und man hat den Eindruck, daß der Übersetzungseifer nur durch die Komposition immer neuer Sūtras gestillt werden konnte.

Dennoch haben textkritische und historische Studien gezeigt, welche Sūtras zum ältesten Überlieferungsgut gehören. Dies sind vor allem die ältesten Sūtras der Prajñāpāramitā-Literatur, das Lotos-Sūtra und das Gaṇḍavyūha, das später in das große Avataṃsaka-Sūtra eingearbeitet wurde. Wir haben uns in der Auswahl auf diese ältesten Schriften konzentriert, weil in ihnen der Geist des Mahāyāna authentisch zur Sprache kommt. Dabei kreist jedes Sūtra um bestimmte zentrale Gedanken oder bringt einen Aspekt der

Lehre zum Tragen, der von der Gruppe, die sich um dieses Sūtra gebildet hatte, für besonders wichtig gehalten wurde.

Die Texte sind nicht nach ihrer zeitlichen Reihenfolge angeordnet (die Datierung läßt sich ohnehin nicht genau angeben), sondern nach der inneren Logik, die jene Zentralgedanken in einem Stufenweg erscheinen läßt, der den Weg des Mahāyāna-Buddhisten in seiner Dharma-Praxis selbst beschreibt. Da die Aspekte des Weges gleichzeitig geübt werden und einander durchdringen, hätte gewiß auch die Prajñāpāramitā-Literatur vor dem Avataṃsaka-Sūtra stehen können, denn der inneren Schau in die gegenseitige Durchdringung aller Erscheinungen geht die Einsicht in die Leere voraus, oder besser: sie ist nur ein anderer Aspekt ein und derselben Sache. Dennoch schien der Weg von gläubiger Verehrung über die Suche bei den Meistern auf einem Meditationspfad, der nach innen führt und im Erwachen zur Weisheit gipfelt, sowohl dem buddhistischen Selbstverständnis am besten zu entsprechen als auch für den Christen am ehesten nachvollziehbar zu sein. Der buddhistische Weg endet freilich nicht in der Einheitsschau oder irgendeiner Art von weltferner geistiger Erfahrung, sondern in der Bewährung in der Welt, wie Vimalakīrti, der weise Familienvater und Lehrer, im Vimalakīrti-Sūtra auch die Mönche humorvoll und eindrücklich lehrt. Dieses Sūtra ist später entstanden, bringt aber die wichtige praktische Verwirklichung des Dharma im Alltag so deutlich zur Sprache, daß es als Abschluß der Darstellung keinen geeigneteren Text geben kann: Hier werden die Weisheit der Leere *(prajñā)* und die Verwirklichung in allen Situationen des Lebens durch geeignete Methoden *(upāya)* tatsächlich in ihrer Einheit anschaulich dargestellt.

Leider sind viele Mahāyāna-Texte nicht im Sanskritoriginal erhalten. Als im 12. Jh. n. Chr. der Buddhismus in Indien verfiel, wurden die großen Klosteruniversitäten und Bibliotheken (Zerstörung von Nālandā 1197, von Vikramaśīla 1203) von muslimisch-türkischen Eroberern dem Erdboden gleichgemacht. Dies ist aber nicht der einzige Grund für den Untergang des Buddhismus in Indien: Er war schon längst kraftlos geworden, weil er trotz der Laienbewegungen im wesentlichen eine monastische Religion geblieben war und gleichzeitig viele seiner Lehren und Methoden in den Hinduismus integriert werden konnten. Das System des Advaita Vedānta, philosophisch vertreten vor allem von Śaṃkara, 788 – 850 n. Chr., ist ein Beispiel dafür. Nur Fragmente oder sehr späte Manuskripte sind also in Sanskrit erhalten, während die Übersetzungen ins Chinesische und Tibetische als erstklassige Quellen des Mahāyāna angesehen werden können, die allerdings durch den Geist der Übersetzer modifiziert wurden.

Den hier abgedruckten Abschnitten aus dem Lotos-Sūtra *(Saddharmapuṇḍarīka-sūtra)* liegt die chinesische Übersetzung Kumārajīvas zugrunde, der Text wurde aus dem Chinesischen von Dr. Margareta von Borsig (München) übersetzt. Die Abschnitte aus dem *Avataṃsaka*-Sūtra wurden von Prof. Torakazu Doi (Kyoto, gestorben 1971) aus dem Chinesischen ins Deutsche übersetzt, einige Hinweise zu dieser Übersetzung finden sich in der Einführung zum Teil II. Der Text aus dem *Pañcaviṃśatisāhasrikā-prajñāpāramitā*-Sūtra wurde von Dr. Heinz Braun (Göttingen) aus dem Sanskrit nach einem Text aus dem 5. Jh. n. Chr. ins Deutsche übertragen, wobei auch die kritische Ausgabe und die englische Übersetzung Edward Conzes herangezogen wurden. Das *Prajñāpāramitāhṛdaya*-Sūtra wurde von mir aus dem Sanskrit nach der kritischen Ausgabe von Edward Conze übertragen. Das *Vimalakīrti-nirdeśa*-Sūtra wurde nach dem tibetischen Text im Kanjur (Übersetzung von Dharmatāśīla aus dem 9. Jh.), den Sanskritfragmenten in Śāntidevas *Śikṣāsamuccaya* und Candrakīrtis *Prasannapadā* sowie den Übersetzungen von Étienne Lamotte ins Französische und Robert A. F. Thurman ins Englische von Dr. Jampa Panglung Rinpoche (München) und mir übersetzt, wobei zur Überprüfung auch die von Lamotte angeführten Sanskritparallelen herangezogen wurden. Das Vorwort des Dalai Lama wurde von mir aus dem Englischen übertragen. Die Übersetzungen versuchen, sich so getreu wie möglich an die Originaltexte zu halten, weshalb wir auch von dem Versuch, das Versmaß der Texte wiederzugeben, weithin Abstand genommen haben. Gleichzeitig mußte aber die Verständlichkeit für den religionswissenschaftlich nicht geschulten Leser oberstes Prinzip sein, das für die Übersetzungen selbst maßgebend war. Wiederholungen mußten oft weggelassen und Begriffe umschrieben werden. Die von mir hinzugefügten Ergänzungen in Klammern oder Erläuterungen in Fußnoten dienen nur einer ersten Orientierung, ohne die der Text oft unverständlich bleiben würde, sie beanspruchen aber in keiner Weise, die Kriterien eines wissenschaftlichen Kommentars zu erfüllen.

Allen Übersetzern sowie auch dem Mönch des tibetischen Gaden-Shartse-Klosters in Südindien, Ven. Cheme Tsering, der die Vignetten gezeichnet hat, möchte ich sehr herzlich für ihre Mitarbeit danken. Besonderer Dank gilt S. H. dem XIV. Dalai Lama für das Vorwort und viele Stunden, in denen er mir im Gespräch die Geisteswelt des Mahāyāna-Buddhismus erschlossen hat. Herrn Dr. Hellmuth Hecker von der Buddhistischen Religionsgemeinschaft in Deutschland (Hamburg) sowie Geshe Thubten Ngawang und Christoph Spitz vom Tibetisch-Buddhistischen Zentrum in Hamburg möchte ich für wertvolle Hinweise danken. Geshe Thubten hat freundlicherweise auch die tibetischen Kalligraphien geschrieben.

Möge dieser Band das Verständnis zwischen Buddhisten und Christen fördern, und mögen christliche Leser durch die Lektüre ermutigt werden, in der ihnen gemäßen Weise und unter der Inspiration durch unsere buddhistischen Partner den Weg zu dem Ziel zu gehen, das uns allen gemeinsam bestimmt ist.

Teil I
Gläubige Verehrung

Lotosblume.
Symbol der Reinheit und Vollkommenheit.

Aus dem Lotos-Sūtra

Übersetzt von Margareta von Borsig

Einführung

Das Lotos-Sūtra oder, mit seinem vollständigen Titel, *Saddharmapuṇḍarīka-sūtra* (›Sūtra vom weißen Lotos des wahren Dharma‹) ist einer der wichtigsten Texte des Mahāyāna-Buddhismus, nicht nur weil er als ›die Bibel Ostasiens‹ in China und Japan eine Wirkung entfaltet hat, die bis heute unvermindert anhält, sondern vor allem, weil er einer der frühesten Texte ist, die Zeugnis von dem neuen Geist ablegen, der den Buddhismus wohl bereits schon ein Jahrhundert nach dem Tod des Buddha zu erfassen begann: dem Geist des Mahāyāna. Kaum ein anderer Text erfreut sich in der gesamten buddhistischen Welt bei Laien wie bei Mönchen derartig großer Beliebtheit. Das Lotos-Sūtra wurde bereits im Jahre 286 n. Chr. von Dharmarakṣa ins Chinesische übersetzt, und das bedeutet, daß der Text schon lange vor diesem Zeitpunkt zusammengestellt gewesen sein muß, ja daß die mündliche Überlieferung wohl einige Jahrhunderte zurückreichen könnte. Wahrscheinlich gehen die eindrucksvollen Gleichnisreden auf früheste buddhistische Überlieferung zurück, und es ist möglich, daß sie den Predigten des Buddha selbst entnommen sind und in einer von den etablierten Mönchsorden unabhängigen Laien-Überlieferung aufbewahrt wurden. Die meisten Indologen nehmen an, daß der Text im 1. Jh. n. Chr. schriftlich fixiert war, wenn auch in einer Form, die immer wieder verändert wurde, wie wir an den verschiedenen chinesischen Übersetzungen aus dem Sanskrit ablesen können. Nehmen wir das 1. Jh. n. Chr. als Entstehungszeit an, so bedeutet dies, daß das Sūtra fast gleichzeitig mit dem Pāli-Kanon, dem Tripiṭaka, niedergeschrieben wurde, wobei diese Schriften freilich ebenfalls eine lange mündliche Überlieferungsgeschichte hinter sich hatten, bevor sie schriftlich niedergelegt wurden. Jedenfalls kann man aus dieser Chronologie ersehen, daß vom Alter her gesehen der Text des Lotos-Sūtra nicht weniger authentisch ist als der Pāli-Kanon der Theravādins, und es begegnen uns in beiden Schriftenreihen ganz verschiedene Interpretationen der Lehre des Buddha, die man unterschiedliche Paradigmen nennen kann, weil sie die Gesamtheit der Ansichten über den Kosmos, den Menschen, das Leben, den Heilspfad und die Rolle des Buddha betreffen.

Kumārajīvas Text

Der hier übersetzte Text beruht auf der chinesischen Übersetzung Kumārajīvas von 406 n. Chr. aus dem Sanskrit. Kumārajīva war der Sohn eines indischen Brahmanen und einer zentralasiatischen Prinzessin aus Kucha. Er hat nicht nur dieses Sūtra übersetzt, sondern im Auftrag des chinesischen Hofes von Ch'ang-an Hunderte von buddhistischen Texten übertragen, nicht allein, sondern mit einem Stab von wohl bis zu eintausend Mitarbeitern. Kumārajīva kannte nicht nur den Buchstaben, sondern auch den Geist der Religion, die er durch seine einzigartige Leistung in China verbreiten half, von innen her. Aus diesem Grund und weil seine Sanskritvorlage älter ist als die der ersten Übersetzung durch Dharmarakṣa, genießt sein Text bis heute besonderes Ansehen.[1]

Der Text des Sūtra besteht aus Versen *(gāthās)* und Prosa, wobei die Verse älter sind. Die Prosa wiederholt, erläutert und interpretiert zum Teil auch die Verse in neuer Weise. Dennoch sind beide Formen fast identisch, und man könnte jeweils einen Verstext und einen Prosatext erstellen, wobei beide den gesamten geistigen Gehalt des Lotos-Sūtra wiedergeben würden. Einen Verfasser kennen wir nicht, und da es sich um die Sammlung von Texten aus alter mündlicher Tradition handelt, die von vermutlich mehreren Re-

---

1 Zur Wirkungsgeschichte des Lotos-Sūtra in China und Japan und zur Geschichte der Übersetzungen in europäische Sprachen seit dem 19. Jh. vgl. M. v. Borsig, Leben aus der Lotosblüte (s. Literaturverzeichnis).

daktoren zusammengestellt wurden, wäre *ein* Verfasser auch gar nicht zu benennen. Die endgültige Redaktion des Sanskrittextes des Sūtra, wie er Kumārajīva vorlag, könnte im 2. Jh. n. Chr. in Gandhāra (Nordwestindien) erstellt worden sein.

Charakter des Sūtra

Das Lotos-Sūtra ist ein Meisterwerk mytho-poetischer Vision. Es ergeht sich, wie sonst in vielen Mahāyāna-Sūtras der Fall, kaum in lehrmäßigen Diskursen, sondern konzentriert sich ganz auf die Person des Buddha. Wer ist dieser Erleuchtete? Ein gewöhnlicher Mensch, dem es gelungen ist, das »Sein aus den Angeln zu heben« (R. Guardini) und zu einer alles Menschliche sprengenden Erleuchtung durchzubrechen, oder ein Gott in Menschengestalt? Diese Fragen waren nicht neu, aber sie werden im Lotos-Sūtra in besonderer Weise beantwortet. Das liegt an der Tradition, aus der es hervorgegangen ist. Wir haben allen Grund anzunehmen, daß das Sūtra nicht in Mönchskreisen entstanden ist, sondern von und für Laien überliefert wurde. Wie wir aus anderen Quellen wissen, entstand schon kurz nach dem Tode des Buddha eine Laienfrömmigkeit, die ihr Zentrum in der Reliquienverehrung des Buddha hatte und als *Buddhayāna* von Kaiser Aśoka (ca. 268–232 v. Chr.) gefördert wurde. Für die Laienanhänger des Buddha konnte weder die komplizierte Mönchsregel noch das intensive Studium der Meditation einen Weg weisen. Was war natürlicher, als daß man sich – auch gegen die ausdrückliche Empfehlung Gautama Śākyamunis selbst – an das Greifbare hielt und seine sterblichen Überreste in den *stūpa* brachte, der als Reliquienschrein die dauernde Gegenwart des Erleuchteten symbolisieren konnte? Bedingungsloses Vertrauen gegenüber dem Buddha, ja Verehrung und Liebe, das waren die Charakteristika dieses ›Fahrzeugs‹. In einer nicht-sichtbaren Form mußte er noch gegenwärtig sein, und vielleicht waren dies Vorstellungen, die der allgemein-indischen Lehre von einem subtilen Körper, der nur während des irdischen Lebens mit dem physischen Körper verbunden ist, nahekam. Ein Zwischenbereich also zwischen dem materiellen Körper *(rūpa-kāya)* und dem absoluten, ungreifbaren und unvorstellbaren Transzendenzkörper *(dharma-kāya)*, der zwar nicht dem bloßen sinnlichen Auge, wohl aber dem durch Glaube und Liebe gereinigten inneren Auge erscheinen konnte, das am Stūpa immerhin einen festen Anhaltspunkt hatte. Später nannte man diesen Aspekt den Seligkeitskörper des Buddha *(saṃbhoga-kāya),* und genau dies ist der Bereich, in dem die theophanieartigen Manifestationen und spirituell-symbolischen Imaginationen, von denen das Lotos-Sūtra erzählt, anzusiedeln sind.

Das ganze Lotos-Sūtra ist in diesem Sinn ein spirituelles Drama. Der Buddha predigt, wie so oft, auf dem Geierberg bei Rajagṛha, einem Ort in Nordindien, der noch heute besucht werden kann. Aber dieser Ort verwandelt sich gleich zu Beginn des Sūtra und dann vor allem im 11. und 16. Kapitel in den Knotenpunkt der geistigen Welt. Er ist die *axis mundi,* die alle irdischen und himmlischen Wesen umkreisen, ja das Reine Land, ein Bereich der Seligen, in dem irdisches Leid und alle Versuchungen des Daseins so gering sind, daß die Übung des Dharma ohne Schwierigkeiten vollzogen und im Vertrauen auf den Buddha die Erleuchtung sofort erlangt werden kann. Vielleicht reflektiert dieser Hinweis im Lotos-Sūtra eine Frühform des Buddhismus des Reinen Landes, der später in China und Japan dominierend wurde. Der Buddha ist hier umgeben von vielen anderen Buddhas aus anderen Weltzeitaltern und anderen Welten. Für den Buddhisten gibt es ja nicht nur ein Universum, sondern unzählige, und jedes hat seine eigenen Buddhas und Buddha-Genealogien *(gotra),* damit kein Bereich der unermeßlichen Welten ohne den rettenden Erleuchtungsstrahl bleibt. Wie in den frühbuddhistischen *Jātaka*-Erzählungen werden all diese vorherigen und kommenden Wesen als andere Manifestationen ein und desselben Buddha angesehen, der hier und jetzt auf dem Geierberg spricht.

Das Lotos-Sūtra erhebt sich in seiner überweltlichen Schau über alle raum-zeitlichen Schranken, die dem menschlichen Bewußtsein im Normalzustand gesetzt sind – alle diese Welten und Zeiten sind für den im meditativen Zustand verweilenden Buddha zu einer großen Einheit zusammengeschmolzen, zu einer mythischen Identität aller Wesen und Zeiten, die die kosmische Harmonie offenbart. In der schon erwähnten großen Vision des 16. Kapitels wird erzählt, daß der Buddha im Stūpa wahrhaft lebendig ist und mitten unter den Gläubigen weilt. Er teilt seinen Sitz mit dem Buddha des vorigen Zeitalters und identifiziert sich also mit der Vergangenheit. Gegenwart und Vergangenheit fallen zusammen, doch die Zukunft steht noch aus. Die jetzige Zeit gleicht einem apokalyptischen Schauspiel, und es gilt, den Dharma im Vertrauen auf seine Wahrhaftigkeit gegen alle Anfeindungen von innen und außen zu verteidigen. So schwelgt das Sūtra nicht im rein Überweltlichen, sondern hat ein ganz konkretes, religionspolitisches Ziel: Es will das *eine* Fahrzeug *(ekayāna)* lehren, das alle anderen in sich aufnimmt, damit die Spaltungen in der buddhistischen Bewegung aufhören und die kosmische Ordnung auch in der Geschichte des Menschen Gestalt gewinnt. Es ist kein Zufall, daß das Lotos-Sūtra immer wieder und bis heute politische Reformbewegungen im Buddhismus inspiriert hat, allen voran Nichiren (1222–1282) in Japan, der wie kein anderer den chiliastischen Geist dieses Sūtra hervorgehoben hat.

Das große Thema des Lotos-Sūtra ist also das *eine* Fahrzeug, in dem alle zusammengefaßt werden können. Lehrunterschiede oder Differenzen in der Praxis (Mönchsregel und Meditation) sind sekundär, wenn der Buddha in gläubigem Vertrauen angerufen wird und die Menschen sich als seine Söhne erkennen, die er entsprechend ihren jeweils unterschiedlichen Begabungen und Neigungen beschenkt hat. Alle Lebewesen besitzen die Eigenschaften, die zur Erlangung der Buddhaschaft notwendig sind.

Das Wesen des Buddha

Hier findet nun eine interessante Entwicklung statt: Nach Auffassung der frühbuddhistischen Schulen, besonders der Theravādins, war der historische Buddha am Ende seines Lebens um Mitternacht in einen Zustand tiefer meditativer Absorption versunken, bei Tagesanbruch trat er dann ins *parinirvāṇa* ein und erlosch. Als der Stūpa-Kult aufkam, wurde diese Zeitspanne auf Äonen ausgedehnt – man glaubte, daß der Erleuchtete im Stūpa weiterlebt und mit Güte sowie wachsamen Auges die Gläubigen und die gesamte Welt beschützt.[2] Im Lotos-Sūtra erklärt der Buddha, daß er nach seinem Tod in einem anderen Bereich des Kosmos oder einer anderen Welt Buddha werden wird: Sein Bewußtseinskontinuum wirkt demnach also in anderer inkarnierter Form fort. Im frühen Mahāyāna spricht man von Buddha-Genealogien oder Buddha-Familien *(gotra),* zu denen die Lebewesen gehören; wird sich ein Mensch dieser Verwandtschaft bewußt, d. h., erkennt er ›seinen‹ Buddha als ›Vater‹ an und tritt in Beziehung zu ihm, so ist der Weg zur Erleuchtung frei. Es handelt sich um eine Frömmigkeit inniger Beziehung, die im Glauben verwirklicht wird. In anderen Texten wird *buddha-gotra* hingegen zur allen Wesen innewohnenden Buddha-Natur *(garbha),* die sie wie einen Keim in sich tragen, der durch Erkenntnis wie Meditation zum Leben erweckt wird. Das Aufkeimen dieses Samens ist die Erleuchtung.

Vermutlich spiegeln sich in dieser Unterscheidung Grundformen der menschlichen Erfahrung wider, die aber auch soziologisch wirksam waren und sind. Im ersten Falle, wie im Lotos-Sūtra, handelt es sich um die Entwicklung von Liebe, Vertrauen und Glauben zum Buddha. Er steht hier im Mittelpunkt als *Prediger* des Dharma und Wegweiser, im Bild gesprochen, als Freund und Vater. Im anderen Falle, wie in der Prajñāpāramitā-Literatur, handelt es sich um die Entwicklung von Weisheit, meditativer Stille und Selbstbesinnung, um die eigene Verwirklichung des vom Buddha Gelehrten also. Hier steht der *Dharma* als der vom Buddha gepredigte Weg im Mittelpunkt. Es ist offenkundig, daß der eine Weg mehr für die Laien, der andere mehr für Mönche und Asketen geeignet war, denn die im Laienstand Lebenden hatten kaum die Muße, sich komplizierten und zeitaufwendigen Übungen zu unterziehen.

Beide Wege sind gewiß nicht unüberbrückbare Gegensätze, sondern Antwort auf zwei miteinander zusammenhängende Aspekte des menschlichen Geistes, die durchaus gemeinsam und in fruchtba-

2 Nepalesische Stūpas bilden häufig das Auge der Kontemplation ab, mit dem der Buddha aus dem Stūpa heraus in alle vier Himmelsrichtungen schaut.

rer Harmonie entwickelt werden können. Sie sind aber eben auch verschiedene ›geschickte Mittel‹ *(upāya)*, die der Buddha lehrt, um, der Lebenssituation jedes einzelnen entsprechend, genau den geeigneten Weg zu zeigen.

Der historische Buddha Śākyamuni wird im Lotos-Sūtra zu dem einen, überzeitlichen Buddha, wobei man aber dem Sūtra noch entnehmen kann, daß dies nicht von vornherein selbstverständlich war – der Buddha war Mensch gewesen und als solcher zur Erleuchtung gekommen. Durch seine Geisteskraft hatte er zwar die zeitlichen Schranken ausdehnen, das Gesetz der Vergänglichkeit aber doch nicht überwinden können, ja, seine Erleuchtung bestand in der Erkenntnis und Anerkennung dieses Gesetzes. Allmählich erkannte man – und hierin liegt der spirituelle Grundstein für den Mahāyāna-Buddhismus –, daß das erleuchtete Bewußtsein universal sein muß, weil die Erleuchtungserfahrung selbst alle raumzeitlichen Grenzen sprengt. Der Buddha war also von Ewigkeit her erleuchtet, und darum hat er schon unzähligen Wesen gepredigt, wie das Lotos-Sūtra sagt.

Der Buddha wird aber hier nicht zum Gott, zumindest nicht zu einem Schöpfergott, der das Geschick der Menschen leitet, sondern er *ist* das Erleuchtungsbewußtsein, der Inbegriff des letzten Grundes der Wirklichkeit, die jedes andere Wesen in Wahrheit auch *ist*. Das irdische Leben des Buddha, Geburt, Erleuchtung und Tod, waren ein *upāya*, ein geschicktes Mittel, um die Menschen auf den Weg zu Erkenntnis und Befreiung zu führen. Er gab nur vor, in seinen frühen Lebensjahren nicht erleuchtet gewesen zu sein, damit alle, die ihm folgen würden, ebenfalls das Vertrauen entwickeln, daß sie auch zur vollständigen Befreiung gelangen können. Er gab nur vor, in den Tod zu gehen und den Menschen fern zu sein, um ihre eigene Willenskraft und den Mut zu stärken, selbst an ihrer Befreiung zu arbeiten, wie das berühmte Gleichnis im 16. Kapitel erzählt: Ein Arzt, der lange verreist war, kehrt heim und findet seine Söhne krank vor. Sie leiden an einer Vergiftung und bitten den Vater, sie zu heilen. Doch diejenigen, deren Bewußtsein von dem Gift schon sehr stark getrübt ist, verweigern sich der Medizin. Um sie zur Vernunft zu bringen, verreist der Vater erneut und läßt ihnen die Kunde von seinem Tod überbringen. Der Schock und die Trauer über den Verlust lassen die Söhne ihre Lage erkennen, die Medizin einnehmen und gesunden.

Nun kehrt der Vater zurück, und alle sind glücklich über die Heilung. Motiviert von dem Wunsch, alle Kranken zu heilen, wendet der Vater ein geschicktes Mittel *(upāya)* an, so wie auch der Buddha motiviert von seiner Liebe zu allen Wesen und dem Wunsch, alle zur Befreiung zu führen, das geschickte Mittel seines scheinbaren Todes anwendet, und keiner macht sich deshalb der Unwahrhaftigkeit schuldig.

Der Buddha erklärt, daß es selten ist, einem Buddha als Lehrer zu begegnen, damit der Eifer derer, die ihn hören, geweckt wird. In Wirklichkeit, so das Lotos-Sūtra, predigt der Buddha ewig und in unzähligen Formen an allen Orten.

Christen werden fragen, ob hier nicht eine *doketische* Buddhologie gelehrt wird, die den Buddha der menschlichen Sphäre enthebt, vergöttlicht und somit unerreichbar macht. Die doketische Irrlehre war nämlich auch in der frühen Kirchengeschichte aufgekommen, und sie besagte, daß Jesus Christus wahrer Gott, aber nur *scheinbar* Mensch gewesen sei, wohingegen die Kirche im nizänischen Glaubensbekenntnis an der Formulierung ›wahrer Gott und wahrer Mensch‹ festhielt. Warum? Weil ein nur scheinbar Mensch gewordener Gott den Graben zwischen Gott und Mensch nicht aufhebt, weil dann das Heil also wieder ungewiß geworden wäre. Ist dies im Mahāyāna-Buddhismus ebenso? Nein, und es scheint eher, daß die Sache genau umgekehrt ist. Nicht der Buddha ist nur scheinbar Mensch, sondern die Menschen sind nur scheinbar Menschen, in Wirklichkeit ist ihr Wesen vielmehr die Buddha-Natur. Der raumzeitlichen Wirklichkeit kommmt keine Bedeutung im letzten Sinne zu; die absolute Wahrheit liegt hinter der sichtbaren Erscheinung, wenn auch nicht abgelöst von der sichtbaren geschichtlichen Welt, wie wir an der oben erörterten Lehre von den drei Körpern *(trikāya)* und vor allem durch die im dritten Teil dargestellte ›Weisheit der Leere‹ *(śūnyatā)* erkennen können.

Das eine Fahrzeug

Das Lotos-Sūtra predigt mit Nachdruck das *ekayāna,* das *eine* Fahrzeug, und kritisiert damit nicht nur die Anhänger des Kleinen Fahrzeugs (der tatsächlich abwertende Begriff *hīnayāna* wird erstmals hier im Lotos-Sūtra gebraucht), sondern auch die Buddhisten, die im *bodhisattvayāna,* einer Frühform des Mahāyāna, eine eigenständige Tradition *neben* den Fahrzeugen der *śrāvakas* – Hörer, d. h. die Anhänger der späteren Theravāda-Tradition – und *pratyekabuddhas* – also diejenigen, die den buddhistischen Heilspfad außerhalb der organisierten Lehrtradition allein verwirklichen – gepflegt hatten. Und tatsächlich hat die Lotos-Tradition eine Integration der Bodhisattvas und anderer früher Mahāyāna-Entwicklungen ermöglicht.

Waren nun aber die bisherigen Lehren und Wege falsch? Keineswegs, argumentiert das Lotos-Sūtra. Sie waren vorläufige und für bestimmte Menschen sehr wohl geeignete Wege. Das Gleichnis vom brennenden Haus (Kapitel 3) bringt dies beredt zum Ausdruck: Ein Feuer bricht aus, als die Kinder im Haus spielen. Der Vater bemerkt von außen das Unglück. Die Kinder sind so in ihr Spiel vertieft, daß sie den Rufen des Vaters nicht folgen, denn sie erkennen ihre Lage nicht. Da wendet der Vater ein ›geschicktes‹ Mittel an – er verspricht ihnen, jedem jeweils sein liebstes Spielzeug zu schenken. So verspricht er dem ersten Sohn einen von Ziegen gezogenen Wagen, dem anderen ein Gespann mit Hirschen, wieder einem anderen einen Ochsenkarren. Daraufhin laufen alle zum Vater und sind aus den Flammen gerettet. Nun aber erkennen sie die Wahrheit, und der Vater gibt ihnen allen nur die besten und wertvollsten Wagen, nämlich Ochsenkarren. Das brennende Haus gleicht der menschlichen Existenz im Leiden. Der Vater ist der Buddha, die Kinder sind die Menschen mit verschiedenen Neigungen und Temperamenten. Die versprochenen Wagen entsprechen den drei Fahrzeugen der Arhats, Pratyeka-Buddhas und Bodhisattvas. Der kostbarste Ochenkarren, den sie alle empfangen, ist das *eine* Fahrzeug oder *buddhayāna,* das im Lotos-Sūtra gelehrt wird, das Mahāyāna also. Die anderen Fahrzeuge sind nicht falsch, sondern geschickte Mittel, die der Buddha angewandt hat, um die Menschen wachzurütteln.

Allerdings ist nun, da das Mahāyāna gepredigt wird, eine große Chance gegeben, die auch die Arhats im Hīnayāna, Pratyeka-Buddhas und Bodhisattvas wahrnehmen sollten, denn auch im Lotos-Sūtra wird angedeutet, daß die Kapazität derer, die dem Hīnayāna folgen, vervollkommnet werden muß, denn sie sind zu sehr mit sich selbst beschäftigt, verfolgen nur ihr eigenes Heil und sind damit noch nicht frei von egozentrischem Verlangen.[3] Wer die große Chance zur Neubesinnung im Sinne des *bodhisattva-* und *ekayāna-*Ideals wahrnimmt und somit die wahre Intention des Buddha, der das Lotos-Sūtra predigt, erkennt, hat Grund zur Freude, denn seine Befreiung ist umfassend und großartig.

Gleichnis vom verlorenen Sohn

Genau diese Botschaft ist der Sinn des berühmten Gleichnisses vom ›Verlorenen Sohn‹, das auf den ersten Blick dem Gleichnis Jesu bei Lukas (Lk 15,11–32) so ähnlich scheint und damit immer wieder verglichen worden ist, aber doch einen ganz anderen Sinn hat:[4]

Vier bedeutende Arhats (Hīnayāna) sind erstaunt über die Lotoslehre des Buddha und erkennen, daß es für sie nicht zu spät ist, den Pfad des Mahāyāna zu betreten und nach der hohen Bodhisattvaschaft zu streben. Mahākāśyapa, einer der ehrwürdigsten Arhats, erzählt dazu das Gleichnis: Ein junger Mann hat sein Vaterhaus verlassen und irrt in der Fremde, verarmt und verelendet. Sein Vater läßt sich inzwischen in einer größeren Stadt nieder und kommt zu Reichtum. Zufällig trifft der Sohn in dieser Stadt ein und sieht den Reichen in seinem Palast sitzen, kann ihn aber nicht als

---

3 Daß dies eine einseitige und durchaus nicht die gesamte Hīnayāna-Praxis treffende Sicht der Mahāyāna-Anhänger ist, müssen wir hier hinzufügen.

4 Wir geben das Gleichnis hier nur zusammengefaßt wieder, der gesamte Text findet sich bei M. v. Borsig, vgl. Juwel des Lebens, 50ff. (Literaturverzeichnis), zur Interpretation s. Whalen Lai, The Buddhist ›Prodigal Son‹: A Story of Misperceptions, in: The Journal of the International Association of Buddhist Studies, Vol. 4,2 1981, 91–98.

seinen Vater erkennen, da der ja einst nicht von diesem Reichtum umgeben war. Der reiche Vater aber erkennt den Sohn sofort und läßt nach ihm schicken. Der Sohn fällt in Furcht zu Boden, weil er annimmt, daß er gefangen werden soll. Der Vater fühlt, daß er ein ›geschicktes Mittel‹ anwenden muß, um das durch Leben in der Fremde und Armut verdüsterte Herz des Sohnes allmählich aufzuschließen.

So stellt er ihn als Knecht ein, erzieht ihn durch Liebe und Lob und setzt ihn allmählich über seine Güter, ›als ob er sein Sohn wäre‹. So entsteht Vertrauen, und auf dem Totenbett kann der Vater seine wahre Identität enthüllen, die der Sohn nun akzeptieren kann. Er nimmt den Reichtum an und ist von Freude erfüllt.

Ob es einen gemeinsamen literarischen Hintergrund dieser Geschichte mit der Erzählung im Lukasevangelium gibt oder nicht, ihre Bedeutung ist im Buddhismus und Christentum verschieden, und genau dieser Unterschied wirft ein bezeichnendes Licht auf die Verschiedenheit beider Religionen. Geht es bei Jesus um Reue, Versöhnung und Liebe auf dem Hintergrund des jüdisch-christlichen Sündenbewußtseins, so geht es im Lotos-Sūtra um Weisheit und allmähliche Hinführung zur Erkenntnis der eigenen Buddha-Natur. Der Sohn ist im Lotos-Sūtra, wenn er zur vollkommenen Erkenntnis gelangt ist, dem Vater gleich. Der Sohn findet den Vater nicht bewußt, sondern der Vater zieht ihn – durchaus in Liebe und gnadenhafter Voraussicht – zu sich. Nicht der Buddha erzählt das Gleichnis, sondern der Arhat, der seiner Freude Ausdruck gibt, daß er den Buddha ›wiedererkannt‹ hat. Das Problem bestand ja gerade darin, wie der Bettelmönch Gautama Śākyamuni in dem überzeitlichen himmlischen Buddha-Wesen des Lotos-Sūtra, sitzend auf Diamant-Thronen und umgeben von unzähligen Kostbarkeiten, wiedererkannt werden konnte.

Die Predigt des *einen* Fahrzeugs und die Erkenntnis der bisherigen Lehren als ›geschickte Mittel‹ der Lehre und Überzeugungsarbeit des Buddha, das Ringen um eine innerbuddhistische Ökumene gleichsam, ist also der Inhalt dieses Gleichnisses vom verlorenen Sohn, ja des gesamten Lotos-Sūtra.

Die Bedeutung des Glaubens

Das Lotos-Sūtra ist nicht nur ein Lehrtext, in dem der Buddha spricht, sondern in ihm wird die transzendente Realität des Buddha, die das Wesen auch jedes Gläubigen ist, verkündet. Der Text ist daher erfüllt mit dem Geist des Buddha, und darum ist er selbst verehrungswürdig. Überall in Ostasien kann somit die Zuflucht zum Buddha mit der Zuflucht zum Lotos-Sūtra, zur Rezitation seines Textes oder auch nur seines Titels, zusammenfallen. Der Buddha hat das Sūtra offenbart, der Dharma ist das heilige Weltendrama, das in ihm enthüllt wird, und der Saṃgha ist die Gemeinde der Gläubigen, die vertrauend auf die Allmacht und Allgegenwart des über-raum-zeitlichen Buddha ihres Heils gewiß sind. Durch die Rezitation des Lotos-Sūtra findet der unerschütterliche Glaube Ausdruck, der nicht nur am Anfang des buddhistischen Heilspfades als Vertrauen in die Wahrhaftigkeit der Lehre des Buddha steht, sondern der in diesem Sūtra in seiner persönlichen, Herz und Geist integrierenden Vollkommenheit der Inbegriff des buddhistischen religiösen Lebens selbst ist.

Zum Inhalt

Das 1. Kapitel des Lotos-Sūtra berichtet, wie sich Tausende von Arhats und Bodhisattvas sowie himmlische Wesen aus allen Bereichen des Universums um den Buddha versammeln, der sich auf dem Geierberg bei Rajagṛha anschickt, eine große Auslegung der Lehre *(vaipulya-sūtrānta)* zu geben. Die Erde bebt, und Blumen regnen vom Himmel herab. Der Buddha versetzt sich in tiefste Versenkung, und ein Lichtstrahl, der aus dem Auge der Weisheit (zwischen den Augenbrauen) des Buddha hervorbricht, erleuchtet alle Weltsysteme, einschließlich der Höllen, und macht offenkundig, daß der Buddha den Dharma schon immer und überall zu allen Wesen gepredigt hat. Mañjuśrī, der dieses Wunder schon mehrfach beobachtet hat, erklärt, daß diese Erscheinungen ankündigen, daß der Buddha das Lotos-Sūtra lehren wird.

Im 2. Kapitel nun beginnt der Buddha zu lehren und spricht in Versen:

Die Meister in der Welt können nicht gezählt werden,
weder von Göttern noch von allen Menschen der Welt.
Unter allen Lebewesen gibt es keines,
das die Buddhas ermessen könnte.
Die Kraft des Buddha, der nichts fürchtet,
seine Versenkungsstufen auf dem Weg zur Befreiung
und alle übrigen Aspekte des Buddha-Dharma
kann niemand kennen.
Von Anfang an folgte ich den zahllosen Buddhas.
In Vollkommenheit wandelte ich alle Wege
des äußerst tiefen, feinsinnigen und wunderbaren Dharma,
der schwer zu erkennen und zu erfüllen ist.
Während unermeßlicher Weltzeitalter
wandelte ich auf all diesen Wegen.
Am Ort der Erleuchtung erlangte ich die Vollendung.
Nun sah und erkannte ich alles:
den großen Zusammenhang von Tat und Wirkung
und den Sinn all der vielfältigen Wesen und Formen.
Ich und die Buddhas der zehn Richtungen
sind zur vollkommenen Erkenntnis all dessen gelangt.

Śāriputra, der Erste im Saṃgha, der sonst wegen seines Wissens gepriesen wird, hat Zweifel, ja, der gesamte Saṃgha ist im Zweifel. Kennt man nicht die Lehre? Beobachtet man nicht die Mönchsregeln korrekt? Und sind nicht alle Kategorien der Philosophie genau festgelegt worden, so daß alle Unklarheiten längst ausgeräumt sind? Śāriputra wendet sich an den Buddha:

Sonne der Geisteskraft und Großer, in der Welt Verehrter!
Nach langem Zögern predigst du nun diesen Dharma [. . .]
Keiner ist fähig, nach dem Dharma, den du auf dem Thron
der Erleuchtung erlangt hast, zu fragen.

Da es schwer ist, deine Einsicht zu verstehen,
kann auch ich keine Frage stellen.
Ohne gefragt zu werden, lehrst du dennoch.
Du verkündest den Weg, den du gegangen bist.
Weisheit und geistige Vollendung sind tief und wunderbar.
Die Buddhas haben beides erlangt.
Doch alle Arhats, die makellos sind,
sowie diejenigen, die nach dem Nirvāṇa streben,
sind nun ins Netz des Zweifels geraten (und fragen sich):
»Warum predigt der Buddha diesen Dharma?« [. . .]
Unter allen Śrāvakas hier, so lehrte der Buddha, sei ich der Erste.
Nun bin ich selbst im Zweifel und weiß nicht,
was der endgültige Dharma und was wohl nur
die vorläufige Anleitung zur Übung in hiesigen Umständen ist.

Der Buddha antwortet, daß diese Haltung nichts als Hochmut sei: Der Dharma ist so unermeßlich, daß ihn niemand erfassen kann, und wenn die Mönche glauben, die Wahrheit zu kennen, sind sie weiter von ihr entfernt denn je. Die zehn Kräfte, die jeder Buddha hat[5], die vier Arten der Furchtlosigkeit[6], die *pāramitās*[7] und die acht Befrei-

---

5 Die zehn Kräfte *(bala)* des Buddha sind: 1. die Kraft, das Rechte vom Falschen zu unterscheiden *(sthānāsthāna-jñānabala)*; 2. die Kraft, die Folgen des Handelns zu erkennen *(karmavipāka-jñānabala)*; 3. die Kraft, die Neigungen der Wesen zu erkennen *(nānādhimukti-jñānabala)*; 4. die Kraft, die verschiedenen Arten der Wesen zu erkennen *(nānādhātu-jñānabala)*; 5. die Kraft, die jeweiligen Begabungen der Wesen zu erkennen *(indriyava-rāvara-jñānabala)*; 6. die Kraft, den Pfad, der überallhin führt, zu kennen *(sarvatragāminīpratipat-jñānabala)*; 7. die Kraft, alle Hindernisse, Leidverursacher sowie die Reinigung der Kontemplationen, Meditationen, Befreiungen, Konzentrationen und Versenkungen zu kennen *(sarvadhy-ānavimokṣasamādhisamāpatti-saṃkleśavyavadānavyutthānajñānabala)*; 8. die Kraft, die eigenen früheren Leben zu kennen *(pūrvanivāsānusmṛti-jñānabala)*; 9. die Kraft, den Tod und zukünftige Leben zu kennen *(cyutyutpatti-jñānabala)*; 10. die Kraft, das Ende der Verunreinigungen zu kennen *(āsravakṣaya-jñānabala)*.

6 Die vier Furchtlosigkeiten des Buddha *(vaiśāradya)* sind: 1. die Furchtlosigkeit in bezug auf die Verwirklichung aller Dinge; 2. die Furchtlosigkeit in bezug auf das Wissen der Beendigung aller Verunreinigungen; 3. die Furchtlosigkeit in bezug auf die Voraussicht hinsichtlich der andauernden Hindernisse; 4. die Furchtlosigkeit in bezug auf die Richtigkeit des Pfades, der zum Erlangen der höchsten Befreiung führt.

7 Siehe Glossar.

ungen[8] werden aufgezählt. Nein, der Dharma ist keine Bücherweisheit, sondern *numinose* Kraft, zum Erschrecken für die Hochmütigen. Nur unermeßlich großer Glaube, der Demut voraussetzt, kann dem Geheimnis entsprechen, das der Buddha verkünden wird. Jetzt ist der Augenblick gekommen, da der Buddha den Irrtum der orthodoxen Mönche aufklären will, der gerade darin besteht, daß sie meinen, die Wahrheit zu ›besitzen‹.

Eisiges Schweigen liegt über der Szene, als sich einige der gescholtenen Mönche erheben und davongehen. Dies ist einer der dramatischsten Augenblicke im ganzen Sūtra: Kleinkariertheit und Hochmut derer, die dem Buddha gefolgt waren, treibt sie nun davon. Sie sind empört darüber, etwas Neues lernen zu müssen, und lieber nehmen diese Śrāvakas in Kauf, fortan auf die Gemeinschaft mit dem Buddha verzichten zu müssen. Der Buddha reagiert gelassen – mögen sie gehen, die echten und ehrlichen Jünger bleiben ja, um die Wahrheit des *ekayāna* zu empfangen. Wir brauchen nicht hinzuzufügen, daß an dieser Stelle ein Problem angesprochen wird, das allgemein menschlich ist und in allen Religionen Echtes in Falsches verkehrt hat. Der Buddha spricht im Lotos-Sūtra:

Mönche und Nonnen, die von Hochmut aufgebläht sind,
von sich selbst eingenommene Laienanhänger und
Laienanhängerinnen, die ohne Glauben sind –
die Zahl dieses vierfachen Saṃgha[9] ist fünftausend.
Sie sehen ihre Verfehlungen nicht
und sind befleckt durch Übertretungen der Regeln.

---

8 Die acht Befreiungen *(vimokṣa)* sind: 1. die Erkenntnis der Form von einem, der Form ist; 2. die Erkenntnis der äußeren Form von einem, der den inneren Begriff der Formlosigkeit entwickelt hat; 3. die physische Verwirklichung der Befreiung (von Anhaften) und Beständigkeit darin; 4. Eingang in die Unendlichkeit des Raumes durch Überwindung der Vorstellung begrenzter materieller Formen und die daraus folgende Überwindung von Begriffen der Behinderung und der Vielheit; 5. Eintritt in die Unendlichkeit des Bewußtseinskontinuums, nachdem man auch die Unendlichkeit des Raumes transzendiert hat; 6. Eintritt in die Leere *(śūnyatā)*, nachdem man die Unendlichkeit des Bewußtseinskontinuums transzendiert hat; 7. Eintritt in die Erkenntnis von ›weder Bewußtsein noch Nicht-Bewußtsein‹, nachdem man die Leere transzendiert hat; 8. vollkommenes Aufhören des Leidens, nachdem man ›weder Bewußtsein noch Nicht-Bewußtsein‹ transzendiert hat.

9 Bereits der frühbuddhistische Saṃgha bestand aus diesen vier Gruppen: Mönche *(bhikṣu)*, Nonnen *(bhikṣuṇī)*, Laienanhänger *(upāsaka)* und Laienanhängerinnen *(upāsikā)*.

Sie decken ihre eigenen Fehler zu
und machen ihr kleinkariertes Wissen offenkundig.

Erstmals wird hier vom ›Kleinen Fahrzeug‹ gesprochen, weil Kleinglaube, Hochmut und Engstirnigkeit, ja selbstgerechte Orthodoxie den wahren Buddha-Geist im Saṃgha verdorben haben. Wahrheit, so der Buddha, kann letztlich nur vom Erleuchteten erfaßt werden, die anderen müssen dem Wort und der Wahrhaftigkeit des Buddha vertrauen und Glauben entwickeln. Glaube *(śraddhā)* ist hier natürlich nicht blindes Fürwahrhalten des Unwahrscheinlichen, sondern die existentielle Antwort auf die Begegnung mit der höchsten spirituellen Vollkommenheit, die für den Buddhisten im Buddha erschienen ist.

Um der Lebewesen willen, die im Leid verblendet und
verwirrt sind, predige ich das Nirvāṇa.
Ich wende geschickte Mittel *(upāya)* an und erreiche so,
daß sie zur Geisteskraft eines Buddha reifen.
Früher predigte ich noch nicht: »Ihr alle müßt zur Vollendung
des Buddha-Weges gelangen«, da die Zeit noch nicht reif war.
Jetzt ist aber die Zeit gekommen,
und unbeirrt predige ich das Große Fahrzeug (Mahāyāna) [...]
Schüler, die rein im Herzen sowie sanft und nachgiebig sind
und über scharfen Verstand verfügen,
üben an allen Orten der unerschöpflichen Buddhas
den tiefen, wunderbaren Dharma.
Um aller dieser Buddha-Schüler willen
lehre ich dieses Sūtra des Großen Fahrzeugs.
Solchen Menschen verspreche ich, daß sie den
Buddha-Weg einst vollenden werden [...]
In der Buddha-Welt der zehn Richtungen
gibt es nur den Dharma des einen Fahrzeugs *(ekayāna)*,
es gibt kein zweites und kein drittes,
sondern nur die (unterschiedlichen) geschickten Mittel,
mit denen (der Buddha) die Lebewesen (zur Vollendung) führt.

Wir fassen noch einmal die wichtigsten Aspekte der Lehre dieses wichtigen 2. Kapitels zusammen: Der Buddha legt seine Lehre mit Geschicklichkeit *(upāya)* dar, um alle Wesen zu erreichen und zur Befreiung zu führen. Deshalb hat er in der Vergangenheit die verschiedenen Fahrzeuge (Śrāvakayāna, Pratyeka-Buddhayāna, Bodhisattvayāna) gepredigt. Jetzt aber ist die Zeit reif, die unübertroffene Lehre von einem Fahrzeug *(ekayāna)*, das in Wahrheit das Buddha-Fahrzeug ist, zu verkünden. Es ist in der Vergangenheit schon von allen Buddhas verkündet worden. Auch Śāriputra, der erste der Arhats, wird als Folge seines Glaubens zum Mahāyāna konvertieren. In Wahrheit hatten er und die anderen Śrāvakas schon vor Äonen das Bodhisattva-Gelübde abgelegt; unter der Wolke des Vergessens waren sie aber dem Hīnayāna-Pfad gefolgt.

Der Schüler muß die Lehre des Buddha im Lotos-Sūtra mit Glauben empfangen. Reinheit des Herzens, Sanftmut und Warmherzigkeit werden neben einem scharfen Verstand als weitere Voraussetzungen seitens des Schülers genannt. Die liebende Verehrung des Buddha, wie sie im Stūpa-Kult zum Ausdruck kommt, ist selbst ein Weg zur Erleuchtung und bereits Ausdruck eines reinen Geistes.

Wenn sie Hunderttausende von Arten von Stūpas errichten,
wenn sie dieselben mit Gold, Silber und Kristall,
mit Korallen, Achaten und Lapislazuli
rein und schön schmücken [. . .]
sind sie bereits auf dem Buddha-Weg angelangt.
[. . .]
Sogar spielende Kinder, die Sand aufhäufen und
dem Buddha einen Stūpa bauen,
sind bereits auf dem Buddha-Weg angelangt.
[. . .]
Wenn Menschen mit verworrenem Sinn
einen Stūpa oder Schrein betreten
und nur einmal ›Preis dem Buddha‹ rufen,
sind sie bereits auf dem Buddha-Weg angelangt.

Ja, wer das Lotos-Sūtra in gläubigem Vertrauen hört und sich der Weisheit des Buddha anvertraut, ist schon auf dem Buddha-Weg angelangt. Das Lotos-Sūtra erklärt, daß das *nirvāṇa* der Anhänger des Hīnayāna noch nicht das wahre *nirvāṇa* sei, denn es bleibt bezogen auf die Suche nach dem eigenen Heil und ist darum begrenzt. Das Lotos-Sūtra hingegen lehrt einen Weg, der für alle bestimmt ist und das Heil der anderen zuerst sucht.

1. Gleichnis von den Kräutern (Kapitel 5)

Erläuterungen

Die Gleichnisse des Lotos-Sūtra sind in der gesamten buddhistischen Literatur unübertroffen. Sie sprechen für sich selbst und dringen tief in das Herz dessen, der sich öffnet. Glauben und Vertrauen zum Buddha wollen sie erwecken, denn dies ist die Grundlage, auf der sich der Mensch anschicken kann, selbst den Weg des Loslassens, der meditativen Übung und der Überwindung des Ich, wie es der Buddha lehrt, zu gehen. Die Unendlichkeit und Unermeßlichkeit, die den Buddha bereits in den vorangehenden Kapiteln umgab, ist hier weiter entfaltet und durch konkrete Bilder vermittelt.

Der Buddha schüttet sein Erbarmen und seine Weisheit in gleichem Maße über alle Wesen aus. Seine Fülle ist unendlich, und die Gabe kennt kein Ansehen der Person. Er ist allen gegenüber gleichgesinnt, seien sie Ungerechte oder Gerechte, Menschen, die sündig oder rein sind. Auch solche, die Tugend und die Mönchsregeln *(vinaya)* verletzen, sind nicht ausgeschlossen. Der Text erwähnt die unbegrenzten Verdienste des Buddha, und wir müssen auf das in der Einleitung Gesagte verweisen: Die Verdienste sind im Buddhismus nicht ein äußerliches Gut, das man angehäuft hat und gebrauchen kann, sondern sie prägen die eigene Bewußtseinsformung; die guten Gedanken und Taten hinterlassen ihre Spuren im eigenen Bewußtseinskontinuum, wo sie fortwirken. Diese heilende Wirkung seiner geistigen Kraft schüttet der Buddha im Lotos-Sūtra über alle aus.

Der Akzent in dem Gleichnis liegt freilich nicht primär auf der Gerechtigkeit und dem Gleichmut des Buddha, denn dies war ohnehin vorausgesetzt, sondern auf der unterschiedlichen Kapazität der Lebewesen, die nur das aufnehmen können, was ihrem Vermögen entspricht. Ihre ›Natur‹ bestimmt, wieviel sie vom Segen des Buddha erhalten, und diese Natur ist bestimmt durch ihr *karman*, durch die Gesamtheit der Eindrücke und Bewußtseinsbildungen, die sie durch vergangene Gedanken, Worte und Taten in sich entwickelt haben. Das *karman* zu verbessern, damit mehr und mehr von der Kraft des Buddha aufgenommen werden kann, ist die Aufgabe. Um ihr gerecht zu werden, predigt der Buddha entsprechend dem Vermögen der einzelnen Lebewesen. Denn wer zu wenig empfängt, verdurstet; wer zu viel empfängt, kann ertrinken – wie im Gleichnis der Kräuter und Pflanzen.

In den Gāthās werden fünf Gruppen von Wesen nach ihrem Vermögen unterschieden: 1. Die gewöhnlichen Wesen, die das gesamte Universum bevölkern und den Regen des Dharma gleichsam unbewußt aufnehmen, sind die kleinen Kräuter. 2. Menschen, die sich auf dem Pfad der Lehre des Buddha üben, werden mit mittelgroßen Kräutern verglichen. Zu ihnen gehören die Śrāvaka-Schüler (also die Mönche im Kleinen Fahrzeug) ebenso wie die Waldeinsiedler (eine Gruppe von Schülern, die in den buddhistischen Schriften oft durch Subhūti repräsentiert werden, die also nicht im Kloster, sondern für sich allein in strenger Askese meditierten) und die Pratyeka-Buddhas. Ihnen werden besondere Kräfte zugeschrieben, die sie durch ihre Übung erlangt haben, nämlich die Fähigkeit der Drei Einsichten und der Sechs übersinnlichen (Wissens-)Durchdringungen.[1] Die 3. Gruppe sind diejenigen, die den Buddha erkennen und intensiv mit dem Ziel meditieren, zur Buddhaschaft zu erwachen. Sie gleichen den großen Kräutern. 4. Die Bodhisattvas, die

1 Die Sechs Übersinnlichen (Wissens-)Durchdringungen *(abhijñā)* sind: 1. göttliches Auge oder Schauen *(divyacakṣu)*, 2. göttliches Hören *(divyaśrotra)*, 3. Telepathie *(paracitta-jñāna)*, 4. Kenntnis der vorigen und zukünftigen Leben *(pūrvaparanivāsānusmṛti-jñāna)*, 5. Beherrschung magischer Fähigkeiten *(ṛddhividhi-jñāna)*, 6. Wissen zur Beendigung der leidverursachenden Verunreinigungen (des Bewußtseins) *(āsravakṣaya-jñāna)*. Oft wird der fünfte Aspekt (Magie) *nicht* genannt. Die drei Einsichten sind die Aspekte vier, fünf und sechs dieser Aufzählung.

Liebe und heilende Hinwendung zu allen Wesen *(karuṇā)* kultiviert haben und nach der Buddhaschaft streben, um allen Wesen helfend auf dem Weg zur Erleuchtung beistehen zu können, gleichen kleinen Bäumen. 5. Bodhisattvas, die in ihrer Übung so weit fortgeschritten sind, daß sie nicht mehr auf tiefere Stufen zurückfallen können, weil ihr Bewußtsein schon fast vollkommen geläutert ist, erkennen die Leere der Daseinselemente. Sie werden mit großen Bäumen verglichen.

Text

Da sprach der von aller Welt Verehrte zu Mahākāśyapa und den anderen großen Schülern:

»Gut, gut, Kāśyapa! Du hast die wahren Verdienste des Tathāgata recht verkündet. Es ist wahrhaftig so, wie du gesagt hast. Der Tathāgata wiederum hat unermeßliche, unbegrenzte, unzählige Verdienste. Auch wenn du sie über unermeßliche Millionen von Weltzeiten hin verkünden würdest, könntest du sie nicht erschöpfen. Wisse Kāśyapa! Der Tathāgata ist der König des Dharma. Was er verkündet, ist niemals falsch. Alle Gesetze legt er dar und erklärt sie mit einer Geschicklichkeit, die auf seiner Weisheit gründet. Der Dharma, den er predigt, bringt alle zur Stufe der Allweisheit. Der Tathāgata sieht und weiß, was alle Gesetze in sich enthalten. Ferner kennt er, was im tiefsten Herzen aller Lebewesen vor sich geht: Er durchdringt sie ohne Hindernis. Ferner sieht er alle Gesetze völlig klar, und er offenbart den einzelnen Lebewesen seine Allweisheit.

Kāśyapa, nimm zum Beispiel an, daß in der Dreitausend-Großen-Tausender-Welt[1] entlang den Bergflüssen und Tälern mit Wasserläufen, daß auf diesem Boden Gräser und Bäume wachsen, Dickicht und Wälder und Kräuter, jeweils eine Anzahl verschiedener Gattungen und Arten, von verschiedenen Namen und Farben. Eine schwere Wolke, die über sie gebreitet ist und die Dreitausend-

1 Ein nach indischer Auffassung viele Welten umfassender Großkosmos, eine Buddha-Welt.

Große-Tausender-Welt bedeckt, ergießt sich plötzlich gleichermaßen über alle Pflanzen. Das kühle Naß tränkt überall Gräser und Bäume, Dickicht und Wälder und vielerlei Kräuter: die mit kleiner Wurzel und kleinem Stengel, mit kleinen Zweigen und kleinen Blättern, die mit mittelgroßer Wurzel, mittelgroßem Stengel, mittleren Zweigen und mittelgroßen Blättern und die mit langer Wurzel, langem Stengel, langen Zweigen und großen Blättern. Alle Bäume, ob groß oder klein, erhalten je nach ihrer großen, mittleren oder kleinen Beschaffenheit ihren Anteil. Von dem Regen, der aus der einen Wolke fällt, empfangen sie entsprechend ihrer Art Wachstum, die Blüten öffnen sich, die Früchte reifen. Obwohl sie auf demselben Boden wachsen und von demselben Regen befeuchtet werden, so ist doch von den einzelnen Gräsern und Bäumen jedes verschieden.

Kāśyapa, wisse! Der Tathāgata ist ebenso. Er erscheint in der Welt, wie wenn eine große Wolke aufsteigt. Seine starke Stimme läßt er über Götter, Menschen und Asuras der Welt überall ertönen, ebenso wie jene große Wolke über die Dreitausend-Große-Tausender-Welt hin alles bedeckt. Inmitten der großen Schar läßt er diese Worte erklingen:

›Ich bin der Tathāgata, der, dem Verehrung angemessen, der allerorts die Wahrheit kennt, der vollkommen im reinen Wandel der Erkenntnis weilt, der gut hinübersetzt ans Ufer des Nirvāṇa, der in bezug auf die Welt frei (von Wünschen und Begierden) ist, der unübertreffliche Meister, der Mann, der zu respektieren ist, Meister über Götter und Menschen, der Tathāgata, der von aller Welt Verehrte. Die noch nicht Geretteten geleite ich zur Rettung. Die noch nicht verstanden haben, bringe ich zum Verständnis. Denen, die noch keinen Frieden haben, werde ich Frieden geben. Die noch nicht das Nirvāṇa erlangt haben, werde ich dazu bringen, daß sie das Nirvāṇa erlangen. Ich kenne die jetzige Welt und die kommende Welt, sowie sie in Wahrheit sind. Ich bin der Allwissende und Allsehende, der den Weg kennt, den Weg öffnet und den Weg verkündet. Ihr, die Schar der Götter, Menschen und Asuras, ihr sollt alle hierherkommen, um den Dharma zu hören.‹

Zu dieser Zeit kamen unzählige Tausende von Zenhntausenden von Hunderttausenden Arten von Lebewesen zum Buddha und hörten den Dharma. Der Tathāgata sah, ob die Lebewesen in ihren Sinnen scharfsinnig, fortgeschritten oder stumpf waren, und predigte den Dharma, entsprechend dem, was sie ertragen konnten. Die Art und Weise war unermeßlich und unterschiedlich. Er bewirkte, daß sich alle freuten und mit guten Herzen einen segensvollen Gewinn bekamen. Alle Lebewesen, die diesen Dharma gehört hatten, wurden in der gegenwärtigen Welt friedlich und ruhig und lebten später auf einer guten Stufe, wo sie am Weg Freude haben und den Dharma hören. Wenn sie den Dharma gehört haben, sind sie von den verschiedenen Hindernissen frei, und entsprechend ihrer Fähigkeiten betreten sie stufenweise den Weg (zur Befreiung).

Ebenso wie die große Wolke auf Pflanzen, Bäume, Dickicht und Wälder und auf die verschiedenen Kräuter regnet und ihnen, ihrer Art und Natur entsprechend, in vollkommener Weise Feuchtigkeit spendet und jedes wächst und sich entfaltet, so ist der vom Tathāgata gepredigte Dharma von einer Natur und von einem Geschmack, nämlich Befreiung durch Erkenntnis, Auflösung (von Verblendung) und Erlöschen. Schließlich gelangt man zum Allwissen.[2]

Wenn es Lebewesen gibt, die den Dharma des Tathāgata hören, die ihn halten, lesen und rezitieren und der Predigt gemäß üben, so kennen sie die Verdienste, die sie erlangen, noch nicht. Warum? Einzig der Tathāgata ist es, der die Lebewesen kennt, nach Samen, Gestalt, Körper und Natur, der alles weiß – über welche Dinge sie nachdenken und was sie darüber denken, was sie üben und wie sie nachdenken, wie sie überlegen, wie sie handeln, über welchen Dharma sie nachdenken, welchen Aspekt des Dharma sie bedenken, welchen Dharma sie üben und mit welchem Dharma sie zu welchen Dharmas gelangen. Die Lebewesen befinden sich in verschiedenen Stadien, und der Tathāgata allein ist es, der klar und ohne Hindernis sieht, wie sie in Wahrheit sind.

---

2 Wörtlich: Wissen des Samens (= der Ursache) aller Dinge.

Es ist ebenso wie bei jenen Pflanzen, Bäumen, Dickichten und Wäldern und den verschiedenen Kräutern, die selbst nicht von ihrer kleinen, mittleren und großen Beschaffenheit wissen. Der Tathāgata kennt den Dharma der einen Natur und des einen Geschmacks, nämlich die Befreiung durch Erkenntnis, die Auflösung (von Verblendung), Erlöschen, endgültiges Nirvāṇa, Erlöschen zu beständiger Ruhe und schließlich Rückkehr zur Leere. Obwohl der Buddha dies erfahren hat, sieht er auf die Begierden der Herzen der Lebewesen und nimmt Rücksicht auf diese. Aufgrund dessen predigt er für sie nicht sofort das Allwissen.

Kāśyapa und ihr alle! Äußerst ungewöhnlich ist es, daß ihr den Dharma, den der Tathāgata predigt, wie es den Herzen angemessen ist, erkennen könnt, daß ihr fähig seid, ihm zu glauben, und fähig, ihn zu empfangen. Warum ist es so? Schwierig ist es, den Dharma zu verstehen, den alle Buddhas und in aller Welt Verehrten, entsprechend dem, was angemessen ist, predigen, und schwierig, ihn zu erkennen.«

Nun wünschte der von aller Welt Verehrte, noch einmal den Sinn zu wiederholen und verkündete die Gāthās:

»Der König des Dharma, der die Fesseln der existierenden Dinge vernichtet,
erscheint in der Welt.
Je nach den Begierden der Lebewesen
predigt er den Dharma auf verschiedene Weise.
Der Tathāgata ist zu verehren,
und seine Weisheit ist tief und weitreichend.
Lange Zeit hielt er diesen wesentlichen Dharma geheim
und drängte nicht darauf, ihn schnell zu predigen.
Wenn Weise ihn hören,
können sie ihn im Glauben erkennen.
Solche, die nicht weise sind, würden zweifeln und
ihr Befremden kundtun.
Sie müßten ihn für immer verlieren.
Deshalb, Kāśyapa,
predige ich für sie entsprechend ihrer Fähigkeit.

Mit verschiedenen Karma-Erzählungen[3]
bringe ich sie zur rechten Anschauung.
Wisse, Kāśyapa!
Es ist, wie wenn eine große Wolke
in der Welt aufzieht
und alles ringsum bedeckt.
Eine Wolke der Weisheit, voll von Feuchtigkeit.
Strahlen von Blitzen zucken,
Donner rollt in der Ferne.
Und alle sind erfreut.
Die Strahlen der Sonne sind verhüllt,
auf der Erde ist es frisch und kühl.
Die Wolke senkt sich und breitet sich aus,
wie zum Greifen nah.
Ihr Regen ist überall gleich
und fällt in allen vier Himmelsrichtungen.
Er fließt und strömt unermeßlich
und füllt das ganze Land.
Auf den Bergen, die Flüsse entlang, in steilen Tälern,
an verborgenen, abgelegenen Orten
wachsen die Pflanzen, Bäume und Kräuter,
große und kleine Bäume.
Die Schößlinge von Hunderten von Getreidekörnern,
Zuckerrohr und Weinstock
werden durch den Regen reichlich getränkt.
Der dürre Boden ist überall durchfeuchtet,
und Kräuter und Bäume wachsen nebeneinander.
Von dem Wasser des einen Geschmacks,
das aus dieser Wolke kommt,
empfangen Kräuter, Bäume, Dickicht und Wälder
ihrer Größe entsprechend Feuchtigkeit.
Alle Bäume, ganz gleich, ob groß, mittel oder klein,
wachsen und entfalten sich ihrer Größe entsprechend.

---

3 Geschichten aus früheren Leben, die jetzige Zustände erklären sollen.

Wurzeln, Stengel, Zweige und Blätter,
Blüten und Früchte in ihren glänzenden Farben
erstrahlen und glänzen, soweit sich der eine Regen erstreckt.
Gemäß ihrer unterschiedlichen Substanz, Form und Natur
wachsen sie, obwohl das, was sie tränkt, dasselbe Wasser ist,
ein jedes in seiner Weise.
Auch mit dem Buddha ist es so,
wenn er in der Welt erscheint.
Er ist vergleichbar der großen Wolke,
die weithin alles bedeckt.
Wenn er in der Welt erschienen ist,
legt er für die vielerlei Lebewesen
die Wahrheit des Dharma
auf unterschiedliche Weise dar und predigt ihn so.
Der große Heilige, von aller Welt Verehrte,
verkündet inmitten aller Götter und Menschen
und der gesamten Schar dieses Wort:
›Ich bin der Tathāgata,
verehrt unter den zweibeinigen Lebewesen.
Ich erscheine in der Welt
wie die große Wolke.
Und auf alle ausgetrockneten Lebewesen gieße ich meinen Segen,
befreie sie von allen Leiden,
auf daß sie die Freude von Ruhe und Frieden,
die Freude der Welt und die Freude des Nirvāṇa erlangen.
Ihr Götter und Menschen alle!
Merkt gut auf mich, mit ganzem Sinn!
Kommt alle hierher
und schaut auf den Verehrten, über dem niemand ist.
Ich bin der von aller Welt Verehrte,
und niemand vermag mich zu erreichen.
Um allen Lebewesen Ruhe und Frieden zu verschaffen,
erscheine ich in der Welt.
Für die große Schar
predige ich den reinen Dharma süßen Taus.

Dieser Dharma hat *einen* Geschmack:
Die Befreiung durch Erkenntnis und das Nirvāṇa.
Mit gleichmäßig wunderbarer Stimme
lege ich seine Bedeutung dar.
Beständig mache ich das Große Fahrzeug
zum Gegenstand der Karma-Erzählung.
Ich sehe auf alle überall in gleicher Weise.
Daß ich für die einen ein Herz von Liebe
und für die anderen ein Herz von Ablehnung hätte,
ist nicht der Fall.
In bin frei von Neid und Verhaftetsein,
und es gibt keine Begrenzung.
Für alle predige ich den Dharma
beständig und in gleicher Weise.
So wie ich für einen einzigen Menschen predige,
so auch für die Menge.
Ständig lege ich den Dharma dar und lehre,
etwas anderes gibt es für mich nicht.
Ob ich gehe oder komme, sitze oder stehe,
bin ich dessen niemals überdrüssig!
Wie ich die Welt damit fülle,
gleicht dem Regen, der alles tränkt.
Auf Geachtete und Geringe, auf Hohe und Niedrige,
auf die, die Moralvorschriften halten, und die, die sie brechen,
auf die in der Tugend Vollkommenen
und die Unvollkommenen,
auf solche mit richtigen und solche mit falschen Anschauungen,
auf die mit scharfem Verstand und die Toren
lasse ich gleichermaßen den Dharma-Regen fallen
und werde dessen nicht müde.
Alle Lebewesen, die meinen Dharma hören,
befinden sich, entsprechend ihrer Kraft und Aufnahme,
auf ihrer jeweiligen Stufe.
Diejenigen, die unter Menschen und Göttern leben,
und unter weltbeherrschenden Königen

oder unter Śakra[4], Brahmā und anderen Königen,
sind wie die kleineren Kräuter.
Die das makellose Gesetz kennen
und das Nirvāṇa erlangen,
die die sechs übersinnlichen (Wissens-)Durchdringungen erhalten
und die drei Einsichten erlangen,
die allein in den Bergen oder Wäldern leben,
beständig die Versenkung üben und
schließlich die Erleuchtung eines Pratyeka-Buddha erlangen,
sind die mittelgroßen Kräuter.
Diejenigen, die den Ort des von aller Welt Verehrten betrachten
und denken: ›Wir wollen Buddha werden‹,
die eifrig voranschreitend die Meditation üben,
sind die größten Kräuter.
Und die Buddha-Söhne,
die mit ganzem Herzen den Buddha-Weg beschreiten
und beständig Barmherzigkeit üben,
die fest entschlossen und ohne Zweifel wissen,
daß sie selbst Buddha werden,
die nenne ich die kleinen Bäume.
Diejenigen aber, die in überirdischer Durchdringung friedvoll verweilen
und das Rad drehen, das nicht mehr zurückläuft,
unermeßliche Millionen von Hunderten und
Tausenden von Lebewesen befreien,
Bodhisattvas wie diese
bezeichne ich als große Bäume.
Die für alle gleiche Predigt Buddhas
hat wie der Regen nur einen Geschmack.
Das, was die Lebewesen ihrer Natur entsprechend aufnehmen,
ist nicht gleich.
Ebenso wie jene Gräser und Bäume
alle verschieden aufnehmen,

---

4 Śakra ist König des Himmels der 33 Götter, ein niederes göttliches Wesen; Brahmā ist ein Gott, der in einem Himmel über Śakra angesiedelt ist.

so zeigt und eröffnet der Buddha anhand dieses Gleichnisses
in geschickter Weise
und erörtert und predigt mit vielen Darlegungen den einen Dharma.
Aber innerhalb der Weisheit Buddhas
ist dies wie ein Tropfen im Meer.
Ich lasse meinen Dharma-Regen regnen
und erfülle die ganze Welt.
Die, die den Dharma des einen Geschmacks
entsprechend ihrer Kraft verwirklichen,
sind wie jene Dickichte und Wälder,
Kräuter und alle Bäume,
die entsprechend ihrer Größe
sich Schritt für Schritt entfalten und gedeihen.
Der Dharma aller Buddhas mit seinem einen Geschmack
bringt alle Welten zur Vollkommenheit.
Stufenweise übend,
erlangen sie alle die Frucht des Weges.
Śrāvakas und Pratyeka-Buddhas,
die in den Bergen und Wäldern weilen,
sich im letzten Stadium ihrer Verkörperung befinden
und, wenn sie den Dharma hören, die Frucht erlangen,
bezeichne ich als Kräuter,
die wachsen und gedeihen.
Die Bodhisattvas,
die in ihrer Weisheit gefestigt sind,
die dreifache Welt durchdringen
und nach dem höchsten Fahrzeug suchen,
bezeichne ich als kleine Bäume, die noch wachsen und gedeihen.
Solche, die in Versenkung weilen
und die überirdisch durchdringende Kraft erlangen,
die, wenn sie die Leere der Daseinselemente erkennen,
im Herzen hoch erfreut sind,
die unzählige Strahlen aussenden und alle Lebewesen retten,
bezeichne ich als große Bäume,
die wachsen und gedeihen.

So, Kāśyapa, ist der Dharma, den der Buddha predigt:
Er ist wie eine große Wolke,
voller Regen derselben Art,
der die Menschen-Blumen tränkt,
so daß sie Frucht tragen.
Wisse, Kāśyapa!
Mit verschiedenen Karma-Erzählungen
und vielerlei Gleichnissen
eröffne und zeige ich den Buddha-Weg.
Dies ist meine Fähigkeit der geschickten Vermittlung.
Alle Buddhas lehren ebenso.
Jetzt predige ich für euch
die höchste Wahrheit.
Die gesamte Schar der Śrāvakas
hat noch nicht das Erlöschen und Hinübergehen[5] erlangt.
Was ihr jetzt übt,
ist der Bodhisattva-Weg.
Indem ihr ihn stufenweise geht und lernt,
werdet ihr alle gewiß Buddhas werden.‹«

2. Bodhisattva Sadāparibhūta (Kapitel 20)

Erläuterungen

In diesem Kapitel wird noch einmal die Güte und Barmherzigkeit des Buddha sowie des Erleuchtungsgeistes unterstrichen. Seit vielen Zeitaltern hat der Buddha gewirkt, und in jedem Zeitalter gibt es eine Zeit der Blüte und anschließend des Verfalls des Dharma. Die ursprüngliche wahre Lehre erlischt allmählich, sie wird verwässert, und es treten Leute auf, die sie verfälschen. Doch der Bodhisattva Sadāparibhūta, ›Niemals Verachtender‹, ist allen gleich gütig gesonnen, denn er erkennt in ihnen hinter der rauhen und verderbten Schale ihr wahres gutes Wesen, die Buddha-Natur.

---

5 An das andere Ufer hinüberzugehen ist ein anderer Ausdruck für Nirvāṇa.

Nach diesem Kapitel kommt es weniger auf die Lehre an als auf die innere Haltung der Güte und ihre Anwendung in der Gesellschaft. Auch wenn diesem Bodhisattva noch so große Anfeindungen widerfahren, er läßt sich nicht beirren, verachtet niemanden und wendet sich niemals ab. Denn wer oberflächlich gesehen als Gegner erscheint, ist in Wahrheit ja ebenfalls mit der Buddha-Natur ausgestattet, und es ist nur wichtig, dieses Wissen von der wahren Identität der Menschen zu erwecken. Der Unverstand und Hochmut der Menschen – gerade auch derer im Saṃgha – führt aber dazu, daß sie die Gegenwart des Buddha nicht wahrnehmen können. Sie sind den Daseinselementen verhaftet, denn sie halten ihre Begriffe und Kategorien, mit denen sie die Daseinsgruppen *(skandhas)* einteilen, für wirklich und erkennen nicht, daß dieses Festhalten an Begriffen und Lehren die Einsicht in die Leere und Unaussprechlichkeit der Wirklichkeit verdunkelt.[1] Sie haften am ›materiellen Maßstab‹, wie es in den Gāthās heißt.

Dies bedeutet nun gewiß nicht, daß die Mönche ihre Regel völlig mißachten würden und sich materiellem Konsum hingegeben hätten. Das Problem ist viel subtiler. Denn gerade indem sie die Regeln und Vorschriften beachten, bilden sie sich darauf etwas ein und werden engherzig. Sie rechnen ihre Verdienste auf, die sie durch vorschriftsmäßiges Verhalten zu erwerben glauben, und dieses ›Rechnen‹ ist der Maßstab der Quantität, der hier über die Qualität des gütigen Herzens triumphiert. Es ist ein ›spiritueller Materialismus‹, der Materialismus im religiösen Gewand, das egozentrische Jagen nach eigener Vollkommenheit, nach spiritueller Erfahrung und Erleuchtung – und dies ist noch viel gefährlicher als der offenkundige Materialismus.

Der wahre Bodhisattva sucht nichts für sich selbst, sondern *ist*, was er ist, für die anderen, und gerade so, nur so, erlangt er Vollkommenheit.

---

1 Diese Stelle in den Gāthās bezieht sich auf den pluralistischen Realismus des Hīnayāna, nach dem die letzten Grundbausteine der Wirklichkeit geradezu substantialisiert vorgestellt werden. Das Mahāyāna hingegen lehrt, daß auch diese *dharmas* völlig leer sind in bezug auf inhärente Existenz.

Zu dieser Zeit gab der Buddha dem Bodhisattva Mahāsattva Mahāsthāmaprāpta (Der große Macht erlangt hat) diese Auskunft: »Du sollst wissen, wenn die Mönche und Nonnen, Laienanhänger und Laienanhängerinnen das Lotos-Sūtra halten und sie jemand zum Gespött macht, sie beschimpft oder schmäht, daß dieser eine so große Strafe erhalten wird, wie bereits angekündigt. Aber diejenigen, die Verdienste erlangen, wie vorher gepredigt, deren Augen, Ohren, Nase, Zunge, Körper und Geisteskraft werden rein und klar sein.

Mahāsthāmaprāpta! In alter, lange vergangener Zeit von unermeßlichen, unbegrenzten, unvorstellbaren Weltzeitaltern gab es einen Buddha. Sein Name war Tathāgata Bhīṣmagarjitasvarā-rāja (König von majestätischer Stimme); ihm gebührt Verehrung. Er kennt allerorts die Wahrheit. Er ist vollkommen im reinen Wandel der Erkenntnis. Er ist gut (ins Nirvāṇa) hinübergelangt und frei in bezug auf die Welt. Er ist der unübertreffliche Meister, der Mann, der zu respektieren ist, Meister über Götter und Menschen, der Buddha, der von aller Welt Verehrte. Sein *kalpa* hatte den Namen Vinirbhāga (Frei von Niedergang), und sein Reich hieß Mahāsaṃbhava (Große Vollendung).

Dieser Buddha Bhīṣmagarjitasvarā-rāja predigte in jener Welt für die Götter, Menschen und Asuras den Dharma. Für die, die nach der Śrāvakaschaft strebten, predigte er das entsprechende Gesetz der Vier Edlen Wahrheiten, Befreiung von Geburt, Alter, Krankheit und Tod und schließlich Erlangung des Nirvāṇa. Für jene, welche die Pratyeka-Buddhaschaft anstrebten, predigte er entsprechend das Gesetz der zwölf Ursachen und Wirkungen *(nidānas)*.[1] Für die Bodhisattvas predigte er aufgrund der höchsten vollkommenen Erleuchtung entsprechend das Gesetz der Sechs Vollkommenheiten *(pāramitās)* und veranlaßte sie, schließlich die Buddha-Weisheit zu erlangen.

---

1 Siehe oben S. 20f.

Mahāsthāmaprāpta! Die Lebenszeit dieses Buddha Bhīṣmagarjitasvarā-rāja war vierzig Myriaden Koṭis Nayutas von Kalpas, wie der Sand am Ganges. Die Zahl der Kalpas, während deren der unverfälschte Dharma in der Welt Bestand hatte, war wie die der Staubkörner einer irdischen Welt *(jambudvīpa)*. Die Zahl der Kalpas, während deren der verfälschte Dharma in der Welt blieb, war wie die Zahl der Staubkörner der unteren Kontinente. Als dieser Buddha unter den Lebewesen segensreich gewirkt hatte, erlosch er und ging hinüber.

Nachdem der wahre und auch der verfälschte Dharma in diesem Reich verschwunden und verbraucht waren, kam wieder ein Buddha. Er hatte auch den Namen Tathāgata Bhīṣmagarjitasvarā-rāja; ihm gebührt Verehrung. Er kennt allerorts die Wahrheit. Er ist vollkommen im reinen Wandel der Erkenntnis. Er ist gut (ins Nirvāṇa) hinübergelangt und frei in bezug auf die Welt. Er ist der unübertreffliche Meister, der Mann, der zu respektieren ist, Meister über Götter und Menschen, der Buddha, der von aller Welt Verehrte. Gleich ihm gab es in einer Reihenfolge zwanzigtausend Koṭis von Buddhas. Sie hatten alle denselben Namen. Als der erste Tathāgata Bhīṣmagarjitasvarā-rāja erloschen und hinübergegangen und der unverfälschte Dharma verschwunden war, erlangten während der Zeit des verfälschten Dharma hochmütige Mönche große Machtfülle. Zu dieser Zeit gab es einen Bodhisattva-Mönch mit dem Namen Sadāparibhūta (Niemals Verachtender).

Mahāsthāmaprāpta! Aus welchem Grund wurde er ›Niemals Verachtender‹ genannt? Immer wenn dieser Mönch jemanden sah, sei es Mönch oder Nonne, Laienanhänger oder Laienanhängerin, alle begrüßte er verehrungsvoll und lobte und pries sie, indem er sagte: ›Ich verehre euch tief. Niemals will ich euch verlachen oder verachten. Warum? Ihr alle geht den Weg des Bodhisattva und werdet die Buddhaschaft erlangen.‹ Aber dieser Mönch las und rezitierte nicht in erster Linie die Sūtras, sondern übte die verehrungsvolle Begrüßung. Auch wenn er in der Ferne die vierfache Gemeinde[2] sah,

---

2 Vgl. S. 66, Anmerkung 9.

ging er eigens zu ihr hin, grüßte sie verehrungsvoll, lobte und pries sie und sagte: ›Ich kann euch niemals verachten. Denn ihr alle werdet Buddhas werden.‹ In der vierfachen Gemeinde gab es solche, die ärgerlich wurden und deren Herz nicht klar war; sie schalten mit bösem Mund und sagten: ›Woher kommt denn dieser törichte Mönch, der sich selbst (nur) damit beschäftigt, zu sagen: ›Ich kann euch nicht verachten‹, und der uns immer ankündigt: ›Ihr werdet bestimmt Buddhas werden.‹ Wir brauchen keine solche falsche Prophezeiung.‹ So verbrachte er viele Jahre und war, obwohl er geschmäht wurde, niemals erzürnt, ständig sagte er dasselbe: ›Ihr werdet bestimmt Buddhas werden.‹ Wenn er diese Worte verkündete, schlugen ihn die Leute mit Keulen und Stöcken oder warfen Scherben und Steine nach ihm. Aber während er sich eilends davonmachte und das Weite suchte, rief er noch mehr mit lauter Stimme: ›Ich kann euch niemals verachten. Ihr alle werdet Buddhas werden.‹ Da er immer solche Reden führte, gaben ihm die hochmütigen Mönche und Nonnen, die Laienanhänger und Laienanhängerinnen den Namen ›Niemals Verachtender‹.

Als dieser Mönch sich der Zeit näherte, da er zu sterben wünschte, hörte er vom Himmel zwanzigtausend Myriaden Koṭis von Gāthās des Lotos-Sūtra, die der Buddha Bhīṣmagarjitasvarārāja früher gepredigt hatte, und er war fähig, sie aufzunehmen und zu bewahren. So erlangte er, wie oben gesagt, die Reinheit und Klarheit seines Blickes und Reinheit und Klarheit seiner Ohren, Nase, Zunge, des Körpers und der Geisteskraft. Als er die Reinheit und Klarheit seiner sechs Sinne erlangt hatte, verlängerte er seine Lebensdauer um zweihundert Myriaden Koṭis Nayutas von Jahren. Er predigte das Lotos-Sūtra weithin für die Menschen. Als dann die hochmütige vierfache Gemeinde, Mönche und Nonnen, Laienanhänger und Laienanhängerinnen, die diesen Menschen verlacht und verachtet hatten und ihm den Namen ›Niemals Verachtender‹ gegeben hatten, sahen, daß er die Kraft der Sechs übersinnlichen (Wissens-)Durchdringungen[3], die Kraft beredter Diskussion und

3 Vgl. S. 70, Anmerkung 1.

die Kraft tiefer Meditation erlangt hatte, und das hörten, was er predigte, glaubten sie, wurden vor ihm demütig und folgten ihm. Dieser Bodhisattva bewirkte die Verwandlung von Tausenden von Zehntausenden Koṭis von Lebewesen, so daß sie zur höchsten vollendeten Erleuchtung gelangten.

Nach dem Ende seines Lebens traf er zweitausend Koṭis von Buddhas, die den Namen Candrasūrya-pradīpa (Sonnen-Mond-Lampen-Leuchte) trugen. Unter ihrem Dharma predigte er dieses Lotos-Sūtra. Sodann begegnete er wiederum zweitausend Koṭis von Buddhas. Sie hatten alle den Namen Dundubhiṣvarā-rāja (König des Trommelklangs). Da er unter dem Dharma dieser Buddhas wiederum dieses Sūtra empfing und bewahrte, las und rezitierte und für die vierfache Gemeinde predigte, erlangte er die Reinheit und Klarheit des gewöhnlichen Blickes und die Reinheit und Klarheit aller Organe, der Ohren, der Nase, der Zunge, des Körpers und der Geisteskraft. Als er der vierfachen Gemeinde den Dharma predigte, war er frei von Furcht.

Mahāsthāmaprāpta! Dieser Bodhisattva Mahāsattva Sadāparibhūta brachte vielen Buddhas Verehrung dar, er huldigte ihnen und verehrte sie, er pries und lobte sie und pflanzte mannigfaltige gute Wurzeln.

Danach traf er wieder Tausende von Zehntausenden Koṭis Buddhas und predigte unter dem Dharma aller Buddhas dieses Sūtra. Er vollendete seine Verdienste und wurde Buddha. Mahāsthāmaprāpta! Wie denkst du? War der Bodhisattva Sadāparibhūta zu dieser Zeit eine andere Person? Er war ich selbst! Wenn ich in meinem früheren Leben dieses Sūtra nicht empfangen und bewahrt, gelesen und rezitiert und für andere Menschen gepredigt hätte, wäre ich nicht fähig gewesen, schnell die höchste vollkommene Erleuchtung zu erlangen. Weil ich unter früheren Buddhas dieses Sūtra empfing und bewahrte, las und rezitierte und es für die Menschen predigte, erlangte ich schnell die höchste vollkommene Erleuchtung.

Mahāsthāmaprāpta! Weil mich zu jener Zeit die vierfache Gemeinde, die Mönche, Nonnen, Laienanhänger und Laienanhängerinnen, mit zornigem Sinn höhnten und schmähten, begegneten sie während zweihundert Koṭis Kalpas keinem Buddha. Sie hörten seinen Dharma nicht, sie sahen keine Mönche und erlitten während tausend Kalpas große Leiden und Bedrängnisse in der Avīci-Hölle. Als sie ihr Vergehen abgetragen hatten, trafen sie wiederum den Bodhisattva Sadāparibhūta, der für sie die höchste vollkommene Erleuchtung lehrte und sie verwandelte.

Mahāsthāmaprāpta! Wie denkst du? Bestand die vierfache Gemeinde zu dieser Zeit, die diesen Bodhisattva beständig verhöhnte, aus anderen Menschen? Sie sind jetzt in der Versammlung, die fünfhundert Bodhisattvas mit Bhadrapāla, die fünfhundert Nonnen mit Siṃha-Candra, die fünfhundert Laienanhänger mit Sugatacetanā, die alle nicht mehr aus der höchsten vollkommenen Erleuchtung zurückfallen. Wisse, Mahāsthāmaprāpta! Dieses Lotos-Sūtra spendet allen Bodhisattvas Mahāsattvas Segen und befähigt sie, die höchste vollkommene Erleuchtung zu erlangen. Deshalb sollten alle Bodhisattvas Mahasattvas nach dem Erlöschen des Tathāgata stets dieses Sūtra empfangen und bewahren, lesen und rezitieren, darlegen und abschreiben.«

Nun wünschte der von aller Welt Verehrte die Bedeutung noch einmal darzulegen und sprach lehrend die Gāthās:

»In der Vergangenheit gab es einen Buddha
mit dem Namen Bhīṣmagarjitasvarā-rāja.
Seine überirdische Weisheit war unermeßlich,
und er leitete alle Lebewesen.
Götter und Menschen, Nāgas und Geister
brachten ihm Verehrung dar.
Als nach dem Erlöschen des Buddha
der Dharma zu seinem Ende kommen wollte,
gab es einen Bodhisattva
mit dem Namen Sadāparibhūta, ›Niemals Verachtender‹.
Zu dieser Zeit haftete die vierfache Gemeinde
innerhalb des Dharma am materiellen Maßstab.
Wenn der Bodhisattva Sadāparibhūta

sich ihnen näherte,
sprach er zu ihnen die Worte:
›Ich verachte euch nicht.
Ihr alle übt den Weg
und werdet gewiß Buddha werden.‹
Als die Menschen das hörten,
beschimpften und schmähten sie ihn.
Der Bodhisattva Sadāparibhūta
war fähig, dies alles zu ertragen.
Als er seine Vergehen abgetragen hatte
und er sich der Zeit näherte, da sein Leben zu Ende ging,
vermochte er dieses Sūtra zu hören.
Und seine sechs Sinne wurden rein und klar.
Vermittels seiner überirdisch durchdringenden Kraft
verlängerte er seine Lebenszeit.
Und wieder predigte er für alle Menschen
weithin dieses Sūtra.
Die vielfältige Menge,
die an den Daseinselementen haftete,
lehrte, verwandelte und vollendete der Bodhisattva
und führte sie, daß sie auf dem Buddha-Weg blieb.
Als Sadāparibhūta, der ›Niemals Verachtende‹, sein
irdisches Leben beendet hatte,
traf er die unzähligen Buddhas.
Weil er dieses Sūtra gepredigt hatte,
erlangte er unermeßliche Seligkeit.
Nach und nach vervollkommnete er seine Verdienste
und gelangte schnell auf den Buddha-Weg.
Der Sadāparibhūta aus jener Zeit bin ich selbst.
Die Menschen der vierfachen Gemeinde aus jener Zeit,
die an den Daseinselementen hafteten und
hörten, daß Sadāparibhūta zu ihnen sagte:
›Ihr werdet Buddha werden!‹,
und deshalb
zahllosen Buddhas begegneten,

die Bodhisattvas dieser Versammlung,
die Schar der Fünfhundert
und auch die vier Abteilungen,
Männer und Frauen, von reinem Glauben –
sie stehen jetzt vor mir
und hören den Dharma.
Ich forderte in meinem früheren Leben
alle diese Menschen auf,
dieses Sūtra, den höchsten Dharma,
zu hören und aufzunehmen.
Ich eröffnete und zeigte es ihnen
und lehrte es die Menschen.
Damit sie im Nirvāṇa weilen könnten,
Kalpa für Kalpa, habe
ich dieses Sūtra selbst empfangen und bewahrt.
Während Koṭis und Koṭis von Myriaden Kalpas,
eine unvorstellbar lange Zeit,
kann doch nur zu bestimmten Zeiten
dieses Lotos-Sūtra gehört werden.
Während Koṭis und Koṭis von Myriaden Kalpas,
eine unvorstellbar lange Zeit,
predigen die Buddhas, die von aller Welt Verehrten,
nur zu bestimmten Zeiten dieses Sūtra.
Deshalb sollen die Anhänger,
wenn sie nach dem Erlöschen Buddhas
ein solches Sūtra hören,
keinen Zweifel und Irrtum aufkommen lassen.
Sie sollen mit ganzem Herzen
überall dieses Sūtra predigen,
und wenn sie Kalpa für Kalpa Buddhas treffen,
werden sie rasch auf dem Buddha-Weg zur
Vollendung gelangen.«

Teil II
Meditativer Weg

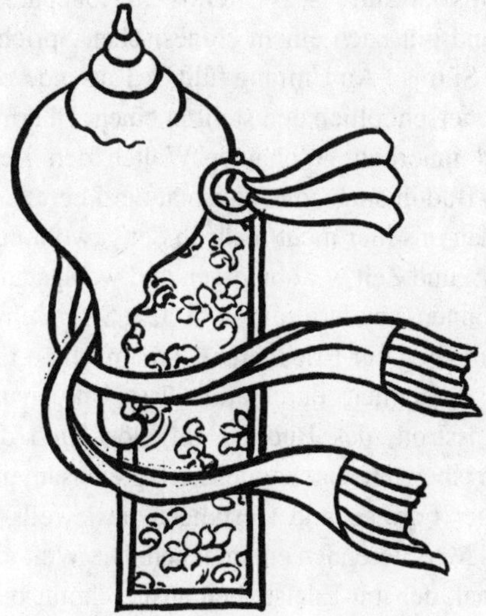

Muschelhorn. Symbol der Verkündigung
des Pfades für ein Leben,
das alle Wesen zur Befreiung führt.

Aus dem Avataṃsaka-Sūtra

Übersetzt von Torakazu Doi

Einführung

Das Avataṃsaka-Sūtra ist zweifellos ein Höhepunkt der Mahāyāna-Literatur und gilt nach einem chinesischen Sprichwort als ›König unter allen Sūtras‹. An Umfang füllt es Tausende von Seiten, im Inhalt ist es unerschöpflich und stellt in einem Dharma phantastischer Bilder und innerlich geschauter Welten den Kerngedanken des Mahāyāna-Buddhismus, die Weisheit der Leere, eindrucksvoll dar. Wir befinden uns hier nicht mehr in der gewöhnlichen Objektwelt, deren Raum und Zeit wir abmessen und wenigstens teilweise überschauen können, sondern mitten in dem Strom eines Bewußtseins, das auf dem Weg zur Erleuchtung Traumwelten und Visionen von grandioser Schönheit durchläuft. Das Universum wird in den Bewußtseinsstrom des Buddha aufgelöst, und dieses universale Erleuchtungsbewußtsein kondensiert gleichsam in einem Wirbel immer neuer Formen und Gestalten, die jeweils geistigen Erfahrungen des Meditierenden entsprechen. Die Welt gleicht hier einem riesigen Saal, der mit Edelsteinen ausgeschmückt ist, und das funkelnde Licht des Bewußtseins läßt immer neue Blitze und Farben erstrahlen, die einander durchdringen und einen Rausch der Unendlichkeit erzeugen. Vergangenheit, Gegenwart und Zukunft fallen in dem einen Augenblick der geistigen Wachheit zusammen, und eine unendliche Güte und Zartheit begleitet den Leser auf dem Weg, der sein eigenes inneres Abenteuer ist.

Der Buddha predigt nicht mit Worten, sondern seine schweigende und gesammelte Präsenz bringt das Schauspiel der Welten hervor, in dem er sich fortwährend abbildet und in mannigfachen Formen erleuchteter Wesen erscheint. Das Sūtra beschreibt auf dem Hintergrund dieser kosmotheistischen Schau die innere geistige Entwicklung des Menschen durch die Erzählung einer Pilgerreise, die nicht nur Gleichnis, sondern Symbol der Gewißheit ist, daß äußere und innere Formung nur zwei Seiten ein und derselben Sache sind.

Das Sūtra besteht aus 34 Büchern, von denen einige ursprünglich selbständige Schriften waren. Es ist vermutlich in Südindien in der Zeit vom 1.–4. Jh. n. Chr. entstanden und hat mehrere Verfasser und Redakteure. Zu den ältesten Teilen gehören das 22. und 34. Buch, letzteres ist identisch mit dem berühmten *Gaṇḍavyūha*, das ein altes Sanskrit-Sūtra aus dem 1. Jh. n. Chr. ist und bereits von Nāgārjuna (2. Jh. n. Chr.) in seinem Prajñāpāramitā-Kommentar als Acintya-vimokṣa zitiert wird. Die älteste chinesische Übersetzung (um 150 n. Chr.) ist ein Teilstück der ersten beiden Kapitel des späteren großen Sūtra. Buddhabhadra, ein bedeutender Meditationsmeister, übersetzte 418–421 eine Gruppe von Texten, die über Khotan in Zentralasien nach China kam, wohl aber bereits vor ihm zu dem großen Sūtra zusammengefaßt worden war. Sein Text hat 60 Bände bzw. 34 Bücher, während spätere Übersetzungen von Śikṣānanda (695–699) und Prajñā (795–798) jeweils 80 bzw. 40 Bände umfassen. In den folgenden Jahrhunderten sind mehr als 30 chinesische Übersetzungen angefertigt worden. Die in den letzten Jahrzehnten aufgefundenen Sanskritmanuskripte (22. und 34. Buch) stammen wahrscheinlich aus dem 10. und 11. Jh. Buddhabhadras Übersetzung liegt der hier vorliegenden Übersetzung von Torakazu Doi zugrunde, der den chinesischen Text direkt ins Deutsche übertragen hat. Doi galt als Vertreter der Philosophie der japanischen Kyoto-Schule (Kitaro Nishida, Hajime Tanabe, Keiji Nishitani, Masao Abe u. a.). Er hat jahrzehntelang an der Übertragung des gewaltigen Gesamtwerkes gearbeitet und die Aufgabe in den fünfziger Jahren abgeschlossen. Nur das 34. Buch erschien in einer von Freunden herausgegebenen kleinen Auflage in Tokio, der Gesamttext wird im Tempel Todaiji in Nara aufbewahrt.[1] Aus diesem 34. Buch, das also mit dem indischen Gaṇḍavyūha identisch ist und allein über 450

1 Inzwischen ist eine englische Übersetzung von Thomas Cleary erschienen: The Flower Ornament Scripture, Vol I-III, Boulder–Boston–London, 1984–1987, die auf der zweiten großen chinesischen Übersetzung aus dem Sanskrit, dem Text von Śikṣānanda, beruht.

Druckseiten füllt, möchte ich hier einige wenige Ausschnitte, sprachlich leicht überarbeitet und kommentiert, vorstellen.

In den chinesischen und tibetischen Übersetzungen heißt das Gaṇḍavyūha (wörtl.: Blumenschmuck) »Eintritt in die Dharma-Wirklichkeit« *(dharmadhātupraveśa)*, wobei *dharmadhātu* nicht einen Bereich der Wirklichkeit neben anderen meint, sondern die Wirklichkeit in ihrer Soheit *(tathatā)* bedeutet, geläutert von den Dualitäten und Verzerrungen, die das normale Tagesbewußtsein wie einen Schleier auf die Wirklichkeit projiziert. Inhalt des 34. Buches ist die Pilgerreise des Knaben Sudhana (von Doi übersetzt als ›Reichhaltiger‹), der sich unter Anleitung des Bodhisattva Mañjuśrī (der Aspekt des Buddha-Geistes, der unterscheidenden Verstand und Weisheit repräsentiert) auf den Weg der Reifung macht, um schließlich mit dem Bodhisattva Samantabhadra ganz und gar zu verschmelzen und die Erleuchtung zu erlangen. Sudhana reist unaufhörlich nach Süden, denn der Süden ist die Himmelsrichtung, in die man zur Beobachtung der Sonne blickt – Süden ist der Maßstab, der beim Lauf der Sonne von Ost nach West unverrückbar bleibt, und somit symbolisiert der Süden Zuverlässigkeit und Gerechtigkeit. In ihm sind Aufgehen und Untergehen gleichsam vereint, die Gegensätze versöhnt. Ferner scheint im Süden die Sonne den ganzen Tag, in ihm ist die Wendung der Finsternis zum Licht deutlich anschaubar. Es ist möglich, daß der Süden im Avataṃsaka-Sūtra auch konkret den geographischen Süden Indiens meint, denn von dort kamen die wichtigsten Impulse für den Mahāyāna-Buddhismus (Nāgārjuna u. a.).

Auf dieser Reise erlebt Sudhana, der Knabe ›Reichhaltiger‹, Unbegreifliches. Er besucht insgesamt 53 Bodhisattvas, das heißt spirituelle Meister *(kalyāṇamitra)*, die ihn auf dem Erleuchtungsweg voranbringen und in innere Visionen versetzen. Ohne derartige ›tugendhafte (oder gute) Freunde‹ (so die wörtliche Übersetzung) ist der Pfad der Bodhisattvaschaft kaum zu bewältigen. Der Buddha selbst sitzt schweigend und schaut allem zu. Aber Strahlungen gehen von ihm aus, die den Kosmos erhellen und alle Lebewesen erleuchten. Äonen kommen und vergehen; die Wirklichkeit selbst ist unendliche Veränderung und bleibt dabei das, was sie ist. Der Buddha ist allem gleichzeitig und allgegenwärtig, er ist der Urheber des ganzen Dramas, aber Sudhana wird schließlich erkennen, daß er gar nicht getrennt vom Buddha ist – er verschmilzt in den großartigen Maitreya- und Samantabhadra-Visionen am Schluß des Gaṇḍavyūha mit ihm.

Nur von außen erscheint der Text als das Produkt überlasteter märchenhafter Phantasie, die für Indien nicht untypisch ist. Gewiß, magische Kräfte gelten im Mahāyāna-Buddhismus als Fähigkeiten, die der Bodhisattva erlangt. Auf die philosophisch weniger geschulten Buddhisten haben entsprechende Erlebnisse und Schilderungen, wie wir sie auch in diesen Texten finden, offenbar solchen Eindruck gemacht, daß andere Mahāyāna-Sūtras warnen: Magische Erscheinungen kann jeder produzieren, die Bewußtseinsreinheit eines Bodhisattva ist etwas ganz anderes! Dennoch: Es ist kein Zufall, daß die Leere der Welt verglichen wird mit der Irrealität der Gestalten, die ein Magier hervorbringt. Hier fließen älteste indische Traditionen und volkstümliche Vorstellungen über parapsychische Kräfte *(ṛddhi)* mit dem buddhistischen Glauben zusammen, daß die vollkommene Loslösung eines Bodhisattva von materiellen Formen sein Wesen so subtil und rein gemacht hat, daß er überall und gleichzeitig erscheinen kann.

Unsere gewöhnliche Wahrnehmung der Welt beruht auf Dualität. Ein Bodhisattva auf den höchsten Stufen aber ist eins mit dem *dharma-kāya* eines Buddha und frei von der Dualität (wie bestimmter Raum und Unendlichkeit, Zeit und Ewigkeit usw.). Er bringt in äußerer Erscheinung die Welt der Dualität (die ›magischen‹ Erscheinungen im Gaṇḍavyūha) erneut hervor, um den Schüler zu belehren, bis dieser begreift, daß all die wunderbaren Welten der visionären Schauungen so erscheinen können, weil sie letztlich leer *(śūnya)* von inhärenter Existenz sind.[2]

Je mehr sich der Leser auf den Text einläßt, um so deutlicher sprechen die Bilder und regen die eigene geistige Versenkung an –

2 Vgl. Luis O. Gomez, The Bodhisattva as Wonder-worker, in: L. Lancaster (Hrsg.), Prajñāpāramitā, 221–257 (Literaturverzeichnis).

nichts anderes ist der Zweck des Sūtra. Es beschreibt keine objektive Wirklichkeit, die ›draußen‹ wäre, sondern die inneren Entfaltungen des Geistigen. Der geduldige und kraftvolle Elefant als Symbol der Weisheit, der Löwe als Symbol gesammelter Kraft (der Buddha sitzt auf dem Löwenthron) und alle Dämonen, Götter, himmlischen Feen, die den Buddha verherrlichen und jeweils bestimmte (auch dunkle) Kräfte symbolisieren, seien hier genannt. Alle einzelnen Bilder zu erklären ist nicht möglich und auch nicht nötig: Sie sprechen zu dem, der sich aufmerksam auf sie einläßt. Das Sūtra will wie ein heiliger Text meditiert, nicht wie ein Bericht durchgelesen werden.

Die Funktion des Sūtra ist, den Meditierenden bei der Übung so zu unterstützen, daß er nie stehenbleibt. Die Erleuchtung ist kein ›Ziel‹, das ein Ende bedeuten würde, sondern ewiger, nein überzeitlicher Weg. Wir können dies recht deutlich an dem 26. Buch erkennen, in dem die Zehn Stadien *(bhūmi)* der Bodhisattvaschaft[3] erläutert werden. Die Stadien entsprechen den Zehn Vollkommenheiten, die hier im Avataṃsaka-Sūtra die klassischen Sechs Vollkommenheiten[4] erweitern, denn es geht im Mahāyāna darum, daß Nirvāṇa oder Erleuchtung nicht ein Bereich außerhalb der Welt ist, sondern hier und jetzt ohne Ende verwirklicht wird. Deshalb zieht sich der Erleuchtete nicht aus der Welt zurück, sondern wirkt in ihr, er übt ständig weiter, und diese Übung ist die Erleuchtung.

Der Gegensatz von Erleuchtung und Nicht-Erleuchtung, Weisheit und Nicht-Weisheit muß ständig weiter transzendiert werden, denn auch die Weisheit ist leer *(śūnya)*, d. h., sie ist kein ›Etwas‹ neben der Welt des Trugs und der Vergänglichkeit, sondern die wahre Wirklichkeit der Welt. Alle Gegensätze durchdringen einander, weil sonst noch nicht das Ganze erlangt wäre. So geht es im achten Stadium (›Unerschütterlichkeit‹) darum, von aller Absicht und An-

---

3 Die Zehn *bodhisattvabhūmi:* Freude *(pramuditā)*, Reinheit *(vimalā)*, Glanz *(prabhākartī)*, Ausstrahlung *(arciṣmatī)*, Unbesiegbarkeit *(sudurjayā)*, Präsenz *(abhimukhī)*, Fortschreiten *(durāṃgama)*, Unerschütterlichkeit *(acalā)*, Gutes Bewußtsein *(sādhumatī)*, Dharmawolke *(dharmameghā)*.

4 Siehe S. 14; die zusätzlichen vier Vollkommenheiten sind: Geschicklichkeit in der Methode *(upāyakauśalya)*, der feste Vorsatz *(praṇidhāna)*, Kraft *(bala)* und Höchste Weisheit *(jñāna)*.

strengung frei zu werden. »Die Buddhas schenken wunderbar die letztgültige Erkenntnis der Wirklichkeit«, heißt es im Sūtra, und dies wird mit einem Gleichnis veranschaulicht: So wie ein Schiff nur mit Mühe und unter harter Arbeit der Ruderer auf das offene Meer gelangen kann, so wird es doch dann ganz von selbst vom Winde weitergetragen. Es ist ein Zustand völlig gelassener und anstrengungsloser Bewußtheit, die Übung wird zur Nicht-Übung, der Weg zum ›Den-Weg-Lassen‹. Hier wird deutlich, daß die zahlreichen Klassen von Übungen, die Unterscheidungen und ermüdenden Aufzählungen von genau bestimmten Übungen und ihren Resultaten vergessen werden müssen, wenn die Geistesstille vertieft werden soll. Eigene Anstrengung und Selbstvergessenheit sind wie zwei Pole, die einander durchdringen.

Die auf dem Avataṃsaka-Sūtra gründende Hua-Yen-Philosophie in China, die für die spätere Entwicklung des Zen größte Bedeutung hatte, systematisiert diese Anschauungen in den sechs Charakteristika oder Aspekten, die für die Betrachtung der gesamten Wirklichkeit *gleichzeitig* gelten: 1. Totalität, 2. Unterscheidung, 3. Identität, 4. Differenz, 5. Formung, 6. Auflösung. Wir können hier nicht die philosophischen Kategorien diskutieren, erkennen aber sofort, daß die *Einheit in Verschiedenheit* gemeint ist. Alle scheinbaren Gegensätze sind Aspekte an dem einen gemeinsamen Prozeß, den wir Wirklichkeit nennen, jeweils einzeln abstrahiert sind sie *nicht*. Wie sehr dies der christlichen Denkform in der Trinitätslehre ähnelt, habe ich andernorts ausführlich erörtert.[5]

Bemerkenswert ist, daß die von dem Knaben ›Reichhaltiger‹ besuchten 53 Meister allen Schichten und Klassen der Bevölkerung angehören, Männer wie Frauen sind darunter, selbst ein Irrlehrer, denn auch diese Erfahrung trägt zum geistigen Fortschritt bei: Es handelt sich um fünf Bodhisattvas, fünf Mönche, eine Nonne, acht Männer im Hausstand, einen Arzt, einen Parfümverkäufer, einen Seemann, zwei Könige, zwei Laien, vier weibliche Laienanhänger des Buddha, mehrere Kinder, eine Anzahl göttlicher Wesen, einen

---

5 M. von Brück, Einheit der Wirklichkeit. Gott, Gotteserfahrung und Meditation im hinduistisch-christlichen Dialog, München 1987[2].

Bettelmönch, einen Eremiten und zwei Brahmanen. Die Meister sind aber nicht nur Lehrer, die mit Worten Unterweisungen geben, sondern sie lassen den Suchenden direkt an ihrer Bewußtseinskraft Anteil haben, indem sie sich in Versenkungen begeben, die ›Reichhaltiger‹ mitdurchlebt. Auch Transfigurationen des Körpers werden berichtet, wodurch die Unendlichkeit des kosmischen Leibes des Buddha sichtbar wird, wie im Falle des Bodhisattva *Muktaka* (»Der tugendhafte Reiche ›Erlösung‹«), der in der Versenkung einen Leib annahm, in dem erschienen »die wie Stäubchen der zehn Buddha-Länder zahllosen heiligen Buddhas und ebenso prachtvolle Buddha-Länder, und zwar in allen zehn Richtungen; die vergangenen Werke von allen Lebewesen; die göttlichen Wundertaten der heiligen Buddhas . . .«, also letztlich das ganze Universum.

Aber nicht nur die Mikro- und Makroräume durchdringen einander, sondern auch die Zeiten; Vergangenheit, Gegenwart und Zukunft bedingen einander. Denn die Erfahrung des gegenwärtigen Moments ist nichts als die bewußte Verarbeitung des eben vergangenen Eindrucks, d. h., der vergangene Augenblick wird dem Bewußtsein gegenwärtig in einem Prozeß, der diesem Augenblick zukünftig ist. Wahrnehmung des Vergangenen hängt ab von den Wahrnehmungsbedingungen in der Gegenwart. Was die Vergangenheit war, ist dem Bewußtsein nicht zugänglich, was sie hingegen ist, hängt von Bedingungen ab, die ihre Zukunft sind. Alle drei Zeitaspekte sind aber, so lehrt das Avataṃsaka-Sūtra, in sich unbegrenzt und daher nicht determiniert. Begrenzt sind unsere Wahrnehmungsweisen, und diese hängen von den Bedingungen, d. h. dem Zustand des Bewußtseins, ab. Mit anderen Worten: In anderen Bewußtseinszuständen (wie in der Meditation oder im Traum) wird Zeit anders, nämlich in ihrer gegenseitigen Durchdringung oder Einheit, erfahren.[6] Zeit ist hier kein leerer, weißer Streifen, der mit aufeinanderfolgenden Ereignissen gefüllt würde, sondern der gegenwärtige Augenblick vollkommener Wachheit, in der Vergangenheit, Gegenwart und Zukunft zusammenfallen. Aber dieser ›Augenblick‹ ist

6 Vgl. Th. Cleary, The Flower Ornament Scripture, Vol. III, Introduction, a.a.O., 7.

nicht statisch, er bleibt nicht stehen, sondern bewegt sich fort und entfaltet ewig seine innere Dynamik. Es geht um eine *zeit-ewige Gegenwart*. Alle einzelnen Dinge und Ereignisse sind, was sie sind, aber sie erscheinen in ihrer gegenseitigen Abhängigkeit und Durchdringung. Wenn dies so ist, können Welt und Gott, wie Christen es ausdrücken, oder *lokadhātu* (der Bereich der Unterschiede und des Leidens) und *dharmadhātu* (der unaussprechliche Bereich der Wahrheit), wie Buddhisten sagen, nicht zwei Welten sein, die einander ausschließen, sondern sie sind für den Buddhisten zwei Zustände des Bewußtseins, die in tiefer Kontemplation einander durchdringen. Das ganz Sūtra ist nichts anderes als eine Illustration dieser meditativen Erfahrung, indem alle Dinge – Länder, Berge, Flüsse, Blumen, Menschen, Wolken – als leuchtende Strahlengestalten erscheinen, die keinerlei Schatten werfen und wie das Licht alles durchdringen und erleuchten.[7] Die individuellen gewöhnlichen Wesen verschwinden in dieser letzten Wahrheit *(nirvāṇa)* nicht, sondern werden vom Buddha-Licht durchdrungen. Dies ist aber kein fremdes Licht, sondern ihre eigene wahre Natur.

Der chinesische Meister Fa-tsang (jap. Hōzō, 643–712) sprach von den Zehn wunderbaren Betrachtungsweisen, die gleichzeitig, zusammen und komplementär angewendet werden, um die Avataṃsaka-Lehre von der ›Durchdringung des Ganzen und der Teile‹ dem Verstand deutlich zu machen:[8] 1. Jedes einzelne Ding (Person) verwirklicht sich in seiner Einzigartigkeit und gleichzeitig in Harmonie mit allen anderen. 2. Ein Ding kann vieles umfassen und umgekehrt. 3. Eins und vieles durchdringen einander vollständig, ohne daß der Charakter der ›Einheit‹ und der ›Vielheit‹ verlorengeht. 4. Eins ist nichts anderes als vieles und umgekehrt. 5. Eins existiert implizit, und vieles existiert explizit, und das gilt auch umgekehrt. 6. In einem Ding erscheinen viele Dinge und umgekehrt. 7. Eins spiegelt sich in vielen, dieses erste Bild des vielen wieder in einem und anderen Dingen und so immer weiter bis ins

7 D. T. Suzuki, Essays in Zen Buddhism (3rd series), London – New York 1953, 77.
8 Ich zitiere, leicht abgewandelt, die Einleitung von Torakazu Doi zu seiner Übersetzung des Sūtra (Inhaltsverzeichnis), 32f.

Unendliche, und umgekehrt. 8. Die individuellen Erscheinungen *sind* die eigentliche Wahrheit und Soheit *(tathatā)* der Wirklichkeit und keineswegs bloß Schein oder Illusion. 9. Aus dem Zentrum des gegenwärtigen Augenblicks erscheinen die drei Zeitmodi, aus dem Zentrum der vergangenen Gegenwart erscheinen die drei Zeitmodi, aus dem Zentrum der zukünftigen Gegenwart erscheinen die drei Zeitmodi, und alle neun sind in der zeit-ewigen Gegenwärtigkeit enthalten. 10. Ein Ding wird immer von allen anderen Dingen begleitet, so wie das Avataṃsaka-Sūtra, einmal in einer Welt gepredigt, in allen Welten gepredigt wird.

Es geht also im Avataṃsaka-Sūtra nicht um eine *Erlösung von* der Welt, die als leidvoller Sumpf zurückbleiben würde, sondern um eine *Transformation der Welt* zu ihrem eigenen Wesen, eine Wandlung, die auch das Übel integrieren kann, weil im Lichte der Durchdringung von Raum und Zeit Himmel- und Höllenfahrten der Bodhisattvas und Buddhas identisch werden. Materie ist nicht Trug und Schein, sondern in Wahrheit ein Aspekt des Lichtes des Buddha. Das Problem, so heißt es immer wieder in der Mahāyāna-Literatur, ist unsere falsche Wahrnehmung, die Unwissenheit, die in der Trennung der Dinge besteht, weil wir meinen, es mit Substanzen, inhärenten Existenzen und einem *Ich* zu tun zu haben.

Die Wirklichkeitsschau des Avataṃsaka-Sūtra und der darauf aufbauenden chinesischen Hua-Yen-Schule (japanisch Kegon) wird uns am deutlichsten wohl in der Anekdote, die auf dem im Avataṃsaka-Sūtra beschriebenen ›Netz Indras‹ aufbaut: Der berühmteste Philosoph dieser Schule, Fa-tsang (643–712), wurde von der Kaiserin Wu Tse-T'ien gebeten, den Kerngehalt des Avataṃsaka-Sūtra zu erläutern. Der Mönch führte die Kaiserin in einen Raum, dessen Wände, Fußboden und Decke völlig mit Spiegeln bedeckt waren. In der Mitte des Raumes stellte der Meister eine Buddha-Figur auf, die er mit einer Lampe beleuchtete. In den Spiegeln erschien das Bild des Buddha-Bildes, und jedes Spiegelbild spiegelte alle anderen wider, in unendlicher gegenseitiger Spiegelung und Durchdringung. Sofort begriff die Kaiserin die buddhistische Lehre von der Totalität und gegenseitigen Durchdringung aller Dinge.

Mehr noch, Fa-tsang nahm eine winzige Kristallkugel in die Hand, und die Kaiserin sah, daß die kleine Kugel all die unendlichen Spiegelbilder enthalten konnte. So enthält selbst das kleinste Staubkorn die unermeßlichen Welten und Buddha-Länder, ja das ganze Universum. Deshalb wieder durchdringt ein einziger Erleuchtungsstrahl ungehindert die ganze Welt, die spirituelle Übung und Erleuchtung eines einzigen Bodhisattva *ist* die Erleuchtung des ganzen Kosmos. Bodhisattva und Buddha, Weg und Ziel, Übung und Erleuchtung, Streben und Leere, Mangel und Fülle werden eins. Die Übung des Bewußtseins, zur Ruhe seiner selbst zu gelangen *(śamatha)*, und die tiefe Einsicht in die Ganzheit oder gegenseitige Durchdringung aller Erscheinungen der Wirklichkeit *(vipaśyanā)* führen den Menschen in die Welt der Erscheinungen hinein, wo er sich aufgrund der in Weisheit geschauten Einheit *(prajñā)* allen Wesen barmherzig und heilend zuwendet *(karuṇā)*.

Die buchstäblich unfaßliche Schau des Avataṃsaka-Sūtra hat, von Indien ausgehend, die Kulturen Chinas, Koreas und Japans zutiefst durchdrungen und übt nicht nur bis heute, sondern verstärkt während der letzten Jahrzehnte eine Faszination auf Menschen aus, die nach der Einheit der Natur in der Physik oder der Einheit der Wirklichkeit auf dem spirituellen Weg in einer Zeit der Zersplitterung und Fragmentierung der Werte, religiösen Meinungen und menschlichen Beziehungen suchen.

Die Faszination kann nur deshalb so kräftig sein, weil es sich hier nicht um bloße Spekulation, sondern um tiefe Meditationserfahrung handelt. Dem gibt Daisetz Teitaro Suzuki, einer der bedeutendsten Philosophen des Zen und Vermittler des Mahāyāna-Buddhismus für Amerika und Europa in unserer Zeit, so Ausdruck:[9] Das Avataṃsaka-Sūtra »ist tatsächlich die Vollendung buddhistischen Denkens, buddhistischen Empfindens und buddhistischer Erfahrung. Für mich persönlich gilt, daß keine religiöse Literatur der Welt jemals die Erhabenheit der Vorstellungswelt, die Tiefe der Empfindung und die gigantische Komposition erreichen kann, die in

9 D. T. Suzuki, Studies in the Lankavatara Sutra, London 1957, 95 (Übersetzung vom Hrsg.).

diesem Sūtra vollbracht ist. Es ist die ewige Quelle des Lebens, von der kein religiöser Mensch durstig oder nur teilweise zufriedengestellt zurückkehren wird (. . .) Hier finden tief spekulative Geister nicht nur ihren Frieden, sondern auch ein demütiges Bewußtsein, und schwer bedrückte Herzen werden ihre Last erleichtert finden.«

1. Verherrlichung des Buddha

Erläuterungen

Der Bodhisattva Mañjuśrī belehrt Sudhana, in unserer Übersetzung der Knabe ›Reichhaltiger‹, und macht sich selbst auf den Weg nach Süden. Mañjuśrī reist im Avataṃsaka-Sūtra immerfort nach Süden, um die Wahrheit zu finden, die er dann allen Wesen predigen will. Dabei verläßt er aber seinen Sitz nie. Dies bedeutet, daß alle Bewegung und Suche in dem Einen gründet und bleibt, nämlich in der Stille und Einfachheit der Leere. Anfang und Ende sind identisch, das Fortschreiten in den Süden ist das ewige Heimkehren in den Grund der Wahrheit, auf dem jeder schon immer ruht. Erwachen zur Weisheit ist die Erkenntnis dieser Einheit. So drückt das Sūtra das wichtigste Anliegen des Mahāyāna im Bild dieser Reise nach Süden aus – die Weisheit der Leere.

Zu Beginn des hier ausgewählten Textes singt Sudhana ein großes Preislied auf den Buddha und bittet um gnädige Führung bei seiner Wahrheitssuche. Mañjuśrī lobt Sudhana dafür, daß er nach spirituellen Meistern suchen will, denn dies ist notwendig, um tiefere Erkenntnis zu erlangen. Nur wer den Weg selbst gegangen ist, kann andere leiten, und darum soll sich Sudhana aufmachen und alle Meister nach dem Wesen und Weg eines Bodhisattva befragen. Die Bodhisattvas erfüllen die ganze Welt auf Grund der positiven Bewußtseinsformungen *(puṇya)*, die sie in vergangenen Leben hervorgebracht haben. Schließlich gelangen sie, wenn sie in den Welten als ›Könige der Sache als solcher‹ erscheinen, d. h., sie können die

Soheit *(tathatā)* der Wirklichkeit ohne jede ichhafte Projektion schauen. Diese ›Soheit‹ ist nichts anderes als das vollkommene gegenseitige Durchdringen der Erscheinungen, die Leere von *Ich* und inhärenter Existenz, wie wir sie schon oben beschrieben haben.

Sudhana gelangt zuerst zu dem Mönch Meghaśrī, dem ›Wolkenherrn‹ oder ›Mönch der Tugend-Werke‹, wie es in der Übersetzung heißt. Er sucht bei ihm höchste Erleuchtung und Weiheit, will also den buddhistischen Weg kennenlernen. Meghaśrī erzählt ihm von der herrlichen Schau des universalen Buddha in unendlichen Formen, die immer weiter und großartiger wird, je tiefer die Achtsamkeit des Geistes ungeteilt auf den wahren Aspekten der Bodhisattvaschaft ruhen kann.
(Der folgende Text entspricht den Seiten 101–133 in der Ausgabe von Doi.)

Text

Bodhisattva All-Begnadeter (Mañjuśrī) wandte nun gelassen sein Gesicht, wie es der Elefanten-König zu tun pflegt, warf einen Seitenblick auf den Knaben Reichhaltiger und sagte zu ihm: »Ich will dir eine wunderbare Lehre verkünden.« Bodhisattva All-Begnadeter erklärte nun dem Knaben eingehend die heiligen Lehren von allen Buddhas. Er erklärte eingehend, wie die mannigfaltigen Buddhas der Reihe nach in der Welt erscheinen. Er erklärte eingehend, wie viele Buddhas ihre Begleiter reinigen. Er erklärte eingehend, wie die heiligen Buddhas die Räder der heiligen Lehren rollen. Er erklärte eingehend, wie die körperlichen Leiber aller Buddhas zu reinen prachtvollen Gestalten verherrlicht sind. Er erklärte eingehend, wie die sämtlichen Buddhas sich den einen und denselben Kosmos-Leib einverleiben. Er erklärte eingehend, wie die wunderbaren Stimmen aller Buddhas in prächtiger Weise verherrlicht sind. Er erklärte eingehend, wie die mannigfaltigen Buddhas in ihren mannigfaltigen Predigten immer ein und dieselbe Lehre offenbaren.

Kaum hatte Bodhisattva All-Begnadeter auf solche Weise gesprochen, so sah er sogleich ein, wie sehr der Knabe Reichhaltiger und die ganz große Menge der anderen darüber entzückt waren und wie sie deswegen den Geist des Strebens nach der obersten Weisheit hervorbrachten und wie sie sich auf ihre vergangenen Tugendwerke besannen.

Da er alle Lebewesen in der Burg Heilige Erleuchtung (oder Erhellung) entsprechend ihren Umständen errettet hatte, wollte er nun aufbrechen, um die Reise nach Süden fortzusetzen, ohne doch ein einziges Mal seinen eigentlichen Sitz (in der Umgebung der Burg Heilige Erleuchtung) zu verlassen.

Nachdem der Knabe Reichhaltiger der Predigt des Bodhisattva All-Begnadeter über die mannigfaltigen wunderbaren Tugendwerke des Buddha zugehört hatte, verlangte er geradewegs nach der höchsten Weisheit und folgte dem Bodhisattva All-Begnadeter in unbedingter Hingebung.

Gebet Sudhanas an Mañjuśrī

Der Knabe Reichhaltiger sprach nun in Versen also: »Für uns Weltmenschen sind die sündhaften Drei Welten[1] das Schloß, Hochmut und Eigendünkel sind der Zaun, die verfluchten Gegenden die Schutzwehr und die leidenschaftlichen Neigungen der Graben. Wir sind ganz und gar von der Ur-Blindheit geschlagen, und die drei giftigen Leidenschaften[2] flammen unaufhörlich in uns. Wir beugen uns vor dem Teufel als Herrscher und sind von Dummköpfen abhängig.

Wir sind allesamt von Geiz und Begierde gefangen, und unsere Arglist zerstört die Tugendwerke der anderen. Der Zweifel verdeckt das Auge der Weisheit. Also irren wir in mannigfaltigen Irrlehren umher. Wir sind allesamt von Sparsamkeit und Neid gefangengenommen und geraten geradewegs in die verdammte Gegend der Immer-Hungrigen.[3] Unser ganzes Leben ist nichts anderes als Ge-

1 *kāmaloka*, Welt der Begierde; *rūpaloka*, Götterwelt begierdeloser Körperlichkeit; *arūpaloka*, formlose Welt.
2 Begierde *(kāma)*, Haß *(dveṣa)*, Torheit *(moha)*.
3 *preta*, Hungergeister, einer der Bereiche übler Wiedergeburt.

burtswehen, Alterstrauer, Krankheitsqual und Todesfurcht. Wegen unserer Ur-Blindheit wirbeln wir immer im Kreislauf von Geburt und Tod.

Die Sonne der vollendeten Barmherzigkeit und der gereinigten Weisheit trocknet das tiefe Meer der Leidenschaften aus. Laß uns ein wenig darüber nachdenken! Die Strahlen vollkommener Begnadung und klarer Weisheit erhellen alle lebendigen und unbelebten Wesen. O König des Vollmondes, schaue gnädig in unser Herz!

Der Herrscher des ganzen Kosmos der Wahrheit bewaffnet sich mit vier Arten von Soldaten (zu Fuß, auf Wagen, mit Schwertern und auf Elefanten) der heiligen Lehre und rollt immer das Rad der Predigt. Führe uns durch die wunderbare Lehre! Du befriedigst das Verlangen nach der höchsten Weisheit, du häufst die Tugendwerke in der Schatzkammer auf und hilfst dadurch den Lebewesen auf mannigfaltige Weise! O großer Meister, setze uns gnädig zum anderen Ufer *(nirvāṇa)* über!

Du bewaffnest deinen prachtvollen Leib mit Duldsamkeit, hältst das Schwert der Weisheit in der Hand und hilfst uns auf dem teuflischen Wege! Du lebst auf dem Gipfel des Berges Sumeru, du wirst immer von unzähligen wunderschönen Himmelsmädchen bedient und überwindest die stets sich wiederholende Empörung der Kämpfer-Dämonen! O heiliger Himmelkönig Indra[4], schaue gnädig auf uns herunter!

Du hast wunderbare Reinigungskraft, begreifst alle Dinge in der Welt und wirst dadurch der helle Leuchter der ganzen Welt! Oh, weise uns den Ort, wohin wir endlich zurückkehren sollen! Du vertilgst die ganzen verdammten Gegenden und machst die begnadeten klar. Oh, öffne uns das Tor der Erlösung und reiße uns aus den Höllenqualen heraus!

Wir halten wegen unserer Ur-Blindheit alle weltlichen Dinge für beständig, erfreulich, substantiell und rein und irren im Kreislauf von Geburt und Tod umher. Du, reines Auge der Weiheit, öffne uns

---

4 Siehe S. 98f. – der Berg Sumeru ist in der altindischen Kosmologie der Zentralberg unseres Weltsystems.

das Tor der Erlösung! Du lebst weit entfernt von allen Verkehrtheiten, schaust ohne Furcht dem heiligen Weg der Erhellung ins Auge und meisterst die mannigfaltigen Gegenden der heiligen Erhellung (Erleuchtung). Zeige uns die oberste Weisheit! Du ruhst zufrieden auf dem Boden der rechten Schau, verweilst auf dem Baum der Tugendwerke der Buddhas und läßt unaufhörlich den heiligen Regen der Erleuchtungsblumen[5] herabfallen. Bezeuge uns die oberste Weisheit!

Wie die klare und reine Sonne in der Welt nach dem Gesetz der Sache als solcher auf- und untergeht, kommen und gehen auch die mannigfaltigen heiligen Buddhas in allen Generationen. Laß uns gnädig alle diese heiligen Buddhas schauen! Du kennst alle Werke der Lebewesen, erkennst die Wesenheit aller Dinge und meisterst das Fahrzeug der Weisheit. Zeige uns das Große Fahrzeug!

Du erfüllst und vollendest viele Kreise des großen Verlangens (nach Befreiung). Dein Geist der großen Barmherzigkeit ist unerschöpflich. Du verherrlichst dich selbst an reinen wunderbaren Tugendwerken. Laß uns mit dem Wahrheitsfahrzeug abreisen.

Du sitzt unerschütterlich auf dem heiligen Sitz der Tugendwerke der Buddhas, bedient von unzählbaren Himmelsmädchen der Geisteskonzentrierungen[6] und begleitet von unermeßlichen Himmelsgesängen der heiligen Lehren. Du sollst uns den Weg des Wahrheitskönigs bezeugen! Du behütest die unerschöpfliche Schatzkammer der vier Unermeßlichkeiten.[7] Du erhellst alle Dinge durch die prachtvollen Tugendwerke und durch die großen Weisheitsstrahlungen. Du sollst uns den vortrefflichen Weg weisen!

Du glänzt mit dem Vollendungsstrahl der schenkenden Tugend, du reibst das Räucherwerk der Gebote-Nachfolge auf die Glieder ein und schmückst dich mit der großen Duldsamkeit. Du sollst uns bald den Weg der heiligen Wahrheit weisen! Du trittst tief in die mannigfaltigen Geisteskonzentrierungen ein, belehrst die blinden

---

5 Der Regen des Dharma, der zur Erleuchtung führt.

6 Verschiedene Stufen der Versenkung *(samādhī)*, denen spezifische geistige Welten zugeordnet sind, die durch himmlische Wesen symbolisiert sind.

7 Unermeßliche Liebe, heilende Hinwendung zu allen Wesen *(karuṇā)*, Freude und Gleichmut.

Lebewesen und meisterst die mannigfaltigsten Übungs- und Führungsmethoden. Setze uns in das höchste Fahrzeug der Sache Buddhas!

Du vollendest die Räder des großen Verlangens (nach Befreiung), du machst das Rad von Geburt und Tod zunichte und hältst die Weisheitskraft in alle Ewigkeit aufrecht. Setze uns in das höchste Fahrzeug der Lehre Buddhas! Du bist wunderbar vom Kopf bis zur Zehe, schaust die Lebewesen mit dem Auge der großen Barmherzigkeit an und richtest die vortrefflichen und wunderbaren Werke in endgültiger Weise auf. Setze uns in das höchste Fahrzeug der ›Sache als solcher‹ (der Wahrheit)!

Du ruhst unerschütterlich in der diamantenen Weisheit, gehst der All-Weisheit auf den Grund und treibst alle Widerstände und Hindernisse aus. Setze uns in das höchste Fahrzeug des Weisen und des Heiligen! Du beruhigst die Lebewesen aus weitgehender Barmherzigkeit und Gnade. Dein Auge der Weisheit ist rein und klar wie der Kosmos der Wahrheit. Setze uns in das höchste Fahrzeug!

Du rottest die Ursache vieler Qualen aus, du zerbrichst die rollenden Räder der Sünde und Leidenschaften und überwindest die Heerscharen der Teufel. Laß uns in dem Wahrheitsfahrzeug verweilen! Deine Weisheit erhellt die ganzen Buddha-Länder in allen zehn Richtungen und verherrlicht den ganzen Kosmos, so daß mannigfaltige Herzensverlangen der Lebewesen von selbst befriedigt werden. Laß uns in dem Verherrlichungsfahrzeug verweilen!

Dein Geist ist klar und rein wie der Raum der Leere. Du vertilgst die Verkehrtheit und die Gefangenschaft von Grund auf, um die Lebewesen zu erretten! Laß uns in dem Herrlichkeitsfahrzeug verweilen! Du trägst die ganzen Welten auf deinen Schultern und läßt die Lebewesen auf festem Boden beruhen. Laß uns in dem herrlichsten Fahrzeug verweilen!

Du ruhst unerschütterlich wie die große Erde und vollendest die große Barmherzigkeit. Du dienst den Lebewesen mit der großen Weisheit. Laß uns in dem unvergleichlichen Fahrzeug verweilen! Du vollendest die Strahlen der vier Unermeßlichkeiten und leistest dadurch allen Lebewesen große Dienste. Du sammelst und bewahrst in dir alle die reinen Strahlungen. Laß uns die klare und reine Sonne vor Augen sehen! Dir ist das reine Wahrheitsauge geöffnet. Du bist mit der wunderbaren Weisheit geschmückt. Du bist mit der obersten Krone gekrönt. Deshalb laß uns, o du König der heiligen Wahrheit, mit deiner Gnade leben!«

Suche des Meisters

Bodhisattva All-Begnadeter wandte sein Gesicht gelassen, wie es der Elefanten-König zu tun pflegt, warf einen Seitenblick auf den Knaben Reichhaltiger und sprach zu ihm also:

»Wunderbar! Wunderbar! Mein liebes Kind! Du hast den Geist der ersten Entschlossenheit zum Streben nach der obersten Weisheit hervorgebracht! Du hast nach den guten Lehrern gesucht, um mit ihnen in innerer Verbindung stehen zu können! Du befragst diese guten Lehrer über die Werke des Bodhisattva! Du verlangst bei diesen guten Lehrern immer nach dem Wege des Bodhisattva! Mein liebes Kind! Das ist die erste Schatzkammer des Bodhisattva, die nichts anderes enthält als die All-Weisheit. Sie besteht darin, nach den guten Lehrern zu suchen, sich ihnen zu nähern und ihnen vertrauen und dienen zu wollen. Deshalb sollst du, mein liebes Kind, allen Ernstes nach den guten Lehrern suchen, dich ihnen nähern, ihnen vertrauen und herzlich dienen! Du sollst nach dem Weg und Werk des Bodhisattva fragen! Du sollst fragen:

›Wie können wir uns auf dem Wege des Bodhisattva üben?
Wie können wir die Werke des Bodhisattva zu Ende bringen?
Wie können wir die Werke des Bodhisattva klar und rein halten?
Wie können wir die Werke des Bodhisattva durchführen?
Wie können wir die Werke des Bodhisattva hervorbringen?
Wie können wir uns auf den Weg des Bodhisattva besinnen?
Wie können wir in den Bereich des Bodhisattva eintreten?
Wie können wir auf dem Wege des Bodhisattva fortschreiten?
Wie können wir mit den Taten des Bodhisattva Allgemein-Weiser (Samantabhadra) eins werden?‹«

Um die Tugend des Knaben Reichhaltiger zu preisen, sprach Bodhisattva All-Begnadeter in Versen also:

»Wunderbar! Wunderbar! Du, Schatzkammer der gesammelten Tugenden, kommst jetzt zu mir her. Du bringst ja gerade jetzt den Geist der weiten und großen Barmherzigkeit hervor und suchst geradewegs nach der höchsten Weisheit.

Vor allen Dingen hast du das große Verlangen (nach Befreiung) hervorgebracht und treibst so die Qualen der Lebewesen aus! Du vollendest die Werke des Bodhisattva und gelangst schon zur obersten Weisheit! Wenn viele Bodhisattvas gern mitten im qualvollen Kreislauf von Geburt und Tod leben und die Werke des Bodhisattva Allgemein-Weiser ausführen, gibt es keine Macht in der Welt, die sie zerstören könnte.

Diese Bodhisattvas kommen alle aus der vortrefflichen Strahlung der Schatzkammer gesammelter Tugendwerke her.[8] Sie kommen alle von dem großen Meer der reinen Tugendkräfte her. Alle diese Bodhisattvas streben geradeaus nach den Taten des Bodhisattva Allgemein-Weiser, um die Lebewesen selig zu machen.

Alle diese vielen Bodhisattvas werden unaufhörlich bei unzählbaren Buddhas in unermeßlichen und unbegrenzbaren Buddha-Ländern von der großen Wolke der reinen Predigten bedeckt, um die Lehre zu empfangen, festzuhalten und auf ewig zu bewahren.

Sie schauen überall in allen Buddha-Ländern in allen zehn Richtungen unermeßliche Buddhas, so daß das große Meer des gelobten unbegrenzbaren Verlangens zur Genüge erfüllt und die Werke des Bodhisattva in vollkommener Weise aufgerichtet werden können.

Diese großen Bodhisattvas gehen dem tiefen Meer der Übungs- und Führungsmethoden auf den Grund und weilen unerschütterlich im Grund des Buddha. Reinen Herzens folgen sie den heiligen Lehren der vielen Buddhas, so daß zu allerletzt die All-Weisheit erreicht werden kann.

---

8 Im Mahāyāna-Buddhismus können positive Bewußtseinsimpulse, d. h. die karmischen Prägungen, auf andere übertragen und ausgestrahlt werden. Die Erscheinung von helfenden Bodhisattvas in der Welt kann demnach auf die Ansammlung früherer geistiger Kräfte zurückgeführt werden.

Sie erscheinen in allen Welten als der eine König der Sache-als-solcher *(tathatā)*[9] und häufen in mehreren Äonen Tugendwerke auf. Sie schreiten auf dem Weg des Bodhisattva Allgemein-Weiser bis zum Ende und erreichen so die oberste Weisheit des Buddha.

Sie wollen im großen Meer aller Welten und aller Äonen nichts anderes als die Taten des Bodhisattva ausführen und das gelobte Verlangen (nach Befreiung) erfüllen, um dadurch am Ende das Fahrzeug des Bodhisattva Allgemein-Weiser vollenden zu können.

Unermeßlich viele Lebewesen hören von ihren Namen und wollen sich das Verlangen des Bodhisattva Allgemein-Weiser zu eigen machen, um endlich den höchsten Pfad erreichen zu können.«

Der Mönch Wolke der Tugend-Werke (Meghaśrī)

Bodhisattva All-Begnadeter sprach also und sagte dann zu dem Knaben Reichhaltiger:

»Mein liebes Kind! Im Süden von hier gibt es ein Land namens Fröhliches Land, und in diesem Lande gibt es einen Berg, der Versöhnung genannt wird. Auf diesem Berge lebt ein Mönch namens Wolke der Tugend-Werke.

Du sollst zu ihm gehen und ihn also fragen:

›Wie lernt ein Bodhisattva die Taten des Bodhisattva? Wie kann ein Bodhisattva den Weg des Bodhisattva gehen?

Wie kann ein Bodhisattva die Werke des Bodhisattva Allgemein-Weiser aufrichten?‹

Mein liebes Kind! Dieser Mönch kann dir die Werke des Bodhisattva klar verkünden.«

Indem der Knabe Reichhaltiger sich im Grunde seines Herzens über die Belehrung des Bodhisattva All-Begnadeter freute, dankte er dem Bodhisattva und verneigte sich, bis sein Kopf dessen Füße berührte. Dann fing der Knabe an, unzählige Male langsam den Bodhisattva All-Begnadeter zu umkreisen. Er blickte endlich mit herzlicher Dankbarkeit und Neigung zu ihm auf und nahm unter

9 Soheit, die Wirklichkeit, wie sie ist, ohne aufgetragene Projektionen, d. h. leer.

vielen Tränen Abschied, um nach Süden zu dem Land namens Fröhliches Land aufzubrechen.

Der Knabe Reichhaltiger gelangte endlich zu dem Land namens Fröhliches Land und stieg auf den Berg namens Versöhnung. Er schaute auf dem Berge nach allen zehn Richtungen, um den Ort zu finden, wo der große Mönch wohnen könnte. Er suchte allen Ernstes sieben Tage lang. Da sah er auf dem Gipfel des Berges den Mönch bald nachdenken, bald herumwandeln. Er lief sogleich auf ihn zu und grüßte ihn, indem er sich verneigte, bis sein Kopf dessen Füße berührte. Er kreiste um ihn von links nach rechts herum, stand endlich still und sagte:

»Ich wage es, mich vor dir, o großer Lehrer, auszusprechen. Ich habe mich entschlossen, geradewegs nach der höchsten Weisheit zu streben. Trotzdem weiß ich noch nicht, wie ein Bodhisattva den Weg des Bodhisattva lernt. Ich habe gehört, daß du viele Bodhisattvas lehrst und leitest. Bitte, gewähre mir die Gnade und erzähle es mir ausführlich!«

Der Mönch Wolke der Tugend-Werke sprach zu dem Knaben Reichhaltiger also:

»Wunderbar! Wunderbar! Mein liebes Kind! Du hast dich ja einmal entschlossen, geradewegs nach der höchsten Weisheit zu streben, und fragst mich nun über die Werke des Bodhisattva! Mein liebes Kind! Diese Dinge sind die schwierigsten unter allen schwierigen Sachen. Das heißt ja doch nichts anderes, als danach zu fragen, welche Werke ein Bodhisattva aufrichten soll, auf welchem Wege er fortschreiten soll, in welchen Bereich er eintreten soll, wie er den reinen und klaren Weg des Bodhisattva hervorbringen kann, wie er nach dem reinen und großen Geist verlangen soll, wie er das große ursprüngliche Verlangen (nach Befreiung) erfüllen kann, wie er je nach den Kräften der weltlichen Lebewesen reden und handeln soll, wie er mitten im Kreislauf von Geburt und Tod das Tor der Erlösung auftut und wie sein Herz weder an den vergänglichen noch an den unvergänglichen Dingen hängen soll.

Mein liebes Kind! Ich habe durch die Kraft der Erlösung das Weisheitsauge der reinen und klaren Führung erlangt. Ich erhelle und überschaue mit diesem Weisheitsauge den ganzen Bereich aller Welten, ohne auch nur einmal von irgend etwas begrenzt zu werden. Ich schaue auch kraft der Schatzkammer gesammelter Tugendwerke alle Verkörperungen aller Buddhas. Bald schaue ich im Osten einen heiligen Buddha, oder zwei heilige Buddhas, oder zehn, hundert, tausend, zehntausend, hunderttausend heilige Buddhas. Bald schaue ich hundert Millionen heilige Buddhas, oder tausend Millionen, oder zehntausend Millionen, oder hunderttausend Millionen heilige Buddhas. Bald schaue ich eine unermeßliche Vielheit von Billionen Billionen Billionen heiliger Buddhas. Bald schaue ich die wie Stäubchen unserer Erde Jambudvīpa[10] zahllosen heiligen Buddhas.

Bald schaue ich die wie Stäubchen aller vier Erdteile[11] zahllosen heiligen Buddhas. Bald schaue ich die wie die Stäubchen der ganzen Tausend-Welten zahllosen heiligen Buddhas. (...)

Wie sich die Sache im Osten also verhält, so geht es auch ebenso im Süden, im Norden, im Westen, im Südosten, im Nordosten, im Südwesten, Nordwesten und in der Richtung des Oben oder des Unten. Und zwar erscheinen alle diese heiligen Buddhas restlos in verschiedenen Gestaltungen, verherrlicht durch mannigfaltigste Farben und Formen, verherrlicht durch mannigfaltigste göttliche Spiele der Wundertaten, verherrlicht durch mannigfaltigste Begleiter, verherrlicht durch mannigfaltigste Strahlungsnetze, verherrlicht durch mannigfaltigste Reinigungs- und Verherrlichungsweisen aller Buddha-Länder, verherrlicht durch mannigfaltigste Belehrungs- und Führungsmethoden für alle Lebewesen, verherrlicht durch das mannigfaltigste Löwenbrüllen gewaltiger Predigten.

Mein liebes Kind! Ich kenne einzig und allein dies Allgemeinheits-Tor der Strahlung, um in tiefer Geistestille und Andacht viele Buddhas zu schauen. Wie ist es aber möglich, daß ich das volle Wissen von den Taten des Bodhisattva aufgrund der reinen und vollendeten Weisheit haben sollte?«

---

10 Eine der vier Gegenden der ausgedehnten Welt, entspricht unserer Erde.

11 Neben *jambudvīpa* im Süden gibt es noch *purvavideha* im Osten, *aparacaṃara* im Westen und *uttarakuru* im Norden.

Jeder Bodhisattva hat erst eine Teilwahrheit erlangt. Der Weg führt immer weiter, denn die Buddha-Wahrheit ist unermeßlich und weder mit gelehrten Worten noch mit Gleichnissen zu erfassen. Nur wer selbst den Weg geht, dringt immer tiefer in sie ein und wird dadurch in höheres Bewußtsein verwandelt. Der Knabe Reichhaltiger wird also weitergeschickt zu dem Mönch Sagaramegha (hier: ›Wolke des großen Meeres‹). Dort hört er die Belehrung, daß Tugenden und die heilende Hinwendung zu allen Wesen Grundlage dafür sind, daß der Schüler wirklich die Entschlossenheit entwickelt, die notwendig ist, um den Weg zur Erleuchtung zu gehen und zu bestehen.

Der Knabe hört die Vision von dem Buddha, der auf dem Lotosthron sitzt und dem alle Welt zu Füßen liegt. Der Lotos ist in Indien Symbol der makellosen Schönheit und Reinheit, mehr noch, des spirituellen Weges. Denn er gedeiht nur in sumpfigen Tümpeln, deren Wasser schlammig und unrein ist. Dennoch wächst aus diesem Morast die wunderbare weiße Lotosblüte empor. Dies ist ein Gleichnis für den geistigen Weg zur Vollkommenheit: Mag der tatsächliche Geisteszustand des Menschen jetzt auch noch so unrein und verderbt sein, es wird sich gerade auf diesem Grund die Vollkommenheit und Blüte des menschlichen Wesens entwickeln können. Selbst Dämonen und Geister werden gezähmt und friedlich, ja sie beten den Buddha an.

Daß angesichts der Heiligkeit eines göttlichen Wesens auch die wilden Tiere und Naturgewalten, Dämonen und böse Menschen umkehren und friedlich werden, ist ein immer wiederkehrendes Motiv in der Religionsgeschichte (vgl. etwa auch Jesaja 11, 6–9). Die Schau des kosmischen Buddha geht aber weiter – obwohl der Buddha hier als allmächtige kosmische Kraft erscheint, steht er in ganz persönlicher Beziehung zu dem suchenden Menschen: Er streichelt dem Menschen liebevoll das Haupt, während er ihm auf dem Weg weiterhilft.

Trotz aller Visionen und Bilder – so schließt dieses Kapitel – muß die letztgültige Bedeutung der Lehre unausgesprochen bleiben, denn sie entzieht sich Worten und Vorstellungen.

Nun ging der Knabe Reichhaltiger dort zu dem Mönch Wolke des großen Meeres und begrüßte ihn, indem er sich verneigte, bis sein Kopf dessen Füße berührte. Der Knabe kreiste von links nach rechts um den Mönch herum; dann trat er zurück und stellte sich zur Seite. Der Knabe sprach nun zu dem Mönch also:

»Großer Lehrer! Ich habe mich entschlossen, geradewegs nach der höchsten Weisheit zu streben. Ich will in das große Meer der All-Weisheit eintauchen. Aber ich weiß noch nicht, wie der Bodhisattva sich aus dem Kreislauf von Geburt und Tod befreit, wie er wegen der Tugend des unerschütterlichen Geistes im hohen Haus Buddhas geboren wird und wie er über das Meer von Geburt und Tod hinaus in das große Meer der All-Weisheit Buddhas eingeht. Ich weiß nicht, wie er den Boden des weltlichen Menschen verläßt, um den Boden des heiligen Buddha zu erlangen, wie er den Fluß von Geburt und Tod verläßt, um im Fluß des Bodhisattva zu schwimmen. Ich weiß nicht, wie er den Kreis der verdammten Gegenden unterbricht, um den Kreis des großen Verlangens (nach Befreiung) zu vollenden. Ich weiß nicht, wie er die große Menge von Teufeln niederschlägt, um sich die Tugend Buddhas anzueignen, wie er das Meer der Leidenschaften austrocknet, um das Meer der großen Barmherzigkeit ins Grenzenlose zu erweitern. Ich weiß nicht, wie er den Weg zu den verdammten Gegenden verschließt und nicht nur den Weg zu den Menschen oder zu den Himmelsbewohnern, sondern auch das Tor der Erlösung öffnet, wie er das Schloß der drei Welten[12] hinter sich läßt und zu dem Schloß der All-Weisheit gelangt, wie er alle Arten von Spielereien abwirft und durch das feierlich gelobte Verlangen alle Lebewesen errettet.«

Der Mönch Wolke des großen Meeres sprach zu dem Knaben Reichhaltiger also:

»Mein liebes Kind! Hast du dich entschlossen, geradewegs nach der höchsten Weisheit zu streben?«

---

12 Siehe oben S. 102.

Der Knabe sagte: »Ja!«

Der Mönch sprach nun also:

»Mein liebes Kind! Wenn man die Wurzel der Tugend nicht tief genug in die Erde gepflanzt hat, kann man den Geist der ersten Entschlossenheit zum Streben nach der höchsten Weisheit nicht hervorbringen.

Wer durch die Tugend der Allgemeinheit die all-erhellende Strahlung sich einverleibt, der kann den Geist der ersten Entschlossenheit[13] hervorbringen. Wer auf dem rechten Wege die Strahlung der Geistesstille und der Weisheit ernährt und die Schatzkammer des großen Meeres vieler Tugenden aufbaut, der kann den Geist der ersten Entschlossenheit hervorbringen. Wer die klare und reine Lehre pflegt und vor keiner Gefahr zurückweicht, der kann den Geist der ersten Entschlossenheit hervorbringen. Wer den guten Lehrern sich nähert, vertraut und dient, der kann den Geist der ersten Entschlossenheit hervorbringen. Wer sein Leben opfern und sich nichts mehr zu eigen machen will, der kann den Geist der ersten Entschlossenheit hervorbringen. Wer sich von allen Arten des Eigendünkels befreit, der kann den Geist der ersten Entschlossenheit hervorbringen. Wer im innersten Kern seines Geistes so unerschütterlich wie die große Erde ist, der kann den Geist der ersten Entschlossenheit hervorbringen. Wer aus Mitleid und großer Barmherzigkeit sein Herz an alle Lebewesen verschenkt, der kann den Geist der ersten Entschlossenheit hervorbringen. Wer viele Tore zu dem Kreislauf von Geburt und Tod zerbrochen hat, der kann den Geist der ersten Entschlossenheit hervorbringen. Wer allen Ernstes nach dem Bereich Buddhas verlangt, der kann den Geist der ersten Entschlossenheit hervorbringen.

Weil er im Geist der großen Barmherzigkeit alle Lebewesen erretten will. Weil er im Geist des großen Mitleids alle Lebewesen beruhigen will. Weil er im Geist der Anstrengung immer eifriger alle Qualen der Lebewesen auszurotten versucht. Weil er im Geist der Freundlichkeit alle bösen Werke der Lebewesen austreibt. Weil er

13 Gemeint ist das unablässige Streben nach dem Erleuchtungsgeist, *bodhicitta*.

im Geist der Furchtlosigkeit alle Arten der Beschädigung zunichte macht. Weil er im Geist der Unbedingtheit alle Widerstände besiegt. Weil er im Geist der Größe und Weite den ganzen Kosmos bedeckt. Weil er im Geist der Grenzenlosigkeit wie der Raum der Leere ist. Weil er im Geist der Erweiterung alle heiligen Buddhas schaut. Weil er im Geist der Reinheit von allen Dingen aller Generationen das genau entsprechende Wissen hat. Weil er im Geist der Weisheit das weite Meer der All-Weisheit ergründet.

Mein liebes Kind! Ich wohne seit zwölf Jahren in diesem Land namens Tor des Meeres, das an das große Meer grenzt, und so beobachte ich jeden Tag das weite Meer. Ich begreife die Unermeßlichkeit und die Unbegrenzbarkeit des weiten Meeres. Ich begreife, wie das weite Meer sich immer weiter und immer tiefer erstreckt. Ich begreife, wie das weite Meer sich mit unzählbaren Schätzen schmückt und verherrlicht. Ich begreife, wie das weite Meer eine unermeßliche Masse Wasser enthält. Ich begreife, wie sich das weite Meer wunderbar in mannigfaltigsten Farben verändert. Ich begreife, wie das weite Meer mannigfaltige Lebewesen von ungeheurer Größe ernährt. Ich begreife, worin das Wasser des weiten Meeres seine Quelle hat. Ich begreife, wie das weite Meer stets von großen Wolken bedeckt ist. Ich begreife, wie das große Meer niemals ab- oder zunimmt. Mein liebes Kind! Indem ich so denke, frage ich mich auf der anderen Seite immer, ob es ein Ding gebe oder nicht, welches noch weiter als dies große Meer, noch tiefer als dies große Meer und noch prachtvoller als dies große Meer sei.

Indem ich mich so frage, schaue ich sogleich, wie aus dem Grund des Meeres eine wunderbare Lotosblume von selbst emporwächst. Diese wunderbare Lotosblume hat als Blumenstengel den Schatz des Blauen Indra (Indranīlaṃ), als Blütenblätter das Gold aus dem Lande Jambudvīpa, als Blütenkelch das Räucherwerk Agaru und als Staubgefäße den Achat. Diese wunderbare Lotosblume wächst von selbst aus dem Grund des Meeres empor, und zwar wächst sie immer höher und immer breiter, so daß sie endlich das große Meer selbst bedeckt. Und eine Million Könige der Kämpfer-Dämonen verbreiten über diese wunderbare Lotosblume eine Million prachtvolle Wunder-Schatz-Netze. Eine Million Drachen-Könige lassen darüber einen starken Regen von Duftwasser herabströmen. Hoch in der Luft lassen eine Million Könige der Goldflügel-Vögel, jeder aus seinem Mund, ein langes seidenes Band darüber herabhängen. Eine Million Könige der Menschenfresser-Dämonen beobachten es nun im Geist der Begnadung. Eine Million Könige der Fleischfresser-Dämonen verehren es und beten es an. Eine Million Könige der Duftesser-Dämonen[14] preisen es und bieten ihm mannigfaltige Opfer dar. Eine Million Himmelskönige lassen Wolken von Himmelsblumen, Himmelsräucherwerken, Himmelsbannern, Himmelsfahnen und Himmelskleidern herabregnen. Eine Million Könige des Brahmā-Himmels[15] beugen sich davor in herzlichster Hingebung. Eine Million Könige des Himmels Reine Wohnung begrüßen es in tiefer Andacht und stehen auf einer Seite mit gefalteten Händen. Eine Million Welt-Könige verherrlichen es mit den Sieben Schätzen. Eine Million Könige der Meer-Götter kommen aus dem tiefen Meer hervor und verehren es und beten es an. Eine Million Strahlungsnetze von Nacht-Leuchte-Schätzen erhellen alle Dinge. Eine Million Reinheitsschätze und eine Million Klarheitsschätze verherrlichen es. Eine Million Schatzkammern strahlen unermeßliche Strahlungen aus und erhellen alle Dinge. Eine Million Schätze von Gold aus dem Lande Jambudvīpa und eine Million Schätze von Diamanten verherrlichen und reinigen es. Eine Million Schatzkammern von Sonnenlicht erhellen alles und jedes mit ihren reinen und klaren Strahlen. Eine Million Wunder-Schätze bringen alle Arten guter Werke hervor und ernähern es. Eine Million Allmachts-Schätze verherrlichen es in unerschöpflicher Weise.

Diese wunderbare Lotosblume entspringt aus den höchsten Tugendwerken des heiligen Buddha und erfüllt das große ursprüngliche Verlangen des Bodhisattva. Es gibt keine Welt in allen zehn Richtungen, worin diese wunderbare Blume nicht erscheinen könnte. Diese wunderbare Lotosblume bringt sämtliche wie Illusionen erscheinenden Dinge in der Welt hervor. Sie selbst ist aus der heili-

14 Titanische Lebewesen, die sich nur von Düften ernähren.
15 Siehe oben S. 78.

gen reinen Wahrheit geboren und wird von der leidenschaftslosen Weisheit verherrlicht. In ihr erweist sich der Traumcharakter der Wirklichkeit, und sie ist gekennzeichnet vom Merkmal der Unvergänglichkeit. Sie entspricht dem Prinzip des Nicht-Anhaftens und durchdringt das gesamte Universum. Das ist allein der Bereich des heiligen Buddha. Wenn man es auch in unermeßlichen Billionen Billionen Billionen von Äonen bewundern und lobpreisen wollte, könnte man es doch nie erschöpfend tun.

Ich schaue weiter, wie auf dieser wunderbaren Lotosblume ein heiliger Buddha mit gekreuzten Beinen sitzt. Der reine Leib des heiligen Buddhas bedeckt den ganzen Kosmos bis zu der Höhe des Himmels Vernichtung-des-Denkens-und-Vernichtung-der-Vernichtung-des-Denkens, welcher der höchste Himmel in den drei Welten ist.

Ich schaue, wie der heilige Buddha auf diesem prachtvollen Löwenthron der Lotosblume von unermeßlichen und unzählbaren Begleitern umgeben ist. Ich schaue, wie der heilige Buddha mit unermeßlichen Vollendungsstrahlen verherrlicht ist. Ich schaue, wie der heilige Buddha von unermeßlichen prachtvollen Gestaltungen verherrlicht ist. Ich schaue unermeßliche göttliche Wundertaten des Buddha. Ich schaue unermeßliche wunderbare Farben des Leibes des Buddha. Ich schaue unermeßliche Vorzüglichkeiten am heiligen Scheitel, der unabsehbar hoch in den Himmel ragt. Ich schaue unermeßliche Vortrefflichkeiten an der heiligen langen und weiten Zunge. Ich besinne mich auf die unermeßlichen reinen Stimmen. Ich denke über die unermeßlichen vollkommenen Stimmen nach. Ich schaue die unermeßlichen göttlichen Kräfte des Buddha. Ich begreife die unermeßliche reine Furchtlosigkeit des Buddha. Ich begreife die unermeßliche Beredtsamkeit des Buddha. Ich besinne mich darauf, daß sich der heilige Buddha in der Vergangenheit des Bodhisattva in unermeßlichen Äonen schweren Übungen unterzogen hat. Ich schaue unermeßliche Wunder der höchsten Weisheit. Ich schaue unermeßliche Wolken der heiligen Lehren. Ich schaue unermeßliche prachtvolle All-Gegenwarts-Leiber des heiligen Buddha. Ich schaue unermeßliche Ehrwürdigkeiten auf der linken und rechten Seite des Buddha-Leibes. Ich schaue, wie der heilige Buddha unermeßliche Dinge erkennt und dadurch alle Lebewesen zu begnaden und zu beseligen weiß. Nun aber ist der Augenblick da, wo der heilige Buddha seine rechte Hand ausstreckt und mir den Scheitel streichelt. Der heilige Buddha verkündet mir die Lehre von dem überallhin schauenden Allgemeinheits-Auge: Das ist allein der Bereich des heiligen Buddha. Diese Lehre bringt die ganzen, reinen Werke des Bodhisattva hervor. Diese Lehre erhellt den ganzen Kosmos. Diese Lehre umfängt und vollendet den ganzen Kosmos. Diese Lehre erhellt, reinigt und verherrlicht alle Buddha-Länder. Diese Lehre schlägt die ganze Masse von mannigfaltigen Teufeln und Irrlehrern nieder. Diese Lehre beseligt und erfreut alle Lebewesen. Diese Lehre erhellt alle Werke der Lebewesen. Diese Lehre erscheint allen vor ihren Augen, je nach ihren Kräften. Diese Lehre erhellt die mannigfaltigsten Naturanlagen der Lebewesen.

Mein liebes Kind! Ich habe von dem heiligen Buddha diese Lehre von dem überallhin schauenden Allgemeinheits-Auge gehört. Ich empfing und behüte dieses Sūtra in sorgsamer Verehrung. Ich lese dieses Sūtra im Geist und mit dem Mund und versenke mich immer tiefer hinein. Ich besinne mich immer darauf und denke stets darüber nach. Mein liebes Kind! Wenn man auch mit der dem großen Meer gleichen Menge von Tusche und der dem Berg Sumeru gleichen Menge von Pinseln dieses Sūtra abschreiben wollte, so würde doch am Ende in jedem Wort, in jedem Satz, in jeder Formel oder in jeder Lehre jedes Kapitels die unerschöpfliche Bedeutung ungeschrieben bleiben.«

Dann wird der Knabe Reichhaltiger sechshundert Meilen weiter nach Süden zum ›Meister des Lebens‹ geschickt. Nach einer anderen Lesart ist dieser Heilige der Grammatiker Megha (Wolke), der in der dravidischen (südindischen) Stadt Vajrapura wohnt. Dem Reisenden werden neue Einsichten zuteil, und er kommt weiter zu dem Arzt Gnaden-Wolke. Auf der Reise (in der Bewegung des Von-sich-Fortschreitens und eben dadurch Zu-sich-selbst-Kommens) verinnerlicht der Knabe das jeweils Gelernte, bis es ganz sein Wesen wird.

Dann sagte der Arzt zu dem Knaben:

»Wunderbar! Wunderbar! Mein liebes Kind! Du hast dich also wirklich entschlossen, geradewegs nach der höchsten Weisheit zu streben! Mein liebes Kind! Wer sich entschließt, nach der höchsten Weisheit zu streben, der schützt das große Erbe des heiligen Buddha, reinigt alle Buddha-Länder, verwandelt das Herz der Lebewesen, predigt so, wie es getan werden soll, widerstrebt nicht den Werken der Lebewesen, vollendet das Wesen aller Werke des Bodhisattva, verläßt unter keinen Umständen das Wesen des ursprünglichen Verlangens (nach Befreiung), begreift das Wesen der Leidenschaftslosigkeit, erhellt mit klarer und reiner Weisheit alle Dinge in allen Generationen und richtet das Wesen der Erlösung auf. Dieser Buddha-Schüler der ersten Entschlossenheit wird von allen heiligen Buddhas geschützt und gehalten. Er wird immer von allen heiligen Buddhas betreut und geleitet. Er erweist allen großen Bodhisattvas Gehorsam. Er wird von allen Weisen und Heiligen gerühmt. Er wird von allen Brahmā-Himmelskönigen verehrt und angebetet. Er wird von allen Himmelsbewohnern bewundert und bedient. Er wird von allen Königen der Menschenfresser-Dämonen verehrt. Er wird von allen Königen der Menschenfresser-Ungeheuer bewundert. Er wird von allen Königen der Drachen verehrt. Er wird von allen Königen der Sänger-Dämonen bewundert. Er wird von allen Königen aller Welten verehrt.

Warum wohl? Weil er die drei verdammten Gegenden[16] vernichtet, um alle Lebewesen zu beruhigen.

Weil er mannigfaltige Nöte und Schwierigkeiten ausrottet.

Weil er die Wurzel aller Armut heilt.

Weil er alle Lebewesen in die begnadeten Gegenden der Menschen und der Himmelsbewohner führt.

Weil er sich niemals von den guten Lehrern trennt.

---

16 Die drei Bereiche übler Wiedergeburt: Bereich der Tiere, der Hungergeister *(preta)* und der Höllenbewohner.

Weil er immer der wunderbaren Lehre des heiligen Buddha lauscht und sich nach der obersten Weisheit richten will.

Weil er durch das reine Verlangen nach der höchsten Weisheit die klare Geistesstrahlung erlangt.

Weil er den Weg des Bodhisattva erhellt, der Weisheit des Bodhisattva Gehorsam erweist und unerschütterlich im Daseinsbereich des Bodhisattva lebt.

Mein liebes Kind! Der Bodhisattva führt um der Lebewesen willen viele schwierige Übungen durch, was schwer anzutreffen und schwer zu sehen ist. Der Bodhisattva spielt für die Lebewesen die Elternrolle. Der Bodhisattva verherrlicht die Lebewesen, umfängt alle Himmelsbewohner und Menschen und rottet so ihre Qualen aus. Der Bodhisattva schützt alle Lebewesen und treibt ihre Angst aus.

Der Bodhisattva spielt für alle Lebewesen die Rolle des Lebensatems, so daß sie nicht mehr in die drei verdammten Gegenden geraten werden. Der Bodhisattva spielt die Rolle der großen Erde, um mannigfaltige Wurzeln der Tugendkraft zu ernähren und zu pflegen. Der Bodhisattva spielt die Rolle des großen Meeres, um die Schatzkammer unerschöpflicher Tugendwerke aufzubauen. Der Bodhisattva spielt die Rolle der Sonne, um mit klarer Weisheits-Strahlung die ganze Welt zu erhellen und die Finsternis und die Torheit auszutreiben. Der Bodhisattva spielt die Rolle des Berges Sumeru, um das höchste und größte unter allen Tugendwerken aufrichten zu können. Der Bodhisattva spielt die Rolle des Generals, um alle Massen von Teufeln besiegen zu können. Der Bodhisattva spielt die Rolle des Machthabers, um in der Burg der Wahrheit als König herrschen zu können. Der Bodhisattva spielt die Rolle des Feuers, um alle Arten von Begierden und Neigungen der Lebewesen zu Asche verbrennen zu können. Der Bodhisattva spielt die Rolle der Wolke, um den Regen der himmlisch süßen Lehren herabströmen zu lassen. Der Bodhisattva verkörpert die rechte Anschauung, um die wunderbare Wurzel der Tugend sorgsam zu ernähren und wachsen zu lassen. Der Bodhisattva verkörpert den Steuermann, der den Weg auf dem Ozean der Wahrheit kennt. Der Bodhisattva verkörpert die Brücke, um alle Lebewesen über das weite Meer des Kreislaufs von Geburt und Tod hinübergehen zu lassen.«

Kaum, daß der Arzt Gnaden-Wolke auf solche Weise den Knaben Reichhaltiger und den Bodhisattva überhaupt bewundert und gepriesen hatte, da strahlten aus seinem Munde viele Wolken großer Strahlungen hervor und erhellten das ganze Universum. Da kamen aus dem ganzen Universum viele Himmelsbewohner der großen göttlichen Kraft, viele Brahmā-Himmelsbewohner und viele andere zu dem Arzt Gnaden-Wolke. Der Arzt Gnaden-Wolke erklärte ihnen mit kunstvoller Methode eingehend und weitläufig die Lehre vom Drehen des Rades der Verherrlichungs-Strahlung. Nachdem diese große Menge diese Lehre gehört hatte, gelang es ihr dadurch, den unerschütterlichen Glauben an die höchste Weisheit zu fassen. (...)

Der gute Arzt Gnaden-Wolke sprach nun weiter zu dem Knaben Reichhaltiger:

»Mein liebes Kind! Von hier aus nach Süden gibt es ein Land namens Wohnung im Walde. Da lebt ein tugendhafter Reicher namens Erlösung (Muktaka). Du sollst zu ihm gehen und ihn fragen, wie der Bodhisattva sich nach dem Weg des Bodhisattva richtet, wie der Bodhisattva den Weg des Bodhisattva gelernt hat, wie der Bodhisattva auf dem Wege des Bodhisattva bis zum Ende fortschreitet, wie der Bodhisattva sich auf den Weg des Bodhisattva besinnt.«

Nachdem der Knabe Reichhaltiger von dem guten Arzt Gnaden-Wolke die Lehre der fruchtreichen Wahrheit gehört hatte, gelang es ihm nun, den tiefen und reinen Glauben hervorzubringen. Er hielt diese Lehre in Ehren und erlangte die entscheidende Weisheit. (...)

Nachdenkend wanderte er immer weiter nach Süden. Nach Verlauf von vollen zwölf Jahren gelangte er endlich in das Land Wohnung im Walde. Er suchte überall in diesem Lande nach dem tugendhaften Reichen namens Erlösung. Schließlich fand er ihn und verneigte sich vor ihm, bis sein Kopf dessen Füße berührte. Dann trat er zur Seite zurück, stand still und dachte im Herzen: »Jetzt habe ich das unvergleichliche Glück, einen guten Lehrer zu sehen. Ein guter Lehrer erscheint selten in der Welt, und jetzt ereignet sich das

Schwierige. Denn einem guten Lehrer zu begegnen, ist sehr schwer, und jetzt stehe ich vor ihm. Den guten Lehrer zu sehen, ist sehr schwer, und jetzt schaue ich ihn von Angesicht zu Angesicht. Sich dem guten Lehrer zu nähern, ist schwer, und jetzt bin ich zu ihm gekommen. Mit dem guten Lehrer zusammen zu leben, ist schwer, und jetzt verweile ich bei ihm. Den Geist des guten Lehrers zu erfassen, ist schwer, und jetzt glaube ich an ihn. Dem guten Lehrer herzlich Gehorsam zu erweisen, ist schwer, und jetzt will ich ihm allen Ernstes folgen.«

Der Knabe Reichhaltiger sprach nun zu dem Weisen Erlösung also:

»Ich habe mich entschlossen, geradewegs nach der höchsten Weisheit zu streben. Ich will allen heiligen Buddhas begegnen. Ich will alle heiligen Buddhas sehen. Ich will den Geist aller heiligen Buddhas begreifen. Ich will alle heiligen Buddhas kennenlernen. Ich will mir die Geistesstille von allen heiligen Buddhas aneignen. Ich will dem großen Verlangen (nach Befreiung) aller heiligen Buddhas nachfolgen. Ich will das gesamte große Verlangen von allen heiligen Buddhas erfüllen. Ich will die gesamte Weisheits-Strahlung von allen heiligen Buddhas ergreifen. Ich will im eigenen Leibe alle heiligen Buddhas erscheinen lassen. Ich will die gesamte göttliche Klarheit von allen heiligen Buddhas erlangen. Ich will die gesamte göttliche Wundertat aller Buddhas begreifen. Ich will die zehn Kräfte[17] und vier Furchtlosigkeiten[18] aller heiligen Buddhas rein erhalten und verherrlichen.

Ich will alle heiligen Buddha-Lehren hören. Ich will alle heiligen Buddha-Lehren empfangen. Ich will alle heiligen Buddha-Lehren erhalten. Ich will alle heiligen Buddha-Lehren begreifen. Ich will alle heiligen Buddha-Lehren schützen. Ich will mich mit allen

---

17 Wahr und falsch zu unterscheiden; die Wirkung von Handlungen zu erkennen; die Neigungen der Lebewesen zu kennen; die Arten von Lebewesen zu kennen; ihre Fähigkeiten zu kennen; den Pfad für alle bestimmen zu können; die Hindernisse, Anfechtungen usw. zu kennen; die eigenen früheren Leben zu kennen; den eigenen Tod und zukünftige Leben vorherzuwissen; den Grad der Überwindung der Verunreinigung des Bewußtseins zu kennen.

18 Furchtlosigkeit hinsichtlich der Verwirklichung; hinsichtlich des Wissens um die Überwindung der Verunreinigungen; hinsichtlich der Erkenntnis der Hindernisse; hinsichtlich des zu beschreitenden Pfades. Vgl. S. 65, Anmerkung 6.

Bodhisattvas identifizieren. Ich will mich mit der Tugend von allen Bodhisattvas identifizieren. Ich will des Bodhisattvas sämtliche Fahrkünste zum anderen Ufer ausführen. Ich will alle Tugendwerke des Bodhisattva üben. Ich will das ganze reine und große Verlangen des Bodhisattva hervorbringen.

Ich will Zutritt zur Schatzkammer der Wirkungen von allen Buddhas und Bodhisattvas erlangen. Ich will Zutritt zur Schatzkammer der Weisheits-Strahlung von allen Bodhisattvas erlangen. Ich will Zutritt zur Schatzkammer der Geistesstille von allen Bodhisattvas erlangen. Ich will Zutritt zur Schatzkammer der göttlichen Klarheit und Wundertaten aller Bodhisattvas erlangen. Ich will die Schatzkammer der großen Barmherzigkeit hervorbringen, um in alle Ewigkeit die Lebewesen belehren und führen zu können. Ich will die Schatzkammer der grenzenlosen Freiheit bis in die Einzelheiten erkennen. Ich will in der Schatzkammer der grenzenlosen Freiheit meinen Geist göttlich spielen lassen. Ich will die zehn Arten von Schatzkammern[19] reinigen und verherrlichen. Um solche Tugendwerke aufrichten zu können, bin ich zu dir, dem Weisen Erlösung, hergekommen.

Ich will das große ursprüngliche Verlangen (nach Befreiung) befriedigen. Ich will über den Kreislauf von Geburt und Tod hinausgehen. Ich will alles Seiende meistern. Ich will die Verehrung und Andacht lernen. Ich will mir die Übung und Methoden zur Anleitung anderer aneignen. Ich will mannigfaltige Unsauberkeiten auswaschen. Ich will die Reinigung und Verherrlichung vollenden.

Ich will geistig und leiblich zart und sanft sein. Ich will mannigfaltige Naturanlagen beherrschen und ordnen.

Mein lieber Lehrer! Ich habe von dir gehört, daß du sehr gut von dem rechten Weg der Übungs- und Lehrmethode des Bodhisattva erzählst, daß du alles und jedes in allen Ländern erhellst und Wunderbares erscheinen läßt, daß du alle Arten von Fahrkünsten offen-

---

19 Diese sind: Allmacht über die Lebensdauer, Allmacht über die Geisteskonzentrierung, Allmacht über das Mittel des Lebens, Allmacht über die Seelentätigkeit, Allmacht über das Geboren-Werden, Allmacht über das Predigen, Allmacht über das Verlangen, Allmacht über die Wundertat, Allmacht über die Beredsamkeit, Allmacht über die Weisheit.

bar machst und das Tor der rechten Lehre öffnest, daß du alle Arten von Verkehrtheiten vernichtest und die Dornen des Zweifels und des Bedenkens herausreißt, daß du den Wahn der Verwirrung heilst und die mehrschichtige Finsternis erhellst und somit vernichtest, daß du dich von allen Leidenschaften befreit hast und dich immer rein und kühl befindest, daß du die Arglist abgeworfen hast und über dem Kreislauf von Geburt und Tod hoch emporragst, daß du das Böse mit der Wurzel ausrottest, die Wurzel der Tugend aber sorgsam ernährst, daß du weit entfernt von allen verdammten Gegenden lebst, ohne die geringste Sorge darüber, daß du allerlei Widerstände und Hindernisse überwinden mußt, um zu der Burg des Wahrheits-Königs der All-Weisheit zu gelangen, daß du unerschütterlich im Geiste der großen Barmherzigkeit und der großen Begnadung weilst, daß du die Tugendwerke des Bodhisattva lehrst und dich in mannigfaltigen Geisteskonzentrierungen übst, daß du immer vielen heiligen Lehren freudig Gehorsam erweist und den Geist der Weite und Größe hervorbringst, daß du dir die vielen Kräfte[20] aneignest und den Geist der blinden Lebewesen klar und offen erhellst.

Mein lieber Lehrer! Bitte, erkläre mir eingehend und ausführlich, wie der Bodhisattva sich nach dem Weg des Bodhisattva richtet, wie er die Tugendwerke des Bodhisattva übt, wie er die Tugendwerke reinigt und verherrlicht und wie er die reinen Werke des Bodhisattva zur Reife bringt!«

Der eigene Geist als Wurzel der Befreiung

Aufgrund der eigenen Kraft gesammelter Tugenden, aufgrund der göttlichen Kraft Buddhas und aufgrund der Andachtskraft des Bodhisattva All-Begnadeter trat nun der tugendhafte Reiche namens Erlösung in die Geisteskonzentrierung ein, die da heißt Unermeßlichkeits-Schatzkammer gesammelter Tugenden aufgrund der Umwendung des Seins in die Leere und der Aufnahme aller Buddha-Länder.

---

20 Gemeint sind die zehn Kräfte des Buddha und der Bodhisattvas, vgl. S. 121, Anmerkung 17.

Kaum daß der tugendhafte Reiche namens Erlösung in diese Geisteskonzentrierung eingetreten war, da erlangte er einen reinen Leib, und in diesem Leibe erschienen wunderbare Dinge: die wie Stäubchen der zehn Buddha-Länder zahllosen heiligen Buddhas und ebenso viele prachtvolle Buddha-Länder, und zwar in allen zehn Richtungen.

Die vergangenen Werke von allen Lebewesen. Die göttlichen Wundertaten der heiligen Buddhas. Die Werkzeuge alles großen Verlangens und aller Tugendwerke. Die reinen und klaren Taten. Die Verherrlichungen des rechten Weges. Das heilige Erhellt-Werden. Das Drehen der reinen Räder der heiligen Lehre. Die Belehrung der Lebewesen. Die Vollendung des Seienden.

Solche unermeßlichen Wunderbarkeiten traten alle im eigenen Leibe des Reichen klar hervor, ohne doch sich zu vermischen oder einander zu widerstreiten. Alle Dinge erschienen wie gewöhnliche Dinge und hatten jedes seine eigene Gestalt und Farbe und seine eigene Verherrlichung. Die unermeßlichen heiligen Buddhas im Leibe des Reichen Erlösung waren jeweils von unzählbaren Bodhisattvas umgeben und verherrlicht. Sie bringen unermeßliche göttliche Wundertaten hervor und predigen von vielen Toren des großen Verlangens (nach Befreiung). Bald erscheint ein heiliger Buddha im Tuṣita-Himmel und zeigt da die Sache Buddhas. Bald beendet ein heiliger Buddha das Leben im Tuṣita-Himmel. Bald steigt ein heiliger Buddha vom Himmel herab und tritt in den Mutterschoß ein. Bald offenbart ein heiliger Buddha im Mutterschoße die wunderbaren göttlichen Kräfte. Bald wird ein heiliger Buddha geboren. Bald lebt ein heiliger Buddha im königlichen Palast. Bald verläßt ein heiliger Buddha sein Haus. Bald geht ein heiliger Buddha an den Ort der Meditationsübung und verherrlicht ihn. Bald überwindet ein heiliger Buddha die Heerscharen der Teufel. Bald gelangt ein heiliger Buddha zu der heiligen Erhellung. Bald erscheint ein heiliger Buddha im Himmelspalast, und die Menschenfresser-Dämonen, die Duftesser-Dämonen und die Welt-Könige umgeben den Heiligen und bitten um die Predigt. Bald dreht ein heiliger Buddha das Rad der heiligen Lehre. Bald geht ein heiliger Buddha ins Nirvaṇā ein.

Bald werden die Reliquien eines heiligen Buddhas verteilt. Bald wird ein Stūpa für einen heiligen Buddha erbaut.

Wenn jene heiligen Buddhas vor einer kleinen Menge predigen, so lassen sie eine große Menge hervortreten, um die mannigfaltigsten Lebewesen, die mannigfaltigsten Lehrmethoden, die mannigfaltigsten Naturanlagen, die mannigfaltigsten Leidenschaften und ihre Folgen offenbaren zu können. Sie lassen statt der kleinen Menge von tausend Lebewesen die Menge von zehntausend Lebewesen oder so viele Lebewesen wie Stäubchen der unsagbaren Buddha-Länder hervortreten, und dann predigen sie vor dieser großen Menge.

Was jene unermeßlichen heiligen Buddhas im Leibe des Reichen Erlösung mit wunderbarer Stimme gepredigt haben, das alles wurde von dem Knaben Reichhaltiger gehört, empfangen und behalten. Der Knabe schaute alle göttlichen Wundertaten jener heiligen Buddhas an und ebenso alle wunderbaren Geisteskonzentrierungen der Bodhisattvas.

Der tugendhafte Reiche Erlösung beendete nun seine Geisteskonzentrierung und sprach also zu dem Knaben Reichhaltiger:

»Mein liebes Kind! Ich habe schon die ›Lehre der grenzenlosen Verherrlichung des Buddha‹ vollendet.

Indem ich diese Lehre zur Reife gebracht habe, schaue ich nun im Osten den heiligen Buddha Gestirn-König in der Welt namens Strahlung-von-Gold-aus-dem-Lande-Jambudvīpa, umgeben von einer großen Menge unzählbarer Bodhisattvas, wie Bodhisattva Klarheits- und Reinheits-Schatzkammer und anderen. Im Süden schaue ich den heiligen Buddha All-Duftend in der Welt namens Zehn-Kräfte, umgeben von einer großen Menge unzählbarer Bodhisattvas, wie Bodhisattva König der Seele und anderen. Im Westen schaue ich den heiligen Buddha Leuchter-König des Berges Sumeru in der Welt namens Duft-Strahlung, umgeben von einer großen Menge unzählbarer Bodhisattvas, wie Bodhisattva Geist der Grenzenlosigkeit und anderen. Im Norden schaue ich den heiligen Buddha Göttliche Unvergänglichkeit in der Welt namens Banner-desheiligen-Kleides, umgeben von einer großen Menge unzählbarer Bodhisattvas, wie Bodhisattva All-Gewaltig und anderen. Im Nordosten schaue ich den heiligen Buddha Auge der Grenzenlosigkeit in der Welt namens Fröhliche Schätze, umgeben von einer großen Menge unzählbarer Bodhisattvas, wie Bodhisattva Verkörperung der Grenzenlosigkeit und anderen. Im Südosten schaue ich den heiligen Buddha Duftende Weisheit in der Welt namens Strahlung-der-duftenden-Flammen, umgeben von einer großen Menge unzählbarer Bodhisattvas, wie Bodhisattva Weisheit der flammenden Strahlung und anderen. Im Südwesten schaue ich den heiligen Buddha Banner-des-Kosmos-Ringes in der Welt namens All-erhellende-Weisheits-Sonne, umgeben von einer großen Menge unzählbarer Bodhisattvas, wie Bodhisattva-Banner-der-sämtlichen-Verkörperungen und anderen. Im Nordwesten schaue ich den heiligen Buddha Schatz-Banner-von-allen-Buddhas in der Welt namens Allgemeine Reinigung, umgeben von einer großen Menge unzählbarer Bodhisattvas, wie Bodhisattva Wahrheits-Banner-König und anderen. Oben schaue ich den heiligen Buddha Banner-der-unermeßlichen-Vollendungs-Strahlung in der Welt namens Buddha-Wesenheit-der-Unerschöpflichkeit, umgeben von einer großen Menge unzählbarer Bodhisattvas, wie Bodhisattva Banner-König-vom-Boden-des-ganzen-Kosmos und anderen. Unten schaue ich den heiligen Buddha Banner-der-grenzenlosen-Weisheit in der Welt namens Buddhas Erlösungs-Strahlen, umgeben von einer großen Menge unzählbarer Bodhisattvas, wie Bodhisattva Banner-König-des-ganzen-Bereichs-der-Lebewesen und anderen.

Mein liebes Kind! Ich schaue in jeder von allen zehn Richtungen jeweils so viele Buddhas wie Stäubchen der zehntausend Buddha-Länder. Aber diese unermeßlichen Buddhas kommen nie hierher zu mir, und ich gehe nie dorthin zu ihnen.

Mein liebes Kind! Wenn ich den heiligen Buddha Amitābha[21] in der Welt namens Ewige Freude schauen will, so kann ich ihn sogleich nach Wunsch anschauen. Den heiligen Buddha Akṣobhya[22]

21 Wörtl.: grenzenloses Licht.
22 Wörtl.: der Unerschütterliche; dem Diamant gleichend.

in der Welt namens Wunderbare Freude, den heiligen Buddha Ratnasambhava[23] in der Welt namens Gute Wohnung, den heiligen Buddha Amoghasiddhi[24] in der Welt namens Vollendungs-Strahl, den heiligen Buddha Vairocana[25] in der Welt Juwelenstrahlende Reinheit – alle diese heiligen Buddhas kann ich allesamt nach Wunsch in jedem Augenblick anschauen. Mein liebes Kind! Diese heiligen Buddhas kommen aber keineswegs hierher zu mir, noch gehe ich dorthin zu ihnen. Ich habe das volle Verständnis darüber, daß alle heiligen Buddhas keinen Ort haben, woher sie kommen sollten, und auch ich habe keine Stelle, wohin ich gehen sollte. Ich weiß, daß alle heiligen Buddhas zusammen mit unseren sie erkennenden Seelen wie Träume sind. Ich weiß, daß alle heiligen Buddhas wie Blitzstrahlen sind. Ich weiß, daß unsere eigenen Seelen wie Spiegelbilder im Wasser sind.

Ich weiß, daß alle heiligen Buddhas wie Illusionen sind.[26] Ich weiß, daß es mit unserer eigenen Seele ebenso steht. Ich weiß, daß die Stimmen aller heiligen Buddhas wie ein Echo sind. Ich weiß, daß es mit unserer eigenen Seele ebenso steht. Also erkenne ich die Welt so, wie sie ist. Also lege ich die Sache so aus, wie sie ist. Also begegne ich der Welt so, wie sie ist. Mein liebes Kind! Du sollst begreifen, daß der Bodhisattva sich ganz und gar auf den eigenen Geist gründet, um die mannigfaltigen Lehren Buddhas zu erlangen und die Tugendwerke des Bodhisattva durchzuführen.

Alle Buddha-Länder zu reinigen, alle Lebewesen zu belehren, viel großes Verlangen (nach Befreiung) und die Burg der All-Weisheit hervorzubringen, das göttliche Spiel der Wunderkraft, das Tor der Wunderbarkeit, die höchste Weisheit aller Buddhas, der Bereich der grenzenlosen Freiheit – das gründet sich alles auf den eigenen Geist. Aufgrund des eigenen Geistes wird die tiefsinnige Weisheit zur Reife gebracht. Aufgrund des eigenen Geistes wird das Seiende begriffen.

---

23 Wörtl.: der im Juwel Geborene; er reitet auf einem Löwen.

24 Wörtl.: der sein Ziel unbeirrt verwirklicht.

25 Wörtl.: sonnengleiche Strahlung.

26 Insofern sie als in sich selbst bestehende, objektive Wesen vorgestellt werden. In Wirklichkeit sind sie *śūnya*, leer.

Auf solche Weise kommt es einzig und allein aus seinem eigenen Geiste, daß der Bodhisattva die tiefsinnige Weisheit erlangen und alles Seiende begreifen kann.

Deshalb sollst du deinen eigenen Geist mit mannigfaltigen guten Werken ernähren und mit den himmlisch süßen Lehren Buddhas bereichern. Du sollst unter allen Umständen deinen Geist immer rein und sauber halten. Du sollst dich immer eifriger anstrengen und deinen Geist fest und beständig werden lassen. Du sollst dich immer auf die Lehre Buddhas besinnen und deinen Geist nicht einen Augenblick verwirren lassen. Du sollst die reine und klare Weisheit erlangen und deinen Geist von allen Unsauberkeiten reinigen. Du sollst deinen Geist mit dem Strahl der reinen und klaren Weisheit erhellen. Du sollst den Geist der grenzenlosen Freiheit hervorbringen. Du sollst den weiten und großen Geist verwirklichen und darin den mannigfaltigen Buddhas ganz gleich werden. Du sollst deinen Geist von den zehn Kräften Buddhas erleuchten lassen.

Mein liebes Kind! Ich kenne einzig und allein diese eine ›Lehre Buddhas von der Sache der Grenzenlosigkeit‹ und übe mich darin. Wie wäre es möglich, daß ich dir über die mannigfaltigen Taten des Bodhisattva eingehend und weitläufig erzählen könnte! Es gibt selbst in meinem eigenen Bereich ein mir noch nicht erreichbares Wissen.«

2. Selbstaufgabe

Erläuterungen

Das Motiv der Wanderung und der Pilgerfahrt zieht sich wie ein Leitfaden durch dieses Buch. Daß die äußere Reise Spiegelbild der inneren ist, kennen wir aus den Mythen fast aller Religionen, aus den Märchen ebenso wie aus Betrachtungen der Mystiker. Teresa von Avila sei als Beispiel genannt.

Der Knabe Reichhaltiger reist immer weiter nach Süden und begegnet nun einer bedeutenden Meisterin, die in einem prächtigen

Juwelenpalast wohnt. Daß dies nicht selbstverständlich ist, hatten wir erwähnt – im frühen Buddhismus hieß es, Frauen müßten zunächst als Männer wiedergeboren werden, um zur Buddhaschaft gelangen zu können. Im Mahāyāna veränderte sich die Situation dramatisch, und einige der höchsten Bodhisattvas erscheinen in weiblicher Gestalt. Zunächst also gelangt Sudhana zu einer weisen Frau, die nicht einemal Nonne ist. Sie verkörpert den in tiefem Glauben und vorbehaltloser Hingabe wurzelnden Einsatz vieler Laienanhängerinnen des Buddha für den Dharma und seine Ausbreitung in den Mahāyāna-Gemeinden. Nach einer anderen Lesart ihres Namens heißt sie Āśā, Hoffnung, und zwar Hoffnung für alle. Ein Bodhisattva, so vernimmt Sudhana, will nicht einige oder viele Wesen vom Leid befreien, sondern alle ohne Ausnahme. Wie ist das möglich? Die kosmologische Haltung des Mahāyāna, die im Avataṃsaka-Sūtra bildhaft deutlich wird, lehrt, daß kein Wesen für sich allein besteht, vielmehr hängen alle miteinander zusammen. Die Wirklichkeit ist ein unermeßliches Kontinuum von Seinsebenen und Bewußtseinskräften, so daß die Individualisierung nur ein an der Oberfläche erscheinender Faktor ist. Wenn man an einer bestimmten Stelle eines großen Netzes zieht, verändert sich die Gestalt des gesamten Netzes, und alle Knoten und Segmente formieren sich neu. So ist es auch, wenn ein Mensch zur Erleuchtung kommt – sie hat Auswirkungen auf die gesamte Wirklichkeit. Erleuchtung ist daher kein individuelles Ereignis, sondern hat kosmische Dimension. Jeder gute Gedanke, jede heilsame Bewußtseinsaktivität prägen sich in das Ganze des Weltkontinuums ein und wirken auf wunderbare Weise in allen Sphären und für alle Wesen. Darum ist jeder Mensch verantwortlich für das Ganze, und jeder hat die Möglichkeit, kraft seiner gereinigten Bewußtseinskräfte als Bodhisattva allen Lebewesen heilbringend von Nutzen zu sein. Die Erleuchtung des einzelnen *ist* die Erleuchtung aller, weil er alles *ist*. Dies manifest und offenkundig zu machen ist die Aufgabe.

Sie kann aber nur von dem wahrgenommen werden, der sich in vollkommener Selbstaufgabe hingibt. Das ›kleine Ich‹ muß sterben, damit dieses wahre Selbst, das eins mit dem Ganzen ist, hervortreten kann. Der Knabe Reichhaltiger gelangt zu einem Brahmanen, der genau dieses Sterben, die totale Hingabe bis zum Tod, von ihm verlangt. Der Knabe zögert, und erstmals kommt ihm bei einer Belehrung der große Zweifel. Soll er sich opfern und aufgeben, da doch sein Leben so kostbar ist? Er möchte den Bodhisattva-Weg weitergehen und üben. Ist der Brahmane vielleicht ein Dämon, der ihn vernichten will? Trügt die innere Stimme? Die Anfechtungen des spirituell Suchenden sind echt, und es müssen Himmelswesen aller Art erscheinen, um ihn von der Glaubwürdigkeit des Brahmanen zu überzeugen. Hier ist davon die Rede, wie die Versuchung des Ich überwunden werden muß, sich selbst gerade durch geistige Übung und Vollkommenheitsstreben zu behaupten und eigene Größe für sich zu suchen. Der Tod aller subtilen egozentrischen Überlegungen und Motive *(mortificatio)* ist die Voraussetzung dafür, daß das Leben neu und geläutert geschenkt werden kann *(vivificatio)*. Das Mysterium von Tod und Auferstehung klingt hier an, wie wir es aus dem Wort Jesu: »Wer sein Leben erhalten will, der wird es verlieren, wer aber sein Leben verliert um meinetwillen, der wird es finden« (Matth. 16,25) und vor allem durch sein Leben bis zum Sterben am Kreuz kennen. Christliche Mystiker bis hin zu Martin Luther kennen diese Erfahrung ebenso.

(Der folgende Text entspricht den Seiten 145–161 in der Ausgabe von Doi.)

Text

Die weltliche Schülerin Buddhas namens Erfüllung des Verlangens (nach Befreiung) saß auf dem goldenen Schatzkammersitz. Ihr Leib war von einem prachtvollen Netz aus Meeresschätzen bedeckt. Die vielen Schmuckstücke an ihren Armen übertrafen die der Himmelsbewohner. Große Wunderschatz-Netze schmückten ihren Hals. Unermeßliche Löwen-Bilder-Wunderschätze und unzählbare reine Allmachts-Schätze verherrlichten ihren ganzen Körper. Unzählbare Männer und Frauen versammelten sich um sie und beteten mit gefalteten Händen. Von Osten kamen nun unzählige Lebewesen her, wie Mahā-Brahmā-Himmelskönige, Hilfs-Brahmā-Himmelskönige, Gefolgschafts-Brahmā-Himmelskönige, Himmelskönige des Himmels Freuden-der-anderen-in-die-eigenen-frei-Verwandelnd bis zu Menschen-Königen und Nicht-Menschen-Königen. Ebenso war es in allen zehn Richtungen. Wenn einer diese Schülerin Buddhas sah, konnte er auf der Stelle von allen Krankheiten geheilt werden. Sein Geist kann von vielen Unsauberkeiten gereinigt werden. Seine falschen Meinungen können ausgerottet werden. Er wird so zum Boden der reinen Freiheit gelangen, wo er seine Wurzel des Guten ernähren und zur Reife bringen kann.

Preis den Bodhisattvas

Der Knabe Reichhaltiger (...) ging zu ihr und begrüßte sie, indem er sich verneigte, bis sein Kopf ihre Füße berührte. Er umkreiste sie unendliche Male und sprach zu ihr also:

»Große Heilige! Ich habe mich entschlossen, allen Ernstes nach der heiligen Erhellung zu streben. Aber ich weiß noch nicht, wie ein Bodhisattva die Werke des Bodhisattva ausführt und auf dem Wege des Bodhissattva fortschreitet. Bitte, erkläre mir das!«

»Mein Lieber!« antwortete darauf die Schülerin Buddhas. »Ich meistere nur eine einzige heilige Lehre Buddhas. Wer aber mit mir bekannt wird, der wird keineswegs ohne Erfolg bleiben. Aber wer die Wurzel des Guten nicht nährt, wer mit dem vortrefflichen Lehrer nicht vertraut ist, wer von dem heiligen Buddha nicht geschützt wird, der kann mich nicht schauen. Mein Lieber! Wer mich schauen kann, der wird in seinem Streben nach der heiligen Erhellung unerschütterlich sein können. Mannigfaltige Buddhas aus Osten kommen immer zu mir her, setzen sich auf den Löwenthron und predigen zu mir von den heiligen Lehren. Buddhas aus Süden, Buddhas aus Westen, Buddhas aus Norden, Buddhas aus der Richtung des Oben und Buddhas aus der Richtung des Unten kommen ebenso zu mir her, setzen sich auf den Löwenthron und predigen zu mir von den heiligen Lehren. Mein Lieber! Ich schaue immer mannigfaltige Buddhas und Bodhisattvas, ohne mich einen Augenblick von ihnen zu trennen. (. . .)

Ich habe deshalb das unermeßliche große Verlangen des Bodhisattva. Ich erkenne und erfülle damit den ganzen Kosmos. Ich bedecke alle Lebewesen mit der unermeßlichen großen Barmherzigkeit. In allen Ländern und in allen Zeiten übe ich mich in den unermeßlichen Werken des Bodhisattva. Ich schreite mit der Kraft unermeßlicher Geisteskonzentrierungen auf dem Wege des Bodhisattva fort. Ich behüte alle Lebewesen mit der unermeßlichen Kraft der Schatzkammer gesammelter Tugenden. Ich erleuchte mit der unermeßlichen Kraft der Weisheit, der Weisheitsmethode und der Andacht die Vergangenheit, die Gegenwart und die Zukunft. Ich reise mit der göttlichen Wunderkraft in allen Welten umher. Ich habe die unermeßliche Kraft der Beredsamkeit und kann mit einem Wort die ganze Versammlung erfreuen. Mein Lieber! Ich habe die unermeßlichen göttlichen Kräfte des Bodhisattva und kann mit meinem einen Leibe alle Buddha-Länder bedecken.«

»Große Heilige!« fragte der Knabe Reichhaltiger. »Kann man zur heiligen Erhellung gelangen, wenn man sich lange Jahre hindurch übt?«

»Mein Lieber!« antwortete die Schülerin Buddhas. »Der Bodhisattva strebt keineswegs darum entschlossen nach der heiligen Erhellung, weil er ein Lebewesen belehren will; keineswegs darum, weil er hundert Lebewesen oder Billionen Billionen von Lebewesen oder unzählige Lebewesen oder unzählige Lebewesen oder ›unzählig unzählige‹ Lebewesen belehren will, wie im ›Buch von der Zahl Unzählbar‹ (Asaṃkhya) erklärt ist. Der Bodhisattva strebt keineswegs darum entschlossen nach der heiligen Erhellung, weil er alle Lebewesen in einer Welt oder in Billionen Billionen von Welten oder in unzähligen Welten oder ›unzählig unzähligen‹ Welten belehren will; keineswegs darum, weil er so viele Lebewesen wie die Stäubchen des Erdteiles Jambudvīpa oder wie die Stäubchen der großen

Welt von den Dreimal-Tausend-Welten oder wie die Stäubchen der ›unzählig unzähligen‹ Vielheit von der großen Welt von den Dreimal-Tausend-Welten belehren will. Der Bodhisattva strebt keineswegs darum entschlossen nach der heiligen Erhellung, weil er einem heiligen Buddha dienen will; keineswegs darum, weil er Billionen Billionen oder ›unzählig unzähligen‹ heiligen Buddhas dienen will. Keineswegs darum, weil er ein Land oder Billionen Billionen oder ›unzählig unzählige‹ Länder oder so viele Länder wie die Stäubchen dieser Erde oder wie die Stäubchen der Billionen Billionen oder ›unzählig unzähligen‹ Vielheit von der großen Welt von den Dreimal-Tausend-Welten reinigen will. Keineswegs darum, weil er eine heilige Lehre oder Billionen Billionen heiliger Lehren schützen will. Keineswegs darum, weil er ein Verlangen oder Billionen Billionen von Verlangen (nach Befreiung) erfüllen will. Keineswegs um ein Land zu verherrlichen; keineswegs um einen Schüler von einem heiligen Buddha zu begreifen; keineswegs um eine heilige Lehre zu empfangen und zu erhalten; keineswegs um das Seelen-Meer von einem Lebewesen zu begreifen; keineswegs um das Fähigkeiten-Meer von einem Lebewesen zu erretten; keineswegs um das Entstehen und das Vergehen in der Reihenfolge vieler Äonen in einer Welt zu erkennen; keineswegs um die Leidenschaften und ihre Folgen von einem Lebewesen zu erkennen; keineswegs um die Werke von einem Lebewesen zu vollenden. – Das alles ist keineswegs das, was der Bodhisattva einzig und allein zu tun hat.

Der Bodhisattva will alle Lebewesen belehren, allen heiligen Buddhas dienen, alle Länder verherrlichen, alle heiligen Lehren schützen, alle großen Verlangen erfüllen, alle Buddha-Schüler begreifen, das gesamte Seelen-Meer von allen Lebewesen erfassen, alle Seelen und ihre Wirksamkeiten von allen Lebewesen erkennen, alle Fähigkeiten von allen Lebewesen erkennen, das Entstehen und Vergehen von allen Welten in allen Äonen erkennen, alle Leidenschaften und ihre Folgen von allen Lebewesen vernichten und alle Werke von allen Lebewesen zu Ende bringen. Eben deswegen strebt der Bodhisattva entschlossen nach der heiligen Erhellung. Mein

Lieber! Es gibt für den Bodhisattva, kurz gesagt, eine solche unzählbare Vielheit von Millionen Methoden-Lehren. Ein Bodhisattva soll diese Methoden-Lehren klar erkennen und zur Wirklichkeit bringen. Er soll der Weisheit folgen und die Werke der Gleichheit des Bodhisattva aufrichten. Er soll alle Buddha-Länder reinigen und niemals in Verwirrung geraten. Mein Lieber! Deshalb halte ich an diesem Verlangen fest. Wenn ich alle Buddha-Länder reinigen könnte, so wäre erst mein Verlangen erfüllt. Wenn ich alle Leidenschaften und ihre Folgen bei allen Lebewesen vernichten könnte, so wäre erst mein Verlangen gänzlich erfüllt.«

»Große Heilige!« fragte der Knabe Reichhaltiger weiter. »Wie heißt diese heilige Lehre?«

»Mein Lieber!« antwortete die Schülerin Buddhas. »Diese heilige Lehre heißt ›Banner des angstlosen Friedens‹. Ich kenne einzig und allein diese eine heilige Lehre. Die vielen großen Bodhisattvas haben alle den Geist, der groß und weit wie das Meer ist und alle Arten der heiligen Lehre in sich aufnehmen kann. Wie könnte ich ihre Taten und Werke erkennen? Die vielen großen Bodhisattvas haben alle den Geist, der hoch und unerschütterlich wie der Berg Sumeru ist. Die vielen großen Bodhisattvas sind alle nichts anderes als eine Arznei, die im Augenblick, in dem man sie nur ansieht, alle Leiden heilen kann. Die vielen großen Bodhisattvas sind alle nichts anderes als die reine Sonne, die alle Finsternis und Torheit aus allen Lebewesen austreiben kann. Die vielen großen Bodhisattvas sind alle nichts anderes als die große Erde, die alle Lebewesen austreiben kann. Die vielen großen Bodhisattvas sind alle nichts anderes als die große Erde, die alle Lebewesen tragen und erhalten kann. Die vielen großen Bodhisattvas sind alle nichts anderes als der Wind der Weisheit, der die wahre Bedeutung aller Lebewesen bewahren und ernähren kann. Die vielen großen Bodhisattvas sind alle nichts anderes als die Allmacht, die mit der reinen Weisheits-Strahlung alle Dinge erleuchten kann. Die vielen großen Bodhisattvas sind alle nichts anderes als die Wolke guter Botschaft, die viele himmlisch süße heilige Lehren herabfallen läßt. Die vielen großen Bodhisattvas sind alle nichts anderes als der reine Mond, der unzählbare feine Netze der Tugend-Strahlung ausstrahlt. Die vielen großen Bodhisattvas sind alle nichts anderes als der Himmelskönig Indra, der alle Lebewesen erhalten und schützen kann. Wie könnte ich die Taten und Werke solcher großer Bodhisattvas erkennen!«

Frucht der Erleuchtung

Da der Knabe Reichhaltiger von der Lehre namens Weisheitsbanner-der-Unzerstörbarkeit erhellt wurde, eignete er sich die wunderbare göttliche Kraft Buddhas an. Er begriff die wunderbare Lehre des Bodhisattva. Die wunderbare Geistesstille und Weisheit des Bodhisattva erhellten seinen Geist. Er erlangte die Strahlung der durch alle Zeiten leuchtenden Geistesstille. Er erlangte die Strahlung der alle Erscheinungen erhellenden Geistesstille. Er erlangte die klare und reine Weisheit, um damit alle Lebewesen zu der heiligen Lehre zu führen. Er erlangte die Lehre der Weisheit, allerorts erscheinen zu können. Er handelte wie die weltlichen Leute, ohne doch den Geist der Überweltlichkeit auch nur ein einziges Mal zu verlieren. Er erleuchtete mit der klaren und reinen Weisheit den ganzen Kosmos. Er erlangte die Schatzkammer der klaren und reinen Duldsamkeit des ›Weisen durch Buddhas Stimme‹. Er erlangte die ›Duldsamkeit aufgrund des Wissens von der Leere‹ und begriff die wahre Gestalt aller Wesen. Er führte die Werke des Bodhisattva aus, ohne auch nur einmal den Geist des Bodhisattva zu verlassen. Er nährte den Geist der großen Weisheit und erleuchtete alle Dinge mit der Strahlung der zehn Kräfte. Er freute sich über die heilige Stimme der Sache-als-solcher *(tathatā)* und übte sich selbst, wie gelehrt. Er wohnte in der großen Weisheit und vollendete den Bereich der All-Weisheit. Er brachte den unermeßlichen Geist der Verherrlichung hervor, um das reine und große Verlangen des Bodhisattva zu erfüllen. In einem Augenblick trat er in alle Buddha-Länder ein und brachte eine unermeßliche Anzahl von Lebewesen zur Reife. Er schaute den unermeßlichen Bereich der Werke des Bodhisattva, schaute alle weltlichen Dinge und mannigfaltige Verherrlichungen der Buddha- Länder. Er schaute verschiedene Verherrlichungen und begriff alle Sprachen der zahllosen Buddha-Länder. Er erkannte allerlei Begierden und Leistungen von unermeßlich vielen Lebewesen. Er errettete mit unzähligen Methoden alle Lebewesen nach ihren Umständen.

Selbsthingabe

Der Knabe Reichhaltiger dachte unaufhörlich an den vortrefflichen Lehrer und reiste immer weiter nach Süden. Er gelangte endlich zu dem Lande Fortschreiten und wanderte in diesem Lande umher, um den Brahmanen zu finden. Damals unterzog sich der Brahmane mannigfaltigen leidvollen Übungen, um die All-Weisheit zu erlangen. Auf allen Seiten brannten viele Flammen wie große Berge, in deren Mitte ein Berg aus Schwertern hoch in den Himmel emporragte. Der Einsiedler warf sich selbst von dem Gipfel dieses hohen Berges von Schwertern in die Flammenmeere.

Nun trat der Knabe Reichhaltiger zu dem Brahmanen heran, begrüßte ihn, indem er sich verneigte, bis sein Kopf die beiden Füße des letzteren berührte, und stellte sich mit gefalteten Händen vor ihn.

Der Knabe sagte: »Großer Heiliger! Ich habe mich entschlossen, allen Ernstes nach der heiligen Erhellung zu streben. Aber ich weiß noch nicht, wie der Bodhisattva auf dem Weg des Bodhisattva fortschreitet und die Werke des Bodhisattva ausführt.«

Der Brahmane antwortete darauf: »Wenn du auf diesen Berg steigst und dich selbst von diesem Berg in diese Flammenmeere hineinwirfst, so werden die Werke des Bodhisattva in vollkommener Weise gereinigt werden.«

Da dachte der Knabe Reichhaltiger im Herzen: »Als ein Mensch geboren zu werden, das ist schwer. Von vielen Nöten sich zu befreien, das ist schwer. Zu dem Bereich des Friedens zu gelangen, das ist schwer. Die reine Sache zu begreifen, das ist schwer. Dem heiligen

Buddha in der Welt zu begegnen, das ist schwer. Einen vollkommenen Leib zu haben, das ist schwer. Buddhas Predigt zu hören, das ist schwer. Dem vortrefflichen Lehrer zu begegnen, das ist schwer. Mit dem vortrefflichen Lehrer zusammenzuleben, das ist schwer. Die heilige Lehre zu hören und zu erhalten, das ist schwer. Die rechte Lebensführung festzuhalten, das ist schwer. Sich nach der heiligen Lehre zu richten, das ist schwer.

Ist dann der Brahmane nicht der Teufel selbst oder ein Diener des Teufels? Erscheint er in der Gestalt des vortrefflichen Lehrers, ob er gleich kein vortrefflicher Lehrer ist? Ist er nicht ein Schein-Bodhisattva? Warum fordert er von mir diese Schwierigkeit, die mein Leben, mein Streben nach dem Guten und nach der großen Weisheit in Gefahr bringt? Das ist nicht die rechte Lehre, sondern eine gefährliche Irrlehre. Das ist weit entfernt von allen heiligen Lehren Buddhas.«

Indem der Knabe Reichhaltiger also nachdachte, erschienen in der Luft hunderttausend Brahmā-Himmelsbewohner und sagten zu ihm:

»Lieber! Du sollst nicht so denken! Du sollst nicht so denken! Dieser Brahmane ist wahrscheinlich ein großer Heiliger! Er hat sich in vollständiger Weise die Strahlung der diamantenen Weisheit angeeignet und beherrscht mit immerwährender Anstrengung allerlei Bereiche. Er will das große Meer der Begierden austrocknen und viele Netze der falschen Meinungen durchhauen. Er will alle Leidenschaften zu Asche verbrennen und alle Torheiten austreiben. Er erleuchtet alle Seienden und befreit alle Lebewesen aus dem Kreislauf von Geburt und Tod.

Einmal wurden wir, die Brahmā-Himmelsbewohner, von der falschen Meinung gefangengenommen, und wir dachten irrtümlich so wie der große Himmelskönig All-Gewaltiger (Maheśvara), der Schöpfer aller Lebewesen, und sagten: ›Ich habe alle Lebewesen geschaffen. Ich bin der Vortrefflichste in der ganzen Welt. Ich bin der Höchste, ich bin der Erste.‹ Da sahen wir Brahmā-Himmelsbewohner, wie sich der Brahmane an all die qualvollen Übungen hingab und sich mitten in den Flammen den ganzen Leib verbrannte. Infolgedessen schmeckten uns die Geisteskonzentrierungen nicht mehr so süß wie früher. Wir gingen also zu dem Brahmanen. Der Brahmane predigte zu uns mit göttlicher Freiheit und vernichtete unsere falschen Meinungen. Er befreite uns von der Selbstsucht und führte uns zur großen Barmherzigkeit, um damit alle Lebewesen zu beschirmen, so daß wir nunmehr den Geist der Aufrichtigkeit pflegen, auf dem Wege der heiligen Vier Edlen Wahrheiten fortschreiten, nach dem Kosmos-Leib Buddhas verlangen und allen Lebewesen nach ihren Kräften die wunderbare Stimme Buddhas zugänglich machen können.«

Da erschienen in der Luft zehntausend Teufel und sagten zu dem Knaben Reichhaltiger, während sie mannigfaltige Wunder-Schatz-Blumen auf den Kopf des Brahmanen ausstreuten:

»Lieber! Der Brahmane strahlte aufgrund der leidvollen Übungen viele große Strahlungen aus, so daß alle Verherrlichungen in unseren Palästen ganz schwarz wie Tusche wurden. Unsere Freuden sind deswegen ganz verlorengegangen. Also gingen wir zu dem Brahmanen, begleitet von vielen Himmelsbewohnern und Himmelsmädchen. Der Brahmane predigte zu uns, und wir haben dadurch einen unerschütterlichen Glauben an die heilige Erleuchtung erlangt.«

Da erschienen in der Luft zehntausend Himmelsbewohner des Himmels Freuden-der-anderen-in-die-eigenen-frei-Verwandeln. Diese Himmelsbewohner hatten Himmelsblumen in der Hand und opferten diese dem Brahmanen in tiefer Hingebung. Sie sprachen zu dem Knaben Reichhaltiger also:

»Lieber! Der Brahmane strahlte aufgrund seiner leidvollen Übungen viele große Strahlungen aus, so daß alle Verherrlichungen in unseren Palästen ganz schwarz wie Tusche wurden. Unsere Freuden sind deswegen verlorengegangen. Also gingen wir, begleitet von vielen Begleitern, zu dem Brahmanen. Der Brahmane predigte zu uns, und wir haben dadurch in unserem Geiste grenzenlose Freiheit erlangt, wie die Freiheit inmitten der Leidenschaft, die Freiheit im Lebensverlauf, die Freiheit, die Sünde zu vernichten, die Freiheit in allen Geisteskonzentrierungen, die Freiheit in Verherrlichungen, die Freiheit der Lebensdauer und die Freiheit in allen heiligen Lehren.«

Da erschienen in der Luft zehntausend Himmelsbewohner des Himmels Freuden-frei-Hervorbringen und spielten viele Himmelsmusikinstrumente, um dem Brahmanen zu opfern. Sie sprachen nun zu dem Knaben Reichhaltiger:

»Lieber! Als der Brahmane sich den ganzen Leib in den fünf Arten von Flammenmeeren verbrannte, strahlte er viele große Strahlungen aus und erleuchtete damit die ganzen Verherrlichungen unserer Paläste. Infolgedessen wurden unsere fünf Gelüste ganz geschmacklos. Wir verlangten nicht mehr nach diesen Freuden und wurden sanft und milde sowohl im Geiste als auch im Leibe. Wir gingen also zu dem Brahmanen, begleitet von vielen Begleitern. Der Brahmane predigte zu uns über viele Dinge, besonders über die Geisteshaltung: Der reine Geist. Der klare Geist. Der wohlwollende Geist. Der sanfte Geist. Der fröhliche Geist. Wir können also endlich die reinen zehn Kräfte und den Zustand der Geburtlosigkeit[1] erlangen. Wir können deshalb vollkommen reine Leiber hervorbringen und endlich den reinen und klaren Kosmos-Leib Buddhas erlangen. Wir können den reinen Mund mit wunderbaren Stimmen erlangen, die nach allen zehn Richtungen ertönen. Also können wir am Ende zu der All-Weisheit gelangen.«

Da erschienen in der Luft zehntausend Himmelsbewohner des Tuṣita-Himmels, begleitet von vielen Begleitern. Sie ließen alle Arten von Pulver-Räucherwerk-Wolken wie Regen herabfallen, um den Brahmanen zu feiern und zu verherrlichen. Diese Himmelsbewohner sprachen nun zu dem Knaben Reichhaltiger:

»Lieber! Als der Brahmane sich den ganzen Leib in fünf Arten von Flammen verbrannte, wurden unsere Gelüste in den Palästen insgesamt geschmacklos. Wir gingen deshalb zu dem Brahmanen. Der Brahmane predigte zu uns über die Erlösung und die Leidenschaftslosigkeit. Er lehrte, daß wir uns mit wenigen Dingen begnü-

1 Die Überwindung des *saṃsāra*, des Kreislaufs der Wiedergeburten.

gen sollen. Er lehrte, daß wir die Tugendkraft stärken, das große Verlangen nach der höchsten Weisheit hervorbringen und endlich sämtliche Buddha-Lehren begreifen sollen.«

Da erschienen in der Luft zehntausend Himmelsbewohner des Himmels Dreiunddreißig-Himmel[2] und zehntausend Kämpfer-Dämonen (Asura), begleitet von vielen Begleitern. Sie ließen unzählbare große und kleine weiße Lotosblumen herabfallen, um den Brahmanen zu feiern und zu verherrlichen. Sie sprachen nun allesamt zu dem Knaben Reichhaltiger:

»Lieber! Als der Brahmane sich den ganzen Leib in fünf Arten von Flammen verbrannte, wurden unsere Vergnügungen im Himmel ganz geschmacklos. Also gingen wir zu dem Brahmanen. Der Brahmane predigte zu uns über die Lehre, daß man sich von allen Gelüsten befreien soll. Er lehrte, daß die weltlichen Dinge unbeständig sind und nicht einen Augenblick verweilen. Er lehrte, daß man Unzucht und Dünkel vernichten und nach der heiligen Erhellung streben soll. Lieber! Als wir diesen Brahmanen sahen, bebte der Gipfel des Berges Sumeru in sechsfacher Weise. Der Schrecken fuhr uns in die Glieder, und wir verlangten allen Ernstes nach der All-Weisheit.«

Da erschienen in der Luft zehntausend große Drachen-Könige. (. . .) Sie sprachen nun alle zu dem Knaben Reichhaltiger:

»Lieber! Als der Brahmane sich den ganzen Leib in fünf Arten von Flammen verbrannte, strahlte er große Strahlungen aus und erleuchtete damit alle Paläste der Drachen-Könige. Infolgedessen wurden wir, alle Drachen-Könige, vom Leiden der brennenden Sünde und von der Furcht vor den Goldflügel-Vögeln (Garuḍa) befreit. Wir vertrieben so das Fieber des Zorns, machten unseren Leib kühl und frisch und freuten uns unendlich.

Der Brahmane predigte zu uns, daß wir die fluchbeladene Gegend des Drachens verabscheuen, alles herzlich bereuen, die Sünde vernichten, nach der heiligen Erleuchtung streben und in der All-Weisheit wohnen sollen.«

---

2 Himmel des Himmelskönigs Indra.

Da erschienen in der Luft zehntausend Könige der Menschenfresser-Dämonen und dienten dem Brahmanen in tiefer Hingebung. Sie sprachen zu dem Knaben Reichhaltiger:

»Lieber! Als der Brahmane sich den ganzen Leib in fünf Arten von Flammen verbrannte, wurden wir zusammen mit den Menschenfresser-Ungeheuern und Geistfresser-Dämonen von dem teuflischen Geiste befreit, und zwar wurde uns statt dessen der Geist der großen Barmherzigkeit geschenkt. Wir konnten uns nicht mehr an unserem Leben in Palästen freuen. So gingen wir zu dem Brahmanen. Der Brahmane beschirmte uns aber mit seiner großen Barmherzigkeit, so daß wir uns freuen und ein sanftes, friedliches und ein angenehmes Leben führen konnten.

Er predigte freundlich zu uns, so daß wir, die zahllosen Menschenfresser-Dämonen, Menschenfresser-Ungeheuer, Geistfresser-Dämonen und andere, uns entschlossen, nach der heiligen Erhellung zu streben.«

Da erschienen in der Luft zehntausend Könige der Duftesser-Dämonen und sprachen zu dem Knaben Reichhaltiger:

»Lieber! Als der Brahmane sich den ganzen Leib in fünf Arten von Flammen verbrannte, erleuchtete er mit großen Strahlungen unsere Paläste und ließ uns eine wunderbare Freude genießen. Wir gingen zu dem Brahmanen, und er predigte für uns, so daß wir den unerschütterlichen Geist des Verlangens nach der heiligen Erhellung erlangten.«

Da erschienen in der Luft zehntausend Könige der Kämpfer-Dämonen (Asura) und beteten zu dem Brahmanen, sich mit gefalteten Händen niederkniend. Sie sprachen zu dem Knaben Reichhaltiger:

»Lieber! Als der Brahmane sich den ganzen Leib in fünf Arten von Flammen verbrannte, erschütterten nicht bloß alle Paläste der Asuras, sondern auch die große Erde und das große Meer, so daß wir vom Eigendünkel befreit wurden und zu dem Brahmanen gingen. Der Brahmane predigte zu uns, daß wir die falschen Meinungen und Verkehrtheiten verlassen sollen, daß wir auf der Duldsamkeit der tiefen Weisheit der Leere beruhen und Buddhas zehn Kräfte erlangen sollen.«

Da erschienen in der Luft zehntausend Könige der Goldflügel-Vögel (Garuḍa) und verwandelten sich sogleich in menschliche Formen. Sie sprachen zu dem Knaben Reichhaltiger:

»Der Brahmane predigte für uns und pries die große Barmherzigkeit, alle Lebewesen über das Meer von Geburt und Tod hinauszuführen. Er lehrte die von Gelüsten Gefangenen das Tor des reinen und rechten Geistes und die Weisheitsmethoden.«

Da erschienen in der Luft zehntausend Könige der Sänger-Dämonen und sprachen zu dem Knaben Reichhaltiger:

»Lieber! Als der Brahmane sich den ganzen Leib in fünf Arten von Flammen verbrannte, ertönten von selbst viele Stimmen, wie die Stimme Buddhas, die Stimme der Sache-als-solcher *(tathatā)*, die Stimme des Priesters, die Stimme des unerschütterlichen Bodhisattva, die Stimme des Verlangens nach der heiligen Erhellung oder die Stimme, die verkündet, daß irgendein Bodhisattva in irgendeinem Lande sich entschließt, nach der heiligen Erhellung zu streben, oder die Stimme, die verkündet, daß ein Bodhisattva die leidvollen Übungen ausführt, oder die Stimme, die verkündet, daß ein Bodhisattva die Almosenpflege übt, oder die Stimme, die verkündet, daß ein Bodhisattva die Übungsstätte verherrlicht, oder die Stimme, die verkündet, daß ein Bodhisattva endlich auf der Übungsstätte heilig erhellt wird. Unzählbare Schatzbäume, unzählbare Netze mit goldenen Schellen, unzählbare Juwelenketten, unzählbare Musikinstrumente – alle diese Dinge ertönen von selbst mit wunderbarer Stimme.

Lieber! Als wir solche unzählbaren Stimmen hörten, gingen auch wir zu dem Brahmanen. Der Brahmane predigte für uns und ließ unermeßlich viele Lebewesen den unerschütterlichen Geist des Verlangens nach der heiligen Erhellung erlangen.«

Da erschienen in der Luft unermeßlich viele und unzählbare Himmelsbewohner von allen sechs Himmeln in der Begierden-Welt[3] und feierten den Brahmanen in tiefer Hingebung. Sie sprachen dann zu dem Knaben Reichhaltiger:

---

3 Vgl. Glossar: *triloka*.

»Lieber! Als der Brahmane sich den ganzen Leib in fünf Arten von Flammen verbrannte, erleuchtete er mit großen Strahlungen die ganze Hölle und vernichtete die Höllenqualen. Wer solche Strahlungen sieht, der wird nach dem Tode im Himmel wiedergeboren werden. Er wird die fünf Gelüste verlassen, weil er Dankbarkeit bezeigen kann. Er wird immer gern zu dem Brahmanen gehen. Wir baten also den Brahmanen um die Predigt.

Der Brahmane predigte für uns und leitete unermeßlich viele Lebewesen zur heiligen Erhellung.«

Der Knabe Reichhaltiger hörte vielen solchen wunderbaren Lehren zu und freute sich aus dem Grunde seines Herzens. Er befreite sich von allen Zweifeln und glaubte an den Brahmanen als den vortrefflichen Lehrer.

Er sprach also zu dem Brahmanen, indem er sich verneigte, bis sein Kopf dessen Füße berührte:

»Ich habe an der vortrefflichen Lehre gezweifelt und dagegen Widerstand geleistet. Bitte, großer Heiliger, verzeih gnädig mein Unrecht!«

Der Brahmane sprach in Versen also:

»Wer nach der heiligen Erhellung strebt, der muß des Meisters Lehre gehorsam sein. Er muß aus dem Grunde des Herzens andachtsvoll sein, ohne den geringsten Zweifel und Verdacht. Er muß sich auf dem rechten Wege üben. Er muß die wahre Gestalt aller Wesen begreifen. Er muß an der Übungsstätte unerschütterlich sitzen und zur höchsten Weisheit gelangen.«

Der Knabe Reichhaltiger stieg nun auf den Schwert-Berg und warf sich von dessen Gipfel in das Flammenmeer hinab. Aber er erlangte während des Fallens die ›Geisteskonzentrierung des Beruhens‹. Er erlangte am Ende des Fallens die ›Geisteskonzentrierung der stillen und fröhlichen Strahlung‹.

Der Knabe sprach darauf also:

»Wunderbar! Wunderbar! Großer Heiliger! Indem dieser scharfe Schwert-Berg und dieses große Flammenmeer mir durch die Glieder dringen, fühle ich mich friedvoll und selig!«

3. Herrlichkeit und Leere

Erläuterungen

Und immer weiter nach Süden geht die Reise, von Meister zu Meisterin, bis er bei der Nachtgöttin (dem Nachtleuchte-Himmelsmädchen) ›Stimme der stillen Leere‹ anlangt. Ihr Licht strahlt in der Finsternis, und darum ist ihre Behausung das Dunkel, in dem sie den Weg zeigt, der zum Ur-Licht des Geistes führt, in dem die glorreiche Schau des Avataṃsaka-Sūtra gipfelt: dem Buddha Vairocana. Er gilt als die letzte transzendente Kraft des Geistes, die alle anderen Strahlungen von Buddhas und Bodhisattvas aus sich heraussendet.

Vairocana selbst ist die Leere der Wirklichkeit, in der alles nur ist, indem es mit allem kommuniziert. Die Wirklichkeit besteht danach nicht aus einzelnen Grundbausteinen, sondern sie ist das Zusammenspiel dieser nicht-substantiellen Faktoren. Die Wirklichkeit ist ein Netz von Beziehungen, nicht eine Ansammlung von Substanzen oder Personen, die später miteinander in Beziehung treten. Wir können sagen, daß Kommunion, daß Liebe die Grundstruktur der Wirklichkeit ist.

Aber all dies sind nur Bilder, Gleichnisse, die letztlich die Sache nicht erreichen. Sie können allenfalls als Analogien dienen, bei denen die Unähnlichkeit mit der Wirklichkeit, die sie bezeichnen sollen, größer ist als die Ähnlichkeit. Dieser Raum der Leere oder die Gestalt des über-raumzeitlichen Vairocana ist kein ›Bereich‹ außerhalb unserer Welt der materiellen und geistigen Formen, sondern ist das wahre Wesen dieser Welt. Das Zeitlose ist nirgends als in *diesem* zeitlichen Augenblick, Erleuchtung ist nicht eine zukünftige außerweltliche Seligkeit, sondern die Wahrheit *in* dieser Welt der raumzeitlichen Vielheit, sie ist die alles in sich vereinende Bewußtheit, in der doch die Unterschiede nicht ausgelöscht werden.

(Der folgende Text entspricht den Seiten 281–288 in der Ausgabe von Doi.)

Text

Heiterkeit

Das Nachtleuchte-Himmelsmädchen namens Wunderbare Tugend der Errettung aller Lebewesen sprach weiter zu dem Knaben Reichhaltiger:

»Mein Lieber! Nicht fern von dieser Meditationsstätte lebt ein Nachtleuchte-Himmelsmädchen namens Stimme der stillen Leere. Sie sitzt auf dem Löwenthron der Lotosblumen-Schatzkammer mit dem Schatzbanner, umgeben von einer Million Billionen Himmelsbewohnern. Du sollst zu ihr gehen und fragen, wie der Bodhisattva die Werke des Bodhisattva ausführt und auf dem Wege des Bodhisattva fortschreitet!«

Da dankte der Knabe Reichhaltiger dem Himmelsmädchen namens Wunderbare Tugend der Errettung aller Lebewesen, indem er sich verneigte, bis sein Kopf ihre Füße berührte, kreiste unendliche Male um sie herum und nahm endlich Abschied. Dann ging er sogleich zu dem Nachtleuchte-Himmelsmädchen namens Stimme der stillen Leere.

Er begrüßte das Himmelsmädchen, indem er sich verneigte, bis sein Kopf ihre Füße berührte, kreiste unendliche Male um sie herum, feierte sie mit gefalteten Händen, trat zurück und stand auf einer Seite still. Der Knabe sprach nun also:

»Oh, Nachtleuchte-Göttin! Ich habe mich entschlossen, nach der höchsten Weisheit zu streben. Ich lernte von vortrefflichen Lehrern die Werke des Bodhisattva, und ich tat die Werke des Bodhisattva, und nun bin ich in den Werken des Bodhisattva fest gegründet. Bitte erkläre mir gnädig die Taten und Werke des Bodhisattva!«

Das Nachtleuchte-Himmelsmädchen antwortete: »Wunderbar! Wunderbar! Mein Lieber! Du hast unter der Führung vortrefflicher Lehrer eifrig nach dem Weg des Bodhisattva verlangt! Mein Lieber! Ich habe die Lehre des Bodhisattva von der Herrlichkeit unermeßlicher Heiterkeit zur Vollendung gebracht.«

Der Knabe fragte: »Welche Wirkung bringt die Lehre hervor?

Welchen Bereich hat die Lehre? Welche Methoden? Welche Werke?«

Das Nachtleuchte-Himmelsmädchen sprach nun also:

»Mein Lieber! Ich reinige das Seelen-Meer aller Lebewesen und treibe alle Unsauberkeiten aus. Ich habe den Geist der Reinigung und der Verherrlichung niemals verloren. Ich habe einen festen und unerschütterlichen Geist erworben. Ich habe den Geist der Neigungslosigkeit, um den Schatzberg der Tugenden zu erfassen. Ich habe den Geist der Sorge für die Lebewesen und erscheine immer gern vor ihnen. Ich habe den Geist der Heiterkeit, um das Meer aller Buddhas und aller Bodhisattvas zu schauen. Ich habe den Geist der Aufrichtigkeit des reinen Bodhisattva. Ich habe den Geist des Weisheitsmeeres, um alles zu erhellen.

Mein Lieber! Um der Lebewesen willen vernichte ich ihre unermeßlichen Leiden, das heißt schlechte Farben, schlechte Stimmen, schlechte Düfte, schlechte Speisen, schlechte Gefühle; auch das Leiden, sich vom Geliebten trennen zu müssen; das Leiden, dem Gehaßten begegnen zu müssen; allerlei schlechte Wirkungszusammenhänge; das Leiden des Kreislaufs von Geburt und Tod; das Leiden der Geburt, des Alterns, der Krankheit und des Todes. Ich errette alle Bewohner der Städte und Dörfer aus solchen Qualen und führe sie zur höchsten Freude und Annehmlichkeit. Ich predige überall und lasse das Verlangen nach der All-Weisheit wachsen.

Für die Lebewesen, die im Hause oder im Palaste an weltlichen Dingen hängen, mache ich die unverfälschte Gestalt aller Dinge offenbar. Für die Lebewesen, die mit Eltern und Geschwistern ein fröhliches Leben führen, predige ich die heilige Lehre und führe sie zu der Versammlung vieler Buddhas und Bodhisattvas. Für die Lebewesen, die mit Frau und Kindern ein fröhliches Zusammenleben genießen, predige ich über das Meer der Leidenschaften und führte sie zur großen Barmherzigkeit, damit sie alles mit dem Geist der Gleichheit anschauen. Für die Lebewesen, die im Palaste des Königs leben, predige ich, damit sie die Freuden des Weisen erlangen. Für die Lebewesen, die am Bereich des Seienden hängen, predige ich, damit sie zu dem tiefsinnigen Bereich des heiligen Buddha gelangen. Für die Lebewesen, die von Zorn und Ärger gefangengenommen sind, predige ich, damit sie die Duldsamkeits-Fahrkunst des heiligen Buddha erlangen. Für die Lebewesen, die in Faulheit verstrickt sind, predige ich, damit sie die Anstrengungs-Fahrkunst erlangen. Für die Lebewesen, die sich verwirren, predige ich die heilige Lehre, damit sie die Geisteskonzentrierungs-Fahrkunst erlangen. Für die Lebewesen, die falsch und dumm sind, predige ich die heilige Lehre, damit sie die Weisheits-Fahrkunst erlangen.[1] Für die Lebewesen, die an den Drei Welten hängen, predige ich die heilige Lehre, damit sie aus dieser Welt heraustreten. Für die Lebewesen, die am Kleinen Fahrzeug festhalten, predige ich die heilige Lehre, damit sie das große Verlangen nach der höchsten Weisheit erfüllt. Für die Lebewesen, die sich mit sich selbst begnügen, predige ich die heilige Lehre, damit sie das große Verlangen der Barmherzigkeit erlangen. Für die gemeinen Lebewesen predige ich die heilige Lehre, damit sie die Kraft-Fahrkunst erlangen. Für die törichten Lebewesen predige ich die heilige Lehre, damit sie die Erleuchtungs-Weisheits-Fahrkunst erlangen.[2] Für die körperlosen Lebewesen[3] predige ich die heilige Lehre, damit sie den reinen Leib Buddhas erlangen. Für die Lebewesen, die sich um den zerstörbaren Leib ängstigen, predige ich die heilige Lehre, damit sie den höchsten und reinsten Kosmos-Leib erlangen. Für die Lebewesen, die die Körper hassen, predige ich die heilige Lehre, damit sie den reinen und wunderbaren Körper Buddhas erlangen.

Für die Leidenden predige ich die heilige Lehre, damit sie die höchste Freude Buddhas erlangen. Für die Armen predige ich die heilige Lehre, damit sie die mannigfaltigen reinen Schatzkammern des Bodhisattva erlangen. Für die, welche sich an Gärten erfreuen, predige ich die heilige Lehre, damit sie allen Ernstes nach der Lehre Buddhas verlangen. Für die, welche gern auf den Straßen wandern,

1 In dieser Aufzählung sind die sechs *pāramitās* des Mahāyāna-Buddhismus enthalten; siehe Glossar.

2 Die letzten vier Fahrkünste entsprechen den auf die Zahl 10 erweiterten *pāramitās*, vgl. S. 152, Anmerkung 7.

3 In der Welt ohne Körperlichkeit innerhalb der drei Welten *(triloka)*, genannt *arūpaloka*.

predige ich die heilige Lehre, damit sie den Weg der All-Weisheit finden. Für die, welche an der Erde hängen, predige ich die heilige Lehre, damit sie über die Stufen des Weisen und Heiligen im Sinne des Kleinen Fahrzeugs und die Stufe des Bodhisattva hinweg schlechterdings zu der Stufe Buddhas gelangen. Für die, welche an Burgen hängen, predige ich die heilige Lehre, damit sie in die Burg des Königs der Wahrheit eintreten und alle Dinge erhellen. Für die, welche gern in einer engen Ecke leben, predige ich die heilige Lehre, damit sie die durch alle Zeiten hindurch gleichbleibende Weisheit erlangen. Für die, welche gern in einer entlegenen Gegend wohnen, predige ich die heilige Lehre, damit sie sich die All-Weisheit immer vor Augen vergegenwärtigen und alle Wesen überschauen.

Für die Begierigen predige ich, damit sie die Beflecktheit der Dinge durchschauen und die Neigung zur Welt vernichten. Für die Zornigen predige ich, damit sie das Meer der großen Begnadung erfassen. Für die Toren predige ich, damit sie mit Weisheit das Meer der Wesen überschauen. Für die, welche sowohl begierig als auch zornig und töricht sind, predige ich, damit sie das Meer der mannigfaltigen großen Begierden begreifen, sich von Freude und Leid in der Welt befreien, nicht an weltlichen Elementen hängen und die Lehre Buddhas verwirklichen. Für die Faulen predige ich, damit sie den vortrefflichen Weg erfassen. Für die Stolzen predige ich, damit sie die Gleichheit aller Dinge durchschauen. Für die Arglistigen predige ich, damit sie den reinen und aufrichtigen Geist des Bodhisattva erlangen.

Mein Lieber! Ich nehme mit dieser unermeßlichen ›Almosen-Pflege der Wahrheit‹ alle Lebewesen in mich auf, damit sie das Leiden in den verdammten Gegenden vernichten, die Freude der Bewohner im Himmel und auf der Erde erlangen und letzten Endes ewig von den drei Welten *(triloka)* befreit werden. Ich habe mannigfaltige Tugenden und Methoden. Ich errette und beselige damit die Lebewesen.

Mein Lieber! Ich beobachte immer das große Meer der Bodhisattvas: ihr mannigfaltiges Verlangen; ihre Taten und Werke; ihre mannigfaltigen reinen Leiber; ihre mannigfaltigen reinen Strahlungen; ihre mannigfaltigen Flammen; wie sie die mannigfaltigen schicksalhaften Gegenden zur großen Weisheit führen; wie sie in die mannigfaltigen Geisteskonzentrierungen eintreten; wie sie die mannigfaltigen göttlichen Kräfte erringen; wie sie das Meer der wunderbaren Stimmen hervorbringen; ihre mannigfaltigen verherrlichten Leiber; wie sie mit mannigfaltigen Methoden in das Meer der Buddhas eintauchen; wie sie auf das Meer der mannigfaltigen Buddha-Länder hinausfahren; wie sie das Meer der mannigfaltigen Buddhas ergründen; wie sie tief in das Meer mannigfaltiger Beredsamkeit eintauchen; wie sie die mannigfaltigen Bereiche Buddhas erhellen; wie sie das Meer mannigfaltiger Weisheit vollenden; das Meer ihrer mannigfaltigen Geisteskonzentrierungen; ihre mannigfaltigen göttlichen Spiele; wie sie durch mannigfaltige Pforten zur großen Weisheit fortschreiten; wie sie den Raum der Leere und den Kosmos der Wahrheit auf mannigfaltige Weise verherrlichen; wie sie mit mannigfaltigen Wolken den ganzen Raum der Leere bedecken; wie sie das Meer der mannigfaltigen großen Versammlungen beobachten; wie sie als Opfer für alle Buddhas aller Buddha-Länder in allen zehn Richtungen mannigfaltige Verherrlichungswolken herabfallen lassen; wie sie auf dem mannigfaltig geschmückten Löwenthron ruhen; wie sie in das große Meer der Weisheitsmethoden Buddhas eintreten und auf das Meer der Wesen hinausfahren; wie sie auf das große Meer der mannigfaltigen Weisheit hinausfahren. Indem ich auf solche Weise das große Meer des Bodhisattva geschaut habe, freue ich mich über die Maßen; denn ich bin in dieser Tugend der unermeßlichen Heiterkeit der göttlichen Kraft Buddhas ganz gleich.

Die Herrlichkeit Vairocanas

Mein Lieber! Buddha All-Erhellend (Vairocana) hat einen wunderbaren und reinen körperlichen Leib und prachtvolle körperliche Vorzüge. Nachdem ich diesen Leib geschaut hatte, erlangte ich die Tugend der unermeßlichen Heiterkeit. Buddha All-Erhellend strahlt in jedem Augenblick die großen, den ganzen Kosmos bedeckenden

Strahlungen aus und erhellt das ganze Meer aller Wesen. Nachdem ich solche Strahlungen geschaut hatte, erlangte ich nun die Tugend der unermeßlichen Heiterkeit. Buddha All-Erhellend strahlt in jedem Augenblick aus jeder Haarwurzel soviele Strahlen wie Stäubchen der unermeßlichen Buddha-Länder aus. Und jeder Strahl hat wieder so viele Strahlen wie Stäubchen der unermeßlichen Buddha-Länder zur Begleitung und erhellt alle Dinge, bedeckt den ganzen Kosmos und stillt allerlei Qualen. Nachdem ich das alles geschaut hatte, erlangte ich die Tugend der unermeßlichen Heiterkeit. Buddha All-Erhellend strahlt in jedem Augenblick vom Scheitel und von beiden Schultern so viele Wolken der Strahlungsberge wie Stäubchen sämtlicher Buddha-Länder aus und erhellt alle Dinge und bedeckt den ganzen Kosmos. Nachdem ich das alles geschaut hatte, erlangte ich die Tugend der unermeßlichen Heiterkeit. Buddha All-Erhellend strahlt in jedem Augenblick von jeder Haarwurzel so viele wohlriechende Wolken wie Stäubchen sämtlicher Buddha-Länder aus, und alle Buddha-Länder in allen zehn Richtungen duften darum in wunderbarer Weise. Nachdem ich das alles geschaut hatte, erlangte ich die Tugend der unermeßlichen Heiterkeit. Buddha All-Erhellend bringt aus jedem leiblichen Vorzug so viele herrliche Vorzüge wie Stäubchen sämtlicher Buddha-Länder hervor und bedeckt damit das Meer aller Welten. Nachdem ich das alles geschaut hatte, erlangte ich die Tugend der unermeßlichen Heiterkeit. (. . .) Buddha All-Erhellend bringt aus jeder Haarwurzel ebenso viele Leiber-Wolken des Brahma-Himmelskönigs wie Stäubchen der unermeßlichen Buddha-Länder hervor und predigt mit den Brahma-Himmelsstimmen, um anschaulich zu zeigen, daß auch solche Leiber zur heiligen Erhellung gelangen können. Indem ich das alles schaue, erfahre ich in jedem Augenblick unermeßliche Freude. Ich bin in dieser Tugend unermeßlicher Heiterkeit der großen Weisheit des Kosmos der Wahrheit ganz und gar gleich.

Der Hervorbringende bringt nicht hervor.[4] Der Erlangende er-

4 Hervorbringer und Hervorgebrachtes stehen in einem innigen Wechselwirkungszusammenhang, so daß das eine nicht ohne das andere gedacht werden kann. Beide Glieder sind für sich genommen ganz substanzlos, d. h. »still und leer«.

langt nicht. Der Schauende schaut nicht. Der Eintretende tritt nicht ein. Der Hinüberfahrende fährt nicht hinüber. Der Vollendende vollendet nicht. Der Hörende hört nicht. Warum wohl? Weil der Heilige die Wesenheit des Kosmos der Wahrheit ganz eingehend ergründet und erfaßt hat. Weil der Heilige klar erkannt hat, daß alle Wesen aller Zeiten und Generationen von derselben Wesenheit[5] sind. Lieber Sohn Buddhas! Diese Lehre des Bodhisattva von der Herrlichkeit der unermeßlichen Heiterkeit ist grenzenlos.

Lieber Sohn Buddhas!

Diese Herrlichkeit ist in der Tat unermeßlich und unbegrenzbar, weil sie bis auf den Grund des Meeres der Weisheitsmethoden gegangen ist. Diese Herrlichkeit nimmt weder ab noch zu, weil der Geist der großen Weisheit unzerstörbar ist. Diese Herrlichkeit ist keineswegs zu erschöpfen, weil die Verkehrtheiten der Lebewesen unerschöpflich sind. Diese Herrlichkeit ist tief, weil sie der Bereich der stillen Weisheit ist. Diese Herrlichkeit ist groß und weit, weil sie der Bereich von allen Buddhas ist. Diese Herrlichkeit ist unzerstörbar, weil sie der Gegenstand der Weisheit des Bodhisattva ist. Diese Herrlichkeit ist weder zu nennen noch zu messen, weil sie den ganzen Kosmos bedeckt. Diese Herrlichkeit ist allgemein und alldurchdringend, weil sie in eine einzige Gestalt alle Energien der grenzenlosen Freiheit aufnimmt. Diese Herrlichkeit ist die erste Sache, weil alle Wesen leiblos (d. h. substanzlos) und alle Handlungen nicht-zwei[6] sind. Diese Herrlichkeit entsteht nicht, weil alle Dinge gleichsam leer wie Illusionen sind. Diese Herrlichkeit ist gleichsam wie ein Blitz, weil sie sowohl die große Weisheit als auch das große Verlangen (nach Befreiung) in sich aufnimmt. (. . .) Diese Herrlichkeit ist gleichsam wie der Raum der Leere, weil sie ebenso wie die göttliche Kraft von allen Buddhas aller Zeiten und Generationen über allen Dingen steht. Diese Herrlichkeit ist gleichsam wie eine Glückswolke, weil sie über die Köpfe der Lebewesen süße Reden herabfallen läßt. Diese Herrlichkeit ist gleichsam wie die Sonne am Mittag, weil sie alle Dinge erhellt und die Ur-Blindheit

---

5 Weil alles substanzlos, *(śūnya)*, ist.
6 D. h. jenseits der Spaltung in Subjekt - Objekt.

vertilgt. Diese Herrlichkeit ist gleichsam wie der Vollmond, weil sie das Meer der Tugenden aller Lebewesen vollendet. Diese Herrlichkeit ist gleichsam wie die Sache, so wie sie ist *(tathatā)*, weil sie in alles und jedes Ding eingeht. Diese Herrlichkeit ist gleichsam wie der Schatten, weil sie ganz genau entsprechend nach den mannigfaltigen Verdiensten und Leistungen erscheint. Diese Herrlichkeit ist gleichsam wie ein Widerhall, weil sie je nach den Kräften der Zuhörer spricht. Diese Herrlichkeit ist gleichsam wie ein Donnerschlag, weil sie sowohl erhellt als auch erfaßt. Diese Herrlichkeit ist gleichsam wie der Baum-König, weil sie die wunderbaren Blüten der Tugend aller Buddhas zusammen mit den Früchten der All-Weisheit hervortreten läßt. Diese Herrlichkeit ist gleichsam wie ein Diamant, weil es niemanden in der Welt gibt, der sie zerbrechen könnte. Diese Herrlichkeit ist gleichsam ein allmächtiger Schatz, weil sie den unermeßlichen Geist der grenzenlosen Freiheit hervorbringt. Diese Herrlichkeit ist gleichsam ein unverfälschter Schatz, weil sie alle Buddhas in allen Zeiten und Generationen eingehend kennt. Diese Herrlichkeit ist gleichsam ein Schatz-Banner, weil sie die wunderbare Stimme Buddhas über die Gleichheit aller Dinge hervorbringt.

Lieber Sohn Buddhas! Solche Gleichnisse sind nichts anderes als Bilder, die im allerletzten Grunde nicht als Gleichnisse taugen.«

Der Knabe Reichhaltiger fragte: »Welche Werke übt der Bodhisattva aus, um diese Lehre der Herrlichkeit unermeßlicher Heiterkeit zu erlangen?«

Das Nachtleuchte-Himmelsmädchen namens Stimme der stillen Leere sprach nun also:

»Lieber Sohn Buddhas! Wenn der Bodhisattva die zehn wunderbaren Werke[7] ausübt, kann er diese Lehre der Herrlichkeit erringen.

---

7 Die zehn Vollkommenheiten der Bodhisattvaschaft werden auf den Stufen *(bhūmi)* geübt und entsprechend den klassischen sechs *pāramitās*, gehen aber darüber hinaus: Geben *(dāna)*, Tugend *(śīla)*, Geduld *(kṣānti)*, Tatkraft *(vīrya)*, Meditation *(dhyāna)*, Weisheit *(prajñā)*, Geschick in der Methodenanwendung *(upāyakauśalya)*, Vorsatz zur Überwindung aller Hindernisse *(praṇidhāna)*, Kraft *(bala)*, Höchste Weisheit *(jñāna)*.

Welche aber sind sie? Erstens übt der Bodhisattva die Almosenpflege und läßt das Meer aller Lebewesen sich freuen und befriedigen. Zweitens befolgt der Bodhisattva die heiligen Gebote und läßt das große Meer der Tugenden Buddhas reifen. Drittens übt der Bodhisattva die Duldsamkeit und erkennt die unverfälschte Wesenheit aller Wesen. Viertens übt der Bodhisattva die Anstrengung und ist unerschütterlich in der großen Weisheit verankert. Fünftens übt der Bodhisattva die Geisteskonzentrierung und vernichtet die Leidenschaften aller Lebewesen. Sechstens übt der Bodhisattva die Weisheit und begreift das Meer aller Wesen. Siebtens übt der Bodhisattva die vielen Weisheitsmethoden und lehrt und bringt das Meer aller Lebewesen zur Reife. Achtens übt der Bodhisattva das große Verlangen (nach Befreiung) und richtet die Werke des Bodhisattva in allen Welten und Ländern bis zur allerletzten Zukunft auf. Neuntens übt der Bodhisattva die vielen göttlichen Kräfte, und so läßt er in jedem Augenblick alle Buddha-Länder hervortreten und erlangt die der heiligen Erhellung nahezu gleichartige Weisheit. Zehntens übt der Bodhisattva die Weisheit der Unerschöpflichkeit und findet keinen Widerstand, um alle Wesen in allen Zeiten und Generationen zu begreifen. Lieber Sohn Buddhas! Das sind jene zehn wunderbaren Werke. Indem der Bodhisattva diese Werke (zehn *pāramitās*) ausübt, bringt er unsere Lehre der Herrlichkeit unermeßlicher Heiterkeit hervor. Er erringt die Herrlichkeit unermeßlicher Heiterkeit. Er reinigt die Herrlichkeit unermeßlicher Heiterkeit. Er vollendet die Herrlichkeit unermeßlicher Heiterkeit. Der Bodhisattva erhält und erweitert also unsere Lehre der Herrlichkeit unermeßlicher Heiterkeit. Deshalb gibt es keinen in der Welt, der unsere Lehre zerstören könnte.«

4. Der Buddha als universaler König der Barmherzigkeit

Erläuterungen

Der indische Buddhismus teilt mit dem Hinduismus den Glauben, daß die verschiedenen Weltzeitalter eine Wachstums-, Blüte- und Verfallsphase durchlaufen. Im Zeitalter des Verfalls wird der Dharma verblassen, die Lebenserwartung der Menschen nimmt ab, und Gerechtigkeit weicht der offenen Zwietracht und Unordnung in der Gesellschaft. In solch einer Zeit herrscht der Buddha als König des Dharma *(dharma-rāja)* und Herr der Barmherzigkeit und Gerechtigkeit. Allein seine Präsenz verändert die Welt, seine geistige Strahlung befriedet die Menschen wie die gesamte Natur, sie wirkt sich auf das Klima, den Wuchs der Pflanzen und das Wohlbefinden der Tiere aus. Er ist Vorbild für alle, die ihm nacheifern wollen, Männer und Frauen in gleicher Weise. Alle Übel unter den Menschen wie Krieg, Haß, Lüge und Ehebruch nehmen ein Ende, und auch die falsche Religion (Anbetung von Götzen) weicht der Wahrheit des Dharma. Das Sūtra erläutert, daß diese Wahrheit darin besteht, die Entstehung der Dinge in gegenseitiger Abhängigkeit und das Gesetz des *karman* zu erfassen.

Wunder umgeben die Geburt dieses Herrschers, die Erde bebt, und um Mitternacht strahlt ein großes Licht. Die Erde wird wieder fruchtbar. Er wird aus dem Lotos geboren, und dies bedeutet, wie oben bereits erklärt, die vollkommene Reinheit. Dieser Herrscher ist kein anderer als der universale Buddha, der in Gautama Śākyamuni auf der Erde in unserem Zeitalter erschienen ist. So identifiziert denn der Text die Eltern des gerechten Königs mit Vater und Mutter des historischen Buddha. Vision und historisches Ereignis, überzeitliche Wahrheit und geschichtliche Manifestation fließen in der einen Lobpreisung dieses gewaltigen Buddha zusammen.

Auch das Thema des gerechten Herrschers ist in vielen Kulturen bekannt. Im Vorderen Orient hing von dem Schicksal und Verhalten des Königs das Gedeihen der Erde ab. In Israel erwartete man den von Gott gesalbten König, der die Ordnung in der Welt wiederherstellen würde und als Messias das Schicksal der Völker wie der Natur beeinflussen konnte. Hier im Sūtra klingen offenbar ähnliche Töne menschlicher Sehnsucht an.

(Der folgende Text entspricht mit Kürzungen den Seiten 309–463 in der Ausgabe von Doi.)

Text

Da fragte der Knabe Reichhaltiger: »Himmlische Nachtleuchte-Göttin! Ist es lange her, seitdem du dich zum ersten Mal entschlossen hast, nach der höchsten Weisheit zu streben?«

Das Nachtleuchte-Himmelsmädchen sprach nun also:

»Lieber Sohn Buddhas! Das ist schwer zu wissen, schwer zu glauben, schwer zugänglich, schwer zu sagen und schwer zu erfassen. (...)

Der tiefsinnige Bereich der vielen Buddhas ragt unendlich hoch über alles Verständnis der neidischen, leidenschaftlichen und trügerischen Wesen empor. Der Bereich Buddhas bleibt ewig unbekannt für solche, die an der Materie, an dem Selbst oder an Verkehrtheiten haften. Der Bereich Buddhas ist zu rein und zu tief, um von solchen erkannt zu werden, die im Kreislauf von Geburt und Tod bleiben.

Nur diejenigen können diese Lehre hören und dadurch von unermeßlichen Freuden erfüllt werden, die, in dem Haus Buddhas geboren und von vielen Buddhas geschützt, die Schatzkammer der heiligen Lehre und den Bereich des Weisheitsauges durchdringen; nur diejenigen, die in inniger Verbindung mit vortrefflichen Lehrern stehen, die reine und klare Lehre verwirklichen und die Zehn Kräfte Buddhas ausschöpfen.

Den Geist so rein wie den Raum der Leere zu erhalten und als Leuchter der Weisheit die Finsternis der Torheit zu vernichten – das ist der Bereich von solchen Menschen. Mit der großen Barmherzigkeit alle Lebewesen zu bedecken und mit dem Geist der Gleichheit zu betrachten – das ist der Bereich von solchen Menschen.

Mit freudigem und reinem Geiste gehorsam der heiligen Lehre nachzufolgen – das ist der Bereich von reinen Lebewesen. Auf der Lehre der Duldsamkeit zu gründen und für immer unerschütterlich zu bleiben – das ist der Bereich des unerschöpflichen Geistes. Mit tapferer Anstrengung vor keiner Gefahr zurückzuweichen und die große Weisheit zu vollenden – das ist der Bereich der Überwindung.

In die Stille der Geisteskonzentrierung sich zu versenken und auf das Meer der Weisheit hinauszufahren – das ist der Bereich des Ursprungs der Geistesstille. Die Lebewesen zu überschauen, das Sein der Wesen und den tiefen Bereich der Sache-als-solcher *(tathatā)* zu erfassen – das ist die Lehre vom Weisheitsleuchter. Die Lebewesen zu erwecken, alle Seelen zu erleuchten und an keinem Seienden zu hängen – das ist die Lehre vom heiligen Meister. Vom reinen Verlangen aller Buddhas (nach Erleuchtung) geboren zu werden und in allen Ländern bis zur allerletzten Grenze der Zukunft Tugendwerke zu stiften – das ist die Lehre des Bodhisattva Allgemein-Weiser (Samantabhadra). Mit grenzenloser Weisheit das Entstehen und Vergehen der Welten zu überschauen und in jedem Stäubchen viele Buddhas am Ort der Meditation sitzen und predigen zu sehen – das ist die Lehre vom grenzenlosen Weisheitsauge.

Mein lieber Reichhaltiger! Du stehst in inniger Verbindung mit vielen vortrefflichen Lehrern und kommst auch zu mir! Höre mit Andacht, und übe dich mit Anstrengung! Aufgrund der göttlichen Kraft Buddhas will ich dir diesen Bereich von Buddha All-Erhellend (Vairocana) und seine tiefsinnige Wunderbarkeit erklären!«

Das Nachtleuchte-Himmelsmädchen namens Aufblühen-der-Blumen-des-Fruchtbaumes erzählte nun eine wunderbare Geschichte:

Barmherzigkeit

»Lieber Sohn Buddhas! In alten Zeiten, von jetzt über so viele Äonen zurück wie Stäubchen des Weltenmeeres, gab es ein Weltenmeer namens Klarer reiner Berg. Da erschien ein Buddha namens Weisheitsberg-des-Kosmos-der-Wahrheit als Strahlungskönig der stillen Leere. Als dieser Buddha noch ein Bodhisattva war, reinigte er jenes Weltenmeer. In diesem Weltenmeer gab es so viele Welten-Wesenheiten (oder Welten-Bereiche) wie Stäubchen des Buddha-Landes. Und in jeder Welten-Wesenheit erschienen so viele Buddhas wie Stäubchen der Welt. Und jeder Buddha predigte so viele Sūtras wie Stäubchen der Welt. Und aus jedem Sūtra traten so viele Lehren für die Bodhisattvas wie Stäubchen des Buddha-Landes hervor. Und die vielfältige Allmacht des Buddha und seine mannigfaltigen Weisheitsmethoden und Fahrzeuge kamen zum Vorschein, um die Lebewesen zu führen und zu leiten.

Lieber Sohn Buddhas! In jenem Weltenmeer gab es nun eine Welten-Wesenheit namens Allgemeine-Verherrlichung. In dieser Welten-Wesenheit gab es eine Welt namens Wunderbare-Tugend-der-bunten-Schätze. Diese Welt war durch ein Meer vieler leuchtender Blumen verherrlicht. Ihr Körper bestand aus vielen Schätzen. Ihre Gestalt sah prachtvoll und rein aus wie die Himmelsburg. Sie erleuchtete alle Meditationsplätze der Buddhas und ließ alle Verkörperungs-Strahlungen der Buddhas hervortreten. In dieser Welt gab es nun so viele Gruppen der Vier Erdteile wie Stäubchen des Berges Sumeru. Es gab unter diesen Gruppen eine Gruppe der Vier Erdteile namens Banner-vom-Schatz-Berg. In dieser Gruppe der Vier Erdteile gab es einen Erdteil namens Goldenes Land, oder Jambudvīpa, das sowohl der Länge als auch der Breite nach hunderttausend Marsch-Wegstrecken groß war. In diesem Erdteil gab es hunderttausend große Burgen. Und in einer von diesen großen Burgen gab es eine Hauptstadt ›Leuchter der Verherrlichungswolke vieler unzerstörbarer Schätze‹, die von zehntausend Schlössern umgeben war und deren Bewohner eine Lebensdauer von zehntausend Jahren hatten. Und es gab darin einmal einen großen König ›Wunderbare Löwenbrüllen-Stimme der Predigt vom ganzen Kosmos‹, der fünfhundert Minister, sechstausend Kammermädchen und siebenhundert tapfere Söhne hatte. Die Würde und die Tugend dieses Königs herrschten über den ganzen Erdteil Jambudvīpa und fanden darin keinen Feind und keinen Gegner. Nun kam ein Äon des Unheils innerhalb des großen Äons. Leidenschaften brachen hervor. Es gab nur böse Werke und keine Tugend. Wenn man starb, wurde man sogleich in den verdammten Gegenden wiedergeboren. Die Lebensdauer wurde kürzer und die Gestalten wurden gemein und häßlich. Viel Leiden gab es und wenig Freude. Nur Streitigkeiten gab es, Beschäftigungen, Verkehrtheiten und Ungerechtigkeiten. Wind und Regen waren launisch. Bäume, Gras und Getreide verwelkten und starben ab. Massen von Hungrigen und Kranken drängten sich zur Hauptstadt hin und schrien mit lauter Stimme. Einige erhoben beide Hände, andere falteten ihre Hände. Einige schrien in die Luft, andere schlugen auf den Boden. Einige schlugen ihren eigenen Leib, andere sanken auf die Knie. Einige hatten ganz glanzlose Augen, andere hatten zerrissene Kleider an. Sie schrien alle: ›Wehe! Wehe! Großer König! Wir sind hungrig und durstig, und es friert uns. Wir sind krank, arm und so hilflos wie im Gefängnis.‹ Alle Männer und Frauen wandten sich so mit Jammern an den großen König; denn sie glaubten, daß der große König als Schatzkammer und kühlender Teich für das Volk mit Gerechtigkeit herrschen und mit der großen Weisheit des Großen Fahrzeugs sie zur Gegend der himmlischen Freuden hinführen würde. Als der große König diese angstvolle Anrufung hörte, erinnerte er sich sogleich einer Million Billionen von Lehren der großen Barmherzigkeit, und er dachte darüber nach. Er sprach zehn große Barmherzigkeitsworte aus. Welche sind das?

Diese sind: ›Wehe! Wehe! Alle Menschen sind hilflos in die bodenlose Grube des Kreislaufs von Geburt und Tod geraten. Ich will ihr Meister werden und sie heraus auf die Stufe des Buddha führen.‹

Zweitens der Ausruf: ›Wehe! Wehe! Alle verirren sich in rettungslose Leidenschaft. Ich will ihr Beschützer werden und sie in guten Werken befestigen.‹

Drittens der Ausruf: ›Wehe! Wehe! Alle leiden an Geburt, Altern, Krankheit und Tod. Ich will als Erretter ihre Qualen stillen.‹

Viertens der Ausruf: ›Wehe! Wehe! Alle beben vor Furcht und Angst. Ich will sie als Erlöser zum Ort des Friedens führen.‹

Fünftens der Ausruf: ›Wehe! Wehe! Alle leiden an Selbstsucht und sinken in tiefe Zweifel. Ich will sie als reiner Leuchter zur klaren Weisheit leiten.‹

Sechstens der Ausruf: ›Wehe! Wehe! Alle leiden an der Ur-Blindheit. Ich will ihnen als große Fackel die Burg der Weisheit aufleuchten lassen.‹

Siebtens der Ausruf: ›Wehe! Wehe! Alle leiden an Neid, Schmeichelei und Betrug. Ich will sie den höchsten reinen Kosmos-Leib erlangen lassen.‹

Achtens der Ausruf: ›Wehe! Wehe! Alle treiben auf den Wellen des langen Stroms von Geburt und Tod. Ich will sie zum anderen Ufer hinführen.‹

Neuntens der Ausruf: ›Wehe! Wehe! Alle sind von Geburt an blind. Ich will ihre Augen für die Schau der Wahrheit und für die Schau vieler Buddhas öffnen.‹

Zehntens der Ausruf: ›Wehe! Wehe! Alle leiden an schlechter Ordnung der Leibes- und Geistesorgane. Ich will dieses ordnen und sie die All-Weisheit finden lassen.‹

Nachdem der große König diese zehn großen Barmherzigkeitsworte ausgesprochen hatte, ließ er sogleich die Trommel schlagen und laut erklären: ›Ihr sollt euch beruhigen und euch nicht länger fürchten! Alles, was ihr benötigt, wird euch sogleich gegeben werden.‹ Und der große König öffnete die Schatzkammern in allen Burgen, Städten und Dörfern innerhalb des Erdteiles Jambudvīpa und gab dem Volk allerlei Schätze: Gold, Silber, Kleider, Speisen, Räucherwerk, Blumen, Juwelenketten, Betten, Tische, Gebäude, Paläste, Schatz-Banner, Nachtleuchte-Banner, Wunder-Schatz-Banner, Arzneien, Wagen, Baldachine, Gefäße aus Diamanten und dergleichen mehr. Der große König ließ noch einmal die Trommel schlagen und laut erklären: ›Ich will euch alles schenken, was ich habe: meine Burgen, Städte und Dörfer, meine Frauen und Kinder, meinen Kopf und meine Augen, Zunge, Herz, Leber, Magen, Darm, Blut, Fleisch, Zähne, Hände, Füße und meine anderen Glieder.‹ (...)

Da kamen unzählbare Lebewesen aus dem Erdteil Jambudvīpa zu dem großen König her und feierten ihn: ›Großer König! Du bist der Weiseste und der Heiligste in der Welt. Deine Tugend ist so hoch wie der Berg Sumeru und so rein wie der Vollmond. Du betrachtest alle Lebewesen mit dem Geiste der Gleichheit und gibst ihnen alle Dinge.‹

Der große König hörte solche Lobpreisungen der großen Menge, freute sich unendlich, hegte große Barmherzigkeit, gab alles, was sie wünschten, und nahm sie alle freundlich auf. (. . .)

Mein Lieber! Nimm an, es gäbe einen, der gehorsam und treuherzig seinen Eltern diente, aber wegen irgendeines Unheils sich von ihnen trennen mußte und erst nach langen Jahren ihnen wieder begegnet, zu ihnen aufblickt und vor Entzücken in die Luft springt. Als der große König jene rufende Menge herkommen sah, war er voll von derselben unermeßlichen Heiterkeit. Sein Glaube war so fest. Seine Weisheit war so groß. Warum wohl? Der König verlangte als Bodhisattva allen Ernstes nach der All-Weisheit, begnadete die Lebewesen und befriedigte das große Verlangen. Er tat das Gute, vermied das Böse und öffnete das Tor der großen Weisheit. Er nahm die All-Weisheit in sich auf und befriedigte das Verlangen der Lebewesen. Er tauchte so in das Meer der Tugenden Buddhas ein, zerbrach den Teufelsberg der Leidenschaften und folgte gehorsam den Lehren Buddhas. Er trat in den Fluß der tiefen Weisheit ein und brachte den Fluß der Lehren hervor. Er durchschaute die Wesen, und sein Geist war so rein wie der Raum der Leere.

Lieber Sohn Buddhas! Der große König fand in jedem Lebewesen einen Sohn, einen Vater, ein Ackerfeld, einen Gönner, einen Lehrer und einen Buddha. Deshalb konnte er alle Lebewesen mit seiner großen Barmherzigkeit bedecken und ihnen alle solche Dinge geben wie Kleider, Speisen, Blumen, Pulver-Räucherwerk, gepreßtes Räucherwerk, Haarflechten, Baldachine, Banner, Schnüre, Betten, Tische, Verherrlichungswerkzeuge, Gebäude, Paläste, Gärten, Teiche, Wagen, Sänften, Elefanten, Pferde, Schätze, Schatzkammern, Burgen, Städte und Dörfer. In jener Versammlung gab es nun ein Mädchen namens Schatz-Strahlung. Sie war prachtvoll ohnegleichen und hatte eine schöne Stimme. Ihr Leib glänzte wie Gold und duftete herrlich. Ihre Augen und Haare waren blauschwarz. Sie war durch viele Schätze verherrlicht. Niemals vergaß sie die Buße und lebte immer in tiefer Andacht. Sie hatte eine edle Haltung und verehrte ihre Lehrer. Ihre Leibes- und Geistesorgane waren immer in guter Harmonie. Weisheit und Besonnenheit herrschten über ihr ganzes Leben. Sie empfing und erhielt alle Predigten und häufte in mehreren Lebensabläufen unermeßliche Tugenden auf, die ihren Leib zart und sanft machten. Sie stand in inniger Verbindung zu allen vortrefflichen Lehrern und fand ihre Freude am Großen Fahrzeug. Ihr Geist war so weit wie der Raum der Leere und machte sie selbst und die anderen friedlich, fröhlich und sicher. Sie schaute immer mit Freuden viele Buddhas und verlangte herzlich nach der großen Weisheit. Sie lebte, bedient von sechzig Mädchen, nicht fern von jenem großen König und feierte diesen stets mit gefalteten Händen. Einmal dachte sie in ihrem Herzen: ›Ich will jede gute Gelegenheit ergreifen, um einen ausgezeichneten Lehrer zu treffen und mit ihm in inniger Verbindung zu stehen. Nun entdecke ich in diesem großen König einen ausgezeichneten Lehrer, einen großen Meister und einen barmherzigen Gönner!‹ Als sie so nachdachte, wurde sie von unermeßlicher Freude erfüllt. Dann brachte sie dem großen König viele Verherrlichungen dar und hegte im Herzen das Verlangen: ›Dieser große König hat unzählbaren Lebewesen innere Ruhe gebracht. Ich will auch in der zukünftigen Welt so wie der große König sein! Die Weisheit, der rechte Weg, das Fahrzeug, die leiblichen Vorzüge und Reichtümer des großen Königs – das sind unzerbrechliche Schätze. Ich will auch in der zukünftigen Welt so wie der große König sein! Wo er auch in Zukunft wiedergeboren werden mag, in demselben Ort will ich auch wiedergeboren werden.‹

Da sagte der große König: ›Ich verlasse jetzt alle Dinge, die inneren und die äußeren, die ich bisher geliebt habe. Du sollst dir nehmen, was du dir wünschst!‹

Das Mädchen freute sich immer mehr und sang ein Loblied auf den großen König:

›Als der König noch nicht in der Welt erschienen war, war in dieser festen und prachtvollen Hauptstadt alles und jedes ganz und gar hassenswert, gerade so wie in der Welt der Immer-Hungrigen *(pretas)*. Die Lebewesen fügten einander Schaden zu, beraubten, betrogen, beleidigten einander, und alle Leute führten ein zuchtloses Leben, als ob sie danach strebten, nach dem Tod in den verdammten

Gegenden geboren zu werden. Die Ur-Blindheit bedeckte alles, und das Böse herrschte überall.

Die Witterung war launisch. Es regnete nicht zur gewohnten Zeit, und alle Arten von Getreide starben ab, Bäume und Pflanzen verwelkten, Quellen und Flüsse vertrockneten. Alle Dinge lagen vernichtet wie in der großen Wüste.

Als aber der große König geboren wurde, zogen günstig geballte Wolken auf und ließen es überall stark regnen. Flüsse und Sümpfe, Seen und Teiche wurden wieder voll Wasser. Es gab keine bösen Werke mehr und keine Furcht. Das ganze Volk freute sich über die Geburt des großen Königs. Die Lebewesen hatten sich früher untereinander bekämpft, Menschenblut getrunken und Menschenfleisch gegessen, aber nun übten sie die große Barmherzigkeit *(mahākaruṇā)*. Alle Arten von Getreide und Pflanzen, die früher abgestorben waren, wuchsen nun von selbst, und die Bäume brachten wunderbare Blüten hervor. Früher hatten sich die Stärkeren und Schwächeren um Kleinigkeiten gestritten, aber jetzt war alles herrlich, als ob sie im Garten des Himmelskönigs Indra lebten. Früher hatten alle in Begierde und Zügellosigkeit gelebt und Ehebruch begangen, aber jetzt führten sie ein prachtvolles und keusches Leben, als ob sie im Tuṣita-Himmel wohnten. Früher hatten alle mit Betrügereien und Schmeicheleien gelebt, aber jetzt sprachen sie immer freundlich die Wahrheit. Früher hatten alle verkehrte Meinungen gehabt und mit gefalteten Händen sogar einen Ochsen, ein Schaf, einen Hund und ein Schwein angebetet, aber nun hörten sie die Predigt des großen Königs, befreiten sich von allen Verkehrtheiten und begriffen, daß die freudvollen und leidvollen Dinge durch den Wirkungszusammenhang unserer Taten hervorgebracht werden.[1] (. . .)

Der Vater des großen Königs hieß Strahlung der Reinheit und seine Mutter Strahlung der Lotosblume. Der Vater herrschte mitten in der sündigen Welt immer mit Gerechtigkeit. Sein Teich wurde von fünfhundert Lotosblumen geschmückt und von Schatz-Bäumen umgeben. Der Grund des Teiches bestand aus goldenem Sand, und

1 *karman* erstreckt sich also nicht nur auf den menschlichen Bereich, sondern betrifft auch das Wohlergehen der Tiere und die Ordnung im gesamten Kosmos.

die Lotosblumen wuchsen üppig. Am Ufer standen viele Pavillons mit Geländern und Schätzen. Es war aber eine sündige Generation, und Irrlehren beherrschten die ganze Welt. Seit Jahren regnete es nicht mehr. Flüsse und Teiche vertrockneten. Bäume und Pflanzen verwelkten.

Am siebten Tage vor der Geburt des großen Königs erschien ein glückliches Vorzeichen. Alle Leute sahen es und sagten: ›Ein Retter wird in der Welt erscheinen!‹ Um Mitternacht bebte die Erde in sechsfacher Weise und strahlte von selbst eine wunderbare Strahlung aus wie Sonnenschein. Die fünfhundert Teiche wurden voll von dem achatartigen Tugendwasser. Alle Arten von Schatz-Bäumen wuchsen hoch. Flüsse und Quellen waren übervoll. Bäche flossen aus den Sümpfen her und machten den ganzen Erdteil Jambudvīpa fruchtbar. Bäume, Pflanzen, Heilpflanzen und alle Arten von Getreide wuchsen in üppiger Fülle. Die felsigen Berge und die tiefen Täler und das ganze Land, alles wurde von selbst eben und gerade – die höheren blieben, wie sie waren, und die niederen blieben, wie sie waren. Berge und Hügel, Steine und Staub verwandelten sich in einem Augenblick in wertvolle Edelsteine. Alle Leute sahen solche Wunder, freuten sich unendlich und sprachen: ›Wunderbar! Wunderbar! Wir finden nun überall Gewässer zur Kühlung!‹ Der König Strahlung der Reinheit, der Vater des großen Königs, pflegte mit allen Ministern und seinen Begleitern in einem Garten spazierenzugehen. In diesem Garten gab es nun unter fünfhundert Teichen einen Teich namens Freude. Ein wunderbarer Pavillon war am Ufer dieses Teiches. Ihn besuchte der König mit seinen Begleitern gern. Da sprach der König einmal zu der Königin: ›Mein Wunsch ist nun erfüllt. Das Land kommt zur Blüte, und das Volk lebt in Frieden.‹ Da wuchs im Teich eine große Lotosblume mit tausend Blättern hervor, die überallhin reine Strahlen aussandten und glänzten, gerade so wie der Gipfel des Berges Sumeru. Der Stengel bestand aus reinen Diamanten, die Blumenblätter aus vielen Schätzen und ihre Staubfäden aus goldenen Räucherkerzen. In dieser großen Lotosblume wurde nun ein Knabe geboren, und viele Himmelsmädchen beteten den prachtvollen Leib des Knaben an.

Der König freute sich unendlich, stieg in den Teich, nahm den Knaben in die Arme, setzte ihn auf den Schoß der Königin und sagte zu ihr: ›Du sollst dich deines Kindes freuen!‹ Viele Schatzkammern traten von selbst aus der Erde hervor. Die Schatz-Bäume brachten von selbst wunderbare Kleider hervor. Die Stimmen der Himmelsmusik ertönten in der Luft. Das Volk betete zu dem Knaben mit gefalteten Händen und sagte: ›Das ist der große Meister der Welt! Er strahlt große Strahlungen aus und erleuchtet alle Dinge. Wer von dieser Strahlung berührt wird, der wird sogleich von allen Befleckungen rein. Die Teufelskönige und die giftigen Lebewesen verlassen sogleich ihren bösen Geist und werden von selbst barmherzig. Schlechte Namen, Mißgeschicke und Krankheiten werden vernichtet. Mitten in den verdammten Gegenden eröffnet sich von selbst der Weg zum Himmel. Alle Leute lieben einander und verlangen nach der All-Weisheit. Nun haben wir einen großen Gönner. Für uns Irrende erscheint jetzt der heilige Meister.‹(...)

Mein lieber Knabe Reichhaltiger! Der damalige große König namens ›Wunderbare Löwenbrüllen-Stimme der Predigt vom ganzen Kosmos‹ ist kein anderer als der jetzige Buddha All-Erhellend (Vairocana).[2] Der damalige Vater des großen Königs ist kein anderer als der jetzige König Śuddhodana, Vater des Buddha Gautama. Die damalige Königin ist keine andere als die jetzige Königin Māyā, die Mutter von Gautama. Und die damaligen Leute des Landes sind nichts anderes als die jetzige große Menge. Sie ruhen jetzt unerschütterlich in der höchsten Weisheit und befinden sich schon auf einer Stufe der Bodhisattvaschaft. Sie befriedigen das große Verlangen (nach Befreiung), üben die Weisheitsmethoden und verlangen nach der höchsten Weisheit. Sie leben friedlich in mannigfaltigen Lehren der Erlösung. Und das damalige Mädchen namens Schatz-Strahlung bin ich selbst.

Lieber Sohn Buddhas! Du sollst nun an die Arbeit gehen, um diese Lehre sehr schnell zu verwirklichen!«

---

2 Der *nirmāṇa-kāya* – Aspekt dieses universalen Buddha ist der historische Buddha Gautama Śākyamuni. Er selbst ist also dieser universale Herrscher.

Sudhana, der Knabe Reichhaltiger, kommt nun, nachdem er weitere Meister aufgesucht hat, zum letzten der 53 Meister, dem Bodhisattva Maitreya, der in Vairocanas Turm lebt. Dieser Palast ist die Wirklichkeit des Dharma bzw. die Welt in ihrer Buddha-Natur (dharmadhātu) *selbst. Innerhalb dieses Palastes befinden sich unzählige weitere Paläste, und Sudhana bekommt in tiefer Versenkung eine Anschauung von der vollkommenen gegenseitigen Durchdringung aller Dinge. Maitreya sitzt auf dem Löwenthron und predigt den Dharma. Alle Dinge sind in der Leere eins, aber dies bedeutet nicht, daß die Unterschiede verschwinden würden. Die Schau der Einheit ist vielmehr die Basis, auf der jeder Bodhisattva steht, um in der Welt der Verschiedenheit heilbringend zu wirken. Bodhisattvas lassen sich ganz und gar auf die Welt ein und können dabei doch ihre Reinheit bewahren. Maitreya erklärt, daß dem Knaben Reichhaltiger solche geistigen Erfahrungen zuteil werden, weil er auf der Pilgerschaft mit allen Tugenden eins geworden und sein Bewußtsein gereinigt ist.*

Einsicht in die Leere

Der Knabe schaute den Palast mit dem Geiste der Gleichheit und fand, daß er gerade so war wie der Raum der Leere; daß er sich wie der Kosmos der Wahrheit grenzenlos überallhin erstreckte; daß er wie der heilige Buddha war, ohne die geringste Falschheit und ohne die geringste Befleckung; daß er wie das Bild im Spiegel war oder wie der Traum oder wie der Blitz oder wie der Widerhall; daß er durch die Wirkungszusammenhänge zustande gebracht war; daß er daher weder Sein noch Nichts war.[3]

Mit dem tiefen Geist glaubte und begriff der Knabe, daß man wegen der vielen Taten als Ursache unvermeidlich mannigfaltige Vergeltung empfangen muß. Er begriff, daß man aufgrund des innigen Glaubens zur heiligen Erhellung gelangen kann. Er begriff die

3 Die karmischen Potentiale formen in ihrer Verknüpfung das, was als Wirklichkeit erscheint. Die Dinge sind demnach weder substantiell seiend noch substantiell nicht-seiend.

wunderbare Tugend Buddhas und diente allen heiligen Buddhas aus ganzem Herzen. Durch die Kraft der Ehrfurcht brachte er Eigenschaften Buddhas hervor. Durch die Kraft der schwierigen Übungen verherrlichte er die heiligen Lehren. Durch die Kraft der Weisheits-Fahrkunst[4] brachte er alle anderen Fahrkünste zum anderen Ufer hervor. Durch die Kraft des unerschütterlichen Verlangens (nach Befreiung) praktizierte er die heilige Lehre. Durch die Kraft der Übertragung (aller Verdienste eigener Tugendwerke)[5] brachte er alle Werke des Bodhisattva und den ganzen Bereich der All-Weisheit hervor. Er begriff, daß die Übertragung weder beständig noch vergänglich ist, daß sie weder entsteht noch vergeht und daß sie doch nicht ohne Grund ist. Er warf die Verkehrtheit der Anschauung des Seins ab, d. h. die falsche Meinung, daß der Himmelskönig All-Gewaltiger (Maheśvara) alles Seiende erschaffen habe, daß alles Seiende je seine eigene Substanz habe und allmählich reif werde. Er vernichtete *Ich* und *Mein* und schaute eingehend und weitläufig die Wirkungszusammenhänge alles Seienden. Er trat in alles Seiende ein und verstand, daß die veränderlichen Dinge gleichsam wie Bilder im Spiegel sind. Er befreite sich sowohl von der Meinung des Seins als auch von der des Nichts. Er überwand alle Torheiten und Verkehrtheiten und sah ein, daß alle Dinge weder entstehen noch vergehen und im Grunde still und leer sind, daß es keinen allmächtigen Himmelskönig als Schöpfer gibt. Er ging über die mannigfaltigen Gestaltungen oder Erscheinungsweisen der Dinge hinaus und trat in den Bereich der Gestaltlosigkeit ein. Aber er erkannte doch, daß aus dem Samen die Knospe wächst. Er begriff nämlich, daß alles Seiende durch die Wirkungszusammenhänge *(karman)* entsteht. Er wußte natürlich, daß das Spiegelbild durch den Spiegel entsteht. Das Bild im Spiegel, der Blitz, der Traum, der Widerhall, die Illusion – alles das existiert nach seiner Ursache. Mit allem Seienden steht es ebenso.

---

4 *prajña-pāramitā*, die ›Fahrkunst zum anderen Ufer‹, d. h. zum Nirvāṇa.

5 Im Mahāyāna-Buddhismus können die erworbenen positiven Bewußtseinsformungen *(punya)* oder ›Verdienste‹ zugunsten anderer und für die eigene spirituelle Vervollkommnung angewendet werden.

Sudhana singt nun einen wunderbaren Hymnus auf den Bodhisattva Maitreya, der zugleich ein Lobpreis aller Bodhisattvas, ja des Erleuchtungsgeistes und des unermeßlichen Buddha selbst ist:

Hymnus auf Maitreya

»Er ist es, der die grenzenlose Weisheit hat, die ist wie der Raum der Leere, und damit alle Zeiten und alles Seiende erleuchtet und begreift! Das ist der Palast, wo er friedlich wohnt!

Alles Seiende ist leer und substanzlos, wie es keine Spur gibt, wenn der Vogel in der Luft vorüberfliegt. Er ist es, der alles so durchschaut! Das ist der Palast, wo er friedlich wohnt!

Er ist es, der alle Verkehrtheiten und Grund-Leidenschaften, Begierde, Zorn und Torheit, vernichtet und immer freudig in der stillen Leere spielt! Das ist der Palast, wo er friedlich wohnt!

Er ist es, der mit dem Auge der drei Erlösungen[6] alle psychischen und physischen Phänomene und deren Wirkungszusammenhänge betrachtet und von den verfluchten Gegenden sich befreit hat! Das ist der Palast, wo er friedlich wohnt!

Er ist es, der tief in die grenzenlose Weisheit eintritt, mit dem Geist der Gleichheit alle Lebewesen und alle Länder betrachtet und die Substanzlosigkeit alles Seienden begreift! Das ist der Palast, wo er friedlich wohnt!

Die Wesen in allen Zeiten wirken gegeneinander, ohne Widerstand zu leisten, wie der Wind in der Luft vorübergeht. Er ist es, der ebenso von keinem Ding gefangengenommen wird! Das ist der Palast, wo er friedlich wohnt!

Alle Lebewesen leiden und finden keinen Boden, worauf sie sich gründen könnten. Er ist es, der diese Lebewesen schaut und sie aus großer Barmherzigkeit erlösen will! Das ist der Palast, wo er friedlich wohnt!

6 Auch die ›Drei Tore der Befreiung‹ *(vimokṣa-mukha)* genannt: Leere *(śūnyatā)*, Bestimmungslosigkeit *(animittatā)* und Wunschlosigkeit *(apraṇihitatā)*.

Die blinden Lebewesen geraten unaufhörlich in gefährliche Nöte und Schwierigkeiten. Er ist es, der diese Lebewesen auf den rechten Weg führt. Das ist der Palast, wo er friedlich wohnt!

Die ganze Welt ist immer von Geburt, Altern, Krankheit und Tod bedroht. Er ist es, der diese Furcht und Gefahr überwindet! Das ist der Palast, wo er friedlich wohnt!

Die schweren Krankheiten der Lebewesen können allein durch die Arznei der gesammelten Weisheit geheilt werden. Er ist der Heilkünstler mit der großen Weisheit und der großen Barmherzigkeit! Das ist der Palast, wo er friedlich wohnt!

Unermeßlich viele Lebewesen treiben hilflos auf dem wogenden Meer von Geburt und Tod. Er ist es, der sie mit dem Schiff der großen Barmherzigkeit retten will! Das ist der Palast, wo er friedlich wohnt!

Er ist es, der tief in das tiefe Meer von Geburt und Tod hineintaucht, die Drachen der Leidenschaft niederschlägt und den Schatz der Weisheit Buddhas herausschöpft! Das ist der Palast, wo er friedlich wohnt!

Er ist es, der mit dem Auge der großen Barmherzigkeit und auf dem Grund des ursprünglichen Verlangens (nach Befreiung) die Lebewesen aus dem tiefen Meer von Geburt und Tod herausreißt, wie der Vogel mit goldenen Flügeln die Meeresdrachen ergreift! Das ist der Palast, wo er friedlich wohnt!

Er ist es, der, wie die Sonne oder der Mond, durch die Lüfte wandert und mit seiner reinen Weisheit alle Dinge erhellt! Das ist der Palast, wo er friedlich wohnt!

Er ist es, der um jedes Lebewesens willen bis zur allerletzten Grenze der Zukunft jederlei Leiden auf sich nehmen will! Das ist der Palast, wo er friedlich wohnt!

Er ist es, der in jedem Lande bis zur allerletzten Grenze der Zukunft sich übt und anstrengt! Das ist der Palast, wo er friedlich wohnt!

Er ist es, der auf einem Platz sitzt und doch allen Ernstes die heiligen Lehren von allen Buddhas hört, empfängt und erhält und sich so das große Meer der Weisheit einverleibt! Das ist der Palast, wo er friedlich wohnt!

Er ist es, der auf dem weiten Meer von unermeßlichen Welten und Lebewesen umherreist und dadurch das große Meer der Buddhas feiert und verherrlicht! Das ist der Palast, wo er friedlich wohnt!

Er ist es, der in allen Äonen die großen Absichten und Werke vollendet und dadurch unermeßliche Tugenden ansammelt! Das ist der Palast, wo er friedlich wohnt!

Er ist es, der mit dem Auge der Grenzenlosigkeit in einer Haarwurzel alle Buddhas, alle Buddha-Länder, alle Äonen und alle Lebewesen anschauen kann! Das ist der Palast, wo er friedlich wohnt!

Er ist es, der in einem Augenblick in unzählbare Äonen eintreten kann und darum mit dem Auge des Augenblicks die Grenzenlosigkeit scharf erfaßt! Das ist der Palast, wo er friedlich wohnt!

All die Länder sind unzählbar wie die Stäubchen der Welt. All die Lebewesen sind unzählbar wie die Tropfen im Meer. Er ist es, der das große Verlangen hegt, die unzählbaren Lebewesen und nicht-lebenden Wesen zu erlösen! Das ist der Palast, wo er friedlich wohnt!

Er ist es, der sich in unermeßlichen Äonen übt und dadurch die Tugend-Schatzkammer, die Geisteskonzentrierung, das Verlangen und die Erlösung vollenden will! Das ist der Palast, wo er friedlich wohnt!

Alle Söhne Buddhas bringen unermeßliche und unbegrenzbare Tugenden hervor und begnaden alle Lebewesen in allen zehn Richtungen. Das ist der Palast, wo der älteste Sohn Buddhas friedlich wohnt!

Er ist es, der die grenzenlose Weisheit und die göttliche Wunderkraft errungen hat und mit geschickter Weisheitsmethode immer freudig in der Welt erscheint! Das ist der Palast, wo er friedlich wohnt!

Er ist es, der von der ersten Entschlossenheit[7] an allerlei Werke aufgerichtet hat und dessen Schein-Verkörperung[8] den ganzen Kosmos bedeckt! Das ist der Palast, wo er friedlich wohnt!

---

7 Die Entschlossenheit, nach Erleuchtung zu streben.

8 Auch die körperlichen Manifestationen *(nirmaṇa-kāya)* der Buddhas sind nicht-substantiell, d. h. leer.

Er ist es, der in einem Augenblicke zur heiligen Erhellung gelangt und in unermeßliche Weisheit eintritt! Das ist der Palast, wo er friedlich wohnt!

Er ist es, der mit der reinen Kraft der grenzenlosen Weisheit in allen Bereichen des ganzen Kosmos umherwandert und mit unbefleckter Weisheit alles Seiende erschaut! Das ist der Palast, wo er friedlich wohnt!

Er ist es, der mit göttlichen Füßen in alle Buddha-Länder geht und doch, von keinem Ding befangen, die Gleichheit aller Buddha-Länder erfaßt! Das ist der Palast, wo er friedlich wohnt!

Er ist es, der alles Seiende als still und leer anschaut wie den Raum der Leere und der sich selbst von allen befleckten Bereichen befreit hat! Das ist der Palast, wo er friedlich wohnt!

Er ist es, der mit großer Barmherzigkeit die von Leiden bedrohten Lebewesen schaut und restlos erretten will! Das ist der Palast, wo er friedlich wohnt!

Er ist es, der auf einem Platz sitzt und doch wie die Sonne oder der Mond allerorts den Lebewesen vor Augen erscheint, um sie von den Fesseln des Teufels zu befreien! Das ist der Palast, wo er friedlich wohnt!

Der große Sohn Buddhas wohnt friedlich in diesem Palast und bedeckt doch mit unermeßlichen und unzählbaren Schein-Verkörperungen den ganzen Kosmos, um die Lebewesen zu beseligen.

Der große Sohn Buddhas wohnt friedlich in diesem Palast und reist doch in unzählbaren Äonen in allen Buddha-Ländern umher, um die heiligen Buddhas zu feiern.

Der große Sohn Buddhas wohnt friedlich in diesem Palast und tritt jeden Augenblick in mannigfaltige Geisteskonzentration ein, deren jede die Herrlichkeit eines Buddha-Bereichs erhellt.

Der große Sohn Buddhas wohnt friedlich in diesem Palast und erfaßt alle Buddha-Länder, alle Äonen, alle Lebewesen und alle heiligen Namen der unermeßlichen Buddhas.

Der große Sohn Buddhas wohnt friedlich in diesem Palast und verwandelt alle Äonen in einen einzigen Augenblick. Er vernichtet die Falschheit und folgt allen Lebewesen nach.

Der große Sohn Buddhas wohnt friedlich in diesem Palast und übt sich in mannigfaltigen Geisteskonzentrierungen. Er erfaßt in jedem Augenblick alles Seiende in allen Zeiten und Generationen.

Der große Sohn Buddhas wohnt friedlich in diesem Palast. Während er mit gekreuzten Beinen auf seinem Platz sitzt, erscheint er doch zugleich in allen Ländern und in allen Gegenden.

Der große Sohn Buddhas wohnt friedlich in diesem Palast. Er trinkt das Meer der heiligen Lehren Buddhas bis auf den letzten Tropfen aus und tritt tief in das Meer der Weisheit und der Tugend ein. Mit seiner grenzenlosen Weisheit begreift er unermeßliche Länder, Äonen, Buddhas und Lebewesen.

Der große Sohn Buddhas wohnt friedlich in diesem Palast. Er erkennt in jedem Augenblick, wie alle Buddha-Länder in allen Zeiten und Generationen unaufhörlich entstehen und vergehen.

Der Heilige begreift die mannigfaltigen Werke und Verlangen von allen vortrefflichen Lehrern und erkennt zugleich die mannigfaltigen Naturanlagen aller Lebewesen. Er macht sich also den heiligen Bereich Buddhas zu eigen. Er schaut in jedem einzelnen Stäubchen alle Äonen, alle Länder, alle Buddhas und alle Lebewesen.

Der große Sohn Buddhas wohnt friedlich in diesem Palast und schaut immerfort, wie alle Seienden, Lebewesen, Länder, Generationen und Äonen kein Selbst und kein Wesen haben. Er schaut die Gleichheit aller Lebewesen, die Gleichheit aller Wesen, die Gleichheit aller Bodhisattvas, die Gleichheit aller Buddhas, die Gleichheit aller Verlangen, die Gleichheit aller Welten und die Gleichheit aller Generationen.

Der große Sohn Buddhas wohnt friedlich in diesem Palast und belehrt doch alle Lebewesen, dient allen Buddhas und denkt über die Bereiche des Seienden nach. Mit unermeßlicher Weisheit befriedigt er die mannigfaltigen großen Verlangen und predigt während unzählbarer Äonen.

Alle Söhne Buddhas haben unzählbare Tugenden vollendet und wohnen in diesem Palast. Ich feiere sie alle mit gefalteten Händen. Ich rühme die grenzenlose Wunderkraft des ältesten Sohnes Buddhas und des Bodhisattva Maitreya! Ich grüße ihn mit gefalteten Händen und bitte ergeben um seine Gnade!«

Schließlich schickt Maitreya den Knaben zu Mañjuśrī zurück, damit er erfahren kann, wie das Leben eines Bodhisattva vollbracht werden kann. Mañjuśrī führt den Schüler in den Bereich des Bodhisattva Samantabhadra ein und verabschiedet sich hier, denn der Weg des Lernens hat sich erfüllt. Samantabhadra zeigt seine kosmische prächtige Gestalt, die alle Welten und Zeiten umfaßt und einer gewaltigen Theophanie gleicht. Er steht in dieser phantastischen Pracht vor Vairocana, dem Ur-Buddha und letzten Prinzip der Wirklichkeit. Samantabhadra legt sanft seine rechte Hand auf das Haupt Sudhanas. Daraufhin fällt dieser in tiefe Versenkung und innere Schau – eine Buddha-Welt nach der anderen tut sich auf, wobei Sudhana gewahr wird, daß alle Welten in der jeweils anderen enthalten sind. In jeder Pore Samantabhadras erscheint ein neues Universum. Eine kosmische Vielheit, die ihre Einheit im Buddha-Geist manifestiert. Der Knabe Reichhaltiger antwortet dem Bodhisattva: »Nur ein Buddha kann eine solch unbegreifliche mystische Schau verstehen.«

Schließlich spricht Bodhisattva Samantabhadra einen Abschlußhymnus, in dem er seine Bodhisattva-Gelübde erneuert, so lange segensreich zu wirken, bis alle Wesen in den unermeßlichen Welten erleuchtet sind und Frieden gefunden haben: »Solange die Erde besteht, solange Wesen existieren, solange Leiden andauern, solange möge mein Gelübde bestehen.«

Das Avataṃsaka-Sūtra schließt mit einem Hohenlied Samantabhadras auf den Erleuchtungsgeist:

Lied Samantabhadras auf den Erleuchtungsgeist

»Die reine und grenzenlose Weisheit begreift in einem Augenblick alle Generationen, daß diese nach den Wirkungszusammenhängen entstehen und deshalb keine eigene Wesenheit haben. Der Heilige gelangt in einem Land zur heiligen Erhellung und erscheint doch in allen Buddha-Ländern. Er bringt eine Welt hervor und verwandelt diese in die unermeßlichen Welten. Er bringt unermeßliche Welten hervor und verwandelt diese in eine Welt.

Der Heilige wohnt in der höchsten Weisheit und in der Furchtlosigkeit. Er predigt über die zwölf Übungen. Er begreift das Leiden, die Ursache des Leidens, die Vernichtung des Leidens und den Weg zur Vernichtung. Er erfaßt die zwölf Wirkungszusammenhänge *(nidāna)* und predigt mit den vier Arten der Beredsamkeit.

Kein Ich, kein Eigentum, keine Selbstheit, kein Entstehen und kein Vergehen, kein Kommen und kein Gehen. Alles ist so wie der Raum der Leere. Die mannigfaltigen Werke werden dennoch nie zunichte gemacht. Die Heilige predigt darüber mit unermeßlichen Weisheitsmethoden. Und wenn er also predigt, beben alle Buddha-Länder, das große Meer und das Diamanten-Gebirge, ohne daß doch die Lebewesen sich davor zu fürchten brauchen.

Der Heilige predigt ein und dieselbe Lehre, und die Lebewesen können sie je nach ihren Kräften in verschiedener Weise verstehen, um die Leidenschaften zu vernichten und die große Weisheit zu erlangen. Der Heilige predigt ein und dieselbe Lehre, und man hört die Almosenpflege, oder die Gebote-Befolgung, oder die Anstrengung, oder die Geisteskonzentrierung, oder die Weisheit, oder die Barmherzigkeit, oder die Begnadung, oder die Mit-Freude, oder das Loslassen, oder die Vier reinen Betrachtungen[9], oder die Vier rechten Anstrengungen[10], oder die Fünf Tugendkräfte[11], oder die Acht Hilfsmittel[12], oder die Schau durch Vernichtung der Gedanken, oder die Wundertaten. (. . .)

Das Wissen und die Werke sind verschieden, aber die Erlösung ist immer dieselbe, wie der eine und derselbe Raum der Leere. Die

---

9 Erlangen der Freude, die aus der Freiheit von Begierde erwächst; Erlangen der Freude, die aus dem Aufhören des diskursiven Denkens kommt; Gleichmut, der aus Achtsamkeit jenseits physischen Behagens und Unbehagens herrührt; reine Bewußtheit jenseits jeden Bewertens der Erscheinungen.

10 Nichts Übles tun; Übles, das schon existiert, beseitigen; Tugenden entstehen lassen; bestehende Tugenden vermehren.

11 Glaube, Anstrengung, Achtsamkeit, Konzentration, Weisheit.

12 *aṣṭāngikamārga*, s. Glossar.

wunderbare Stimme Buddhas ist ebenso immer dieselbe, aber sie wird je nach den Kräften der Hörenden auf verschiedene Weise gehört. Die wunderbare Stimme Buddhas ist die Folge seiner vergangenen Tugendwerke. Buddha hat keine Neigung zu diesem oder zu jenem, und doch kann er sowohl diesem als auch jenem mit einem Worte antworten. Buddha strahlt von seinem Munde vierundachtzigtausend Strahlungen aus und erleuchtet damit alle Länder, um die Leidenschaften zu vernichten.

Der Heilige vollendet die Weisheit und die Tugend, und doch folgt er gehorsam dem weltlichen Leben. Er ist wie der Raum der Leere von der Welt gereinigt und erscheint doch immer in der Welt. Wenn er auch in seiner Weltlichkeit die Leiden von Geburt, Altern, Krankheit und Tod erträgt und eine bestimmte Lebensdauer hat, ist er doch im Grunde so rein und ewig wie der Raum der Leere. Er kennt alle Lebewesen, ihre Anlagen und Begierden gründlich und führt sie zur großen Weisheit hin.

Der Heilige geht gern zu den Leuten und lehrt sie, je nach ihren Kräften ein edles Leben zu führen. Der Heilige lehrt den Weisen durch Buddhas Stimme die ehrwürdige Überweltlichkeit und führt ihn zum Nirvāṇa. Der Heilige erscheint unter den Brahmanen als ein alter Mann mit wirbelnden Haaren, führt die asketischen Übungen durch, beschäftigt sich mit endlosen Diskussionen, nimmt als Speise nur Luft oder nichts und verbrennt sich mit Flammen. Der Heilige folgt den Geboten der Irrlehre, wird Meister im Rechnen und Zaubern, in der Astrologie, in Erdkunde und Tierkunde.[13] Er tritt in mannigfaltige Geisteskonzentrierungen ein und benützt viele Arten der Befreiung von der Irrlehre. Auf solche Weise führt er letzten Endes die Brahmanen zur großen Weisheit.[14]

Der Heilige verherrlicht sich mit prächtigen Kleidern und führt die Soldaten als tapferer Kämpfer. Auf solche Weise kann er die Klasse der Krieger überwinden. Der Heilige versteht die Regierungskunst und den Umlauf der vier Jahreszeiten und herrscht

---

13 Er wird allen alles, solidarisiert sich und kann gerade so allen den Weg zur Befreiung weisen.
14 Die Brahmanen als Priesterkaste verwalteten den Opferkult, der vom Buddhismus abgelehnt wurde.

über das Volk mit sanften Worten. Auf solche Weise kann er die Politiker überwinden. (...)

Wie der kunstfertige Gaukler an der Wegkreuzung nach Belieben mannigfache Dinge hervorbringen kann, so bringt Buddha viele Leiber hervor, um die Lebewesen zu leiten. Der Mond in der Luft scheint zu- und abzunehmen. Das Bild des Mondes spiegelt sich in jedem Fluß und in jedem Teich. Der Strahl des Mondes verdeckt das Licht des Leuchtkäfers. Der Mond der einen Weisheit Buddhas scheint ebenso ab- und zuzunehmen. Sein Bild verweilt gern im Wasser des redlichen Geistes. Sein voller Strahl verdeckt das Licht des Kleinen Fahrzeugs.

Das tiefe und große Meer birgt unerschöpfliche Schätze in sich. Mannigfaltige Lebewesen spiegeln sich klar in seiner schimmernden Fläche. Das große Meer der Wirkungszusammenhänge birgt ebenso unerschöpfliche Schätze der Tugend in sich. Es gibt kein Bild in der Welt, das sich nicht im reinen Kosmos-Leib Buddhas spiegelte.

Wie die reine Sonne die Finsternis aus der Welt treibt, so vernichtet die Sonne der reinen Weisheit Buddhas die Finsternis aller Generationen. Der Drachen-König bringt die Wolken hervor und läßt den starken Regen über alle Dinge herabfallen, so daß die Hitze völlig vernichtet und Kühlung herbeigebracht wird. Aber das kommt weder vom Leib noch vom Geist des Drachen-Königs her. Der Heilige bringt ebenso die Wolke der großen Barmherzigkeit hervor und läßt das Himmelswasser der süßen Predigt herabfallen, so daß die Flammen der drei großen Leidenschaften (Begierde, Zorn, Torheit) verwischt werden. Aber das kommt weder vom Leibe noch vom Geiste des Heiligen her.

Der reine Kosmos-Leib Buddhas ist unvergleichlich in der Welt. Er ragt über die ganze Welt empor. Er ist weder Sein noch Nichts. Er hat kein Ding, worauf er sich gründet. Er erscheint überall, ohne dorthin zu gehen. Er ist wie ein Bild im Traum oder ein Zeichen in der Luft. Er ist weder Körper noch Nicht-Körper. Er ist weder Gestalt noch Nicht-Gestalt. Er ist weder seiend noch nicht-seiend. Er ist im Grunde wie der Raum der Leere.

Wie der Wunderschatz im tiefen Meer mannigfaltige Schätze hervorbringt, wie die Leuchten der Lebewesen besitzlos sind, so geht es mit dem Heiligen. Der Heilige ist zwar seiend, und doch ist er nicht-seiend. Es gibt keinen Ort, wo er seine Tugendschätze aufbewahrt. Der Heilige erscheint in der Welt. Er ist wie der Raum der Leere, wie die Sache, so wie sie ist *(tathatā)*, wie die Wesenheit der Sache, wie die Wahrheit, wie das Nirvāṇa, wie die Begierdelosigkeit, wie die stille Leere; das alles ist ein und dieselbe Sache.

Die Seelen der Lebewesen, die Stäubchen der Welten und die Tropfen des Meeres mögen irgendwie aufgezählt werden können. Selbst der Raum der Leere mag auf irgendeine Weise gemessen werden können. Aber die Tugenden Buddhas sind nie zu erschöpfen und nie auszusprechen. Wer dieser Lehre zuhört und sich freut und daran glaubt, der wird bald die höchste Weisheit erlangen und den Buddhas ganz gleich werden.«

Teil III
Erwachen zur Weisheit

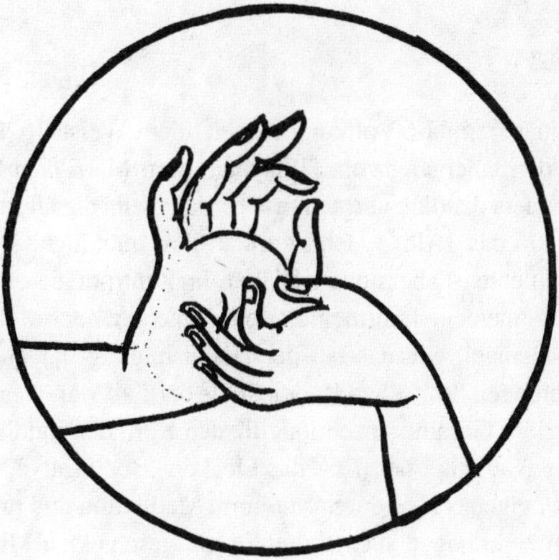

Dharmacakra-Mudrā.
Handgeste des Buddha, der den Dharma lehrt.

Aus dem Prajñāpāramitā-Sūtra

Übersetzt von Heinz Braun

Herz-Sūtra

Übersetzt von Michael von Brück

Einführung

Die Prajñāpāramitā-(›Vollkommenheit der Weisheit‹-)Literatur markiert den Übergang vom Hīnayāna- zum Mahāyāna-Buddhismus besonders deutlich und schon sehr früh, denn die ältesten Texte gehen bis in das 1. Jh. v. Chr. zurück, ihre mündliche Überlieferungsgeschichte ist aber noch viel älter. Im Zentrum dieser Literatur steht nicht eine neue Lehrmeinung oder eine veränderte Auslegung der Mönchsregel, wie das bei der Herausbildung der klassischen Schulrichtungen des frühen Buddhismus der Fall war, sondern eine neue religiöse Gesamtkonzeption, die den Kern der buddhistischen Heilslehre überhaupt betrifft – das Ideal des Bodhisattva, der nicht zuerst sein eigenes Heil durch Studium, Meditation und tugendhaftes Leben zu erlangen sucht, sondern mit geschickten Mitteln alle Wesen zur Befreiung führen will: Der Buddha, Śāriputra (als Vertreter des Hīnayāna) sowie Subhūti und Pūrṇa (wörtl. ›Fülle‹) als Prajñāpāramitā-Anhänger disputieren darüber, was das Wesen des Bodhisattva ist.[1] Der Buddha betont den Dienst am anderen, Śāriputra lehrt, der Bodhisattva zeichne sich dadurch aus, daß er alle falschen Ansichten überwunden hat, Subhūti erläutert den Erleuchtungsgeist *(bodhicitta)*, die Erleuchtung um der anderen willen anzustreben, und Pūrna nennt die Stadien des Weges sowie die geschickten Mittel, die der Bodhisattva anwenden muß.

---

1 Pañcaviṃśatisāhasrikā-prajñapāramitā-Sūtra, P 172–175 (Conze 126–128).

Der Unterschied der Prajñāpāramitā-Sūtras zum Lotos-Sūtra besteht vor allem darin, daß nicht der persönliche (wenn auch überweltlich und letztlich transpersonal vorgestellte) Buddha im Mittelpunkt steht, sondern das überpersönliche Prinzip der Weisheit *(prajñā)*, die im wesentlichen darin besteht, daß die Leere *(śūnyatā)* der gesamten Wirklichkeit meditativ geschaut und begrifflich erklärt wird. Darin unterscheidet sich *prajñā* grundsätzlich von der Gelehrsamkeit der Philosophie des Abhidharma (die Hīnayāna-Systematik): Alle Begriffsketten, Unterscheidungen von Daseinselementen, psychologischen Faktoren usw. müssen hier transzendiert werden, denn sie sind letztlich leer, d. h., sie haben kein Sein und keinen Bestand in sich selbst. Der entscheidende philosophische Unterschied zwischen Hīnayāna und Mahāyāna ist somit der, daß im Hīnayāna zwar das Nicht-Selbst *(anattā)* der Person gelehrt wird, hingegen hinsichtlich der Existenz der Faktoren der Außenwelt aber ein pluralistischer Realismus vertreten wird (die *dharmas* oder Daseinsfaktoren existieren), während im Mahāyāna der Schritt von *pudgalanairātmya* (nicht-inhärente Existenz der Person) zu *dharmanairātmya* (nicht-inhärente Existenz aller Daseinsfaktoren) vollzogen wird, d. h., es gibt nichts, das inhärente Existenz aus sich selbst hätte, alles ist leer *(śūnya)*.

Aus dieser Differenz ergibt sich sogleich der entscheidende soteriologische Unterschied zwischen Hīnayāna und Mahāyāna: Der Arhat im Hīnayāna sucht auf allen vorgeschriebenen Wegen (zu denen auch das Wohlwollen gegenüber allen Wesen gehört) das Nirvāṇa zu erlangen, der Bodhisattva im Mahāyāna sucht zuerst das Wohl aller anderen Lebewesen, weil er erkannt hat, daß seine eigene ichhafte Eigenexistenz nicht wirklich ist; jeder ist vielmehr unendlich subtil mit allen anderen Wesen ursächlich verbunden. Befreiung für ein Wesen allein kann es darum nicht geben; die altruistische Haltung ergibt sich direkt aus der intuitiven Schau und philosophischen Einsicht. Der Übergang von Hīnayāna zu Mahāyāna hat sich freilich nicht plötzlich vollzogen, und es ist durchaus möglich, daß die Lehre von der Leere auf den Buddha selbst zurückgeht und in bestimmten Kreisen mündlich überliefert wurde (außerhalb des etablierten Saṃgha der Theravādins), um sich dann im 1. Jh. v. Chr. mit anderen Strömungen zu verbinden und das Mahāyāna als Großes Fahrzeug hervorzubringen. Als gesichert kann gelten, daß die Literatur der Prajñāparamitā-Sūtras mit den Mahāsāṃghikas in Zusammenhang gebracht werden muß. Diese hatten sich auf dem zweiten buddhistischen Konzil von Vaiśālī (383 v. Chr.) durch eine weitherzigere Auslegung der Mönchsregel von anderen Gruppen getrennt. Ein weiterer Faktor für das Entstehen der Mahāyāna-Bewegung sind die Laien, die im Stūpa-Kult (also der Verehrung der Reliquien des Buddha) Möglichkeiten zur Verbesserung des *karman* und der spirituellen Reifung sahen und vielleicht eine Gruppe von Bodhisattvas hervorbrachten, die unabhängig vom Saṃgha und den strengen Mönchsregeln den Dharma praktizierten. Das dritte und für die Prajñāpāramitā-Literatur wichtigste Element sind die Waldeinsiedler *(āraññikas)*, die außerhalb der Klöster *(vihāra)* meditierten und für ihre Weisheit bekannt waren, die sich offensichtlich von der scholastischen Gelehrsamkeit der Klostermönche unterschied, die immer mehr in Orthodoxie und Buchstabenweisheit erstarrte. Subhūti, der in den Prajñāpāramitā-Sūtras lehrt und als Antipode zu Śāriputra (dem besonders gelehrten unter den Arhats) auftritt, repräsentiert diese Gruppe sehr eindrucksvoll, und es ist möglich, daß diese Kreise mündlich die *śūnyatā*-Lehre jahrhundertelang überliefert hatten, bevor sie aufgeschrieben wurde. Nach einer buddhistischen Sage soll Nāgārjuna, der Philosoph, Kommentator und Systematiker der Prajñāpāramitā-Sūtras (2. Jh. n. Chr.) die Schriften von den Nāgas, halbgöttlichen Schlangenwesen in einem fabelhaften Existenzbereich, erhalten haben. Manche Gelehrte glauben, daß es sich bei den Nāgas um Gruppen eben dieser *āraññikas* gehandelt haben könnte, die in eigener initiatischer Tradition direkt auf den Buddha zurückgehen. Es gibt nämlich im Pāli-Kanon (der Theravādins) einen Hinweis[2], daß der Buddha die *śūnyatā*-Lehre, die tief an Bedeutung sei, selbst gepredigt habe, daß aber die Mönche zukünftiger Generationen dieselbe nicht verstehen

2 Saṃyutta-Nikāya II, 266f.

und sie deshalb in Vergessenheit geraten lassen würden. Nāgārjuna könnte also mit dieser Tradition in Berührung gekommen sein, ihre unerhörte Bedeutung erfaßt und sie verbreitet haben.

Wie dem auch sei, die in der Prajñāpāramitā-Literatur vorgetragenen Einsichten sind einzigartig und von größter Bedeutung zum Verständnis des Buddhismus. Es handelt sich nicht um ein Sūtra, sondern um mindestens 40 Texte, von denen 27 als Sūtras gelten. Acht davon sind vollständig in Sanskrit erhalten, die anderen existieren in chinesischen, tibetischen und kothanesischen Übersetzungen. Als ältester Text gilt das Sūtra in 8000 Versen *(Aṣṭasāhasrikā-prajñāpāramitā-sūtra,* hier abgekürzt: Asta.-Sūtra), das dann erweitert wurde zum Sūtra in 25000 Versen *(Pañcaviṃśatisāhasrikā-prajñāpāramitā-sūtra,* hier abgekürzt: Panca.-Sūtra), in einer anderen Version 18000 Verse und wieder in einer erweiterten 100000 Verse hat. Oft gelten diese unterschiedlich langen Versionen nur als Abwandlungen ein und desselben Textes, die sich lediglich darin unterscheiden, daß Aufzählungen der Daseinsfaktoren, Typologien usw. immer ausführlicher wiederholt werden (was der Einprägung und Meditation dient). Neuere Forschungen haben aber gezeigt[3], daß sich etwa an der Differenz zwischen dem Sūtra in 8000 und dem in 25000 Versen deutlich der *allmähliche* Übergang zum ausgeprägten Bodhisattva-Ideal des Mahāyāna ablesen läßt.

Das Asta.-Sūtra fragt, wie man ein Tathāgata werden kann, während das Gewicht im Panca.-Sūtra auf der Kultivierung des Pfades liegt, der darin besteht, zuerst das Wohl der anderen im Auge zu haben und die eigene Erleuchtung zurückzustellen, wobei die letztgültige Befreiung im Nirvāṇa als letztes Ziel selbstverständlich erhalten bleibt. Es handelt sich nicht um Gegensätze, sondern um Akzentverschiebungen. Während sehr frühe Mahāyāna-Texte die gläubige Verehrung des Buddha *(buddha-pūjā)* als hinreichend für die Entwicklung der Wurzeln betrachten, aus denen sich die vollkommene Bodhisattvaschaft entfalten kann, fügen die Prajñāpāramitā-

---

3 Es sei nur der instruktive Aufsatz von N. R. Lethcoe, The Bodhisattva Ideal in the *Asta.* and *Panca.* Prajñāpāramitā Sūtras, in: L. Lancaster (Hrsg.), Prajñāpāramitā, 263–280 (s. Literaturverzeichnis), erwähnt, dem ich die folgenden Beobachtungen verdanke.

Texte den Aspekt des Studiums und der Weisheit hinzu, das Panca.-Sūtra noch mehr, weil hier der Buddha als *Lehrender* dargestellt wird, der damit allen Wesen dient. Im Panca.-Sūtra wächst die Rolle des Buddhas und Bodhisattvas bei der Erleuchtung der Wesen. Waren sie ursprünglich nur Helfer, die den Weg zeigen, den jeder einzelne in Eigenverantwortung gehen muß, so zeigen sich im Panca.-Sūtra erste Ansätze dafür, das Buddhas und Bodhisattvas die Erleuchtung gewähren oder auch nicht – den verstockten Mönchen des Hīnayāna gewährt der Buddha nicht die Möglichkeit, die Vollkommenheit der Weisheit zu hören, er gewährt ihnen nicht die notwendigen Schauungen, damit sie Einsicht in die Leere *(śūnyatā)* gewinnen können.[4] Ja, nur durch die Kraft des Buddha kann jemand zur tiefen Vollkommenheit der Weisheit gelangen.[5] Im Asta.-Sūtra sind folgerichtig die geschickten Mittel *(upāya)* Möglichkeiten, die *eigene* Befreiung schneller voranzubringen; im Panca.-Sūtra sind es vor allem Mittel, *andere* zur Befreiung zu führen, wobei im Sūtra beide Aspekte ganz harmonisch verschmolzen sind.

Im Asta.-Text hat die wichtige Mahāyāna-Vorstellung der Widmung *(pariṇāma)* eigener Verdienste bzw. karmischer positiver Bewußtseinsformungen *(punya)*[6] für einen bestimmten anderen Zweck einen anderen Kontext als im Panca.-Sūtra. Dort widmet der Bodhisattva die guten karmischen Einprägungen seinem eigenen Voranschreiten auf dem Erleuchtungspfad, hier widmet er sie allen anderen Wesen. Um andere Wesen zu retten, kann sich ein Bodhisattva im Panca.-Sūtra in niederen Existenzbereichen, zum Beispiel in der Hölle, reinkarnieren, ja, er kann das Leiden anderer stellvertretend auf sich nehmen.[7] Im Asta.-Text hingegen wird sich ein Bodhisattva, der das Stadium eines Nicht-Zurückkehrers (in den Kreislauf der Geburten) erreicht hat, nicht reinkarnieren. In seinem stellvertreten-

4 Pañcaviṃśatisāhasrikā-prajñāpāramitā-Sūtra, P 275 (Conze 289).
5 Pañcaviṃśatisāhasrikā-prajñāpāramitā-Sūtra, P 310 (Conze 327).
6 Vgl. oben, S. 166, Anmerkung 5. Daß die geläufige Übersetzung von *punya* mit ›Verdienst‹ besonders auf dem Hintergrund der Auseinandersetzungen zwischen katholischer und evangelischer Theologie im 16. Jh. zu Mißverständnissen führt, habe ich begründet in: M. v. Brück, Einleitung. Der XIV. Dalai Lama, Logik der Liebe (Hrsg. Jeffrey Hopkins), München 1986, 31.
7 Pañcaviṃśatisāhasrikā-prajñāpāramitā-Sūtra, P 170 (Conze 124).

den Leiden widmet der Bodhisattva einerseits seine guten Qualitäten den anderen Wesen – er überträgt seine Verdienste auf sie, damit sie den Weg zur Erleuchtung schnell und ungehindert gehen können –, und gleichzeitig erzeugt seine gute Motivation in ihm weiteres gutes *karman,* das ihm *danach* hilfreich auf dem eigenen Weg zur Befreiung ist. Hat er freilich eine tiefe Einsicht in die Leere von solchen Unterscheidungen wie ›anderer‹ und ›eigen‹, kann der Zwiespalt gar nicht aufkommen. Erstaunlich ist der Hinweis (der im Asta.-Text fehlt), daß der Bodhisattva sich auch um die materiellen Bedürfnisse (es werden Speise und Wohnung genannt) der Menschen aktiv kümmern muß, weil bittere Armut eine Sorge um das Leibliche hervorbringt, die tugendhafte und geistige Entwicklung behindert.[8]

Die Prajñāpāramitā-Sūtras sind keine systematischen Abhandlungen. Die Gedanken springen, unablässige Wiederholungen lassen die Zusammenhänge oft unübersichtlich werden, dienen aber der Einübung des Gehörten. Alle Gedanken kreisen um das eine Thema: Wie soll die Lebenspraxis eines Bodhisattva aussehen, der die intuitiv geschaute und rational reflektierte Weisheit der Leere so anwendet, daß sie *in der Anwendung* und Ausübung ständig wächst und zur Erleuchtung führt.

Zur Weisheit, die angestrebt wird, gehört demzufolge die Methode ihrer Entwicklung, und dies ist die heilende Hinwendung zu allen Wesen bzw. die große Barmherzigkeit des Bodhisattva *(karuṇā).* Karuṇā ist das geschickte Mittel *(upāya),* mit dem Weisheit in der Bodhisattvaschaft verwirklicht wird, nicht also nur die Darlegung der Lehre in geeigneter Form (wie wir vor allem im Lotos-Sūtra gesehen hatten), sondern die *Praxis* der Nicht-Dualität oder Leere gegenüber allen Lebewesen. Sind alle Lebewesen nicht-zwei und leer von Eigenexistenz, ergibt sich die Ausübung von unbedingter Liebe und Barmherzigkeit ganz von selbst. Die klassischen Sechs Vollkommenheiten (selbstloses Geben, Tugend, Geduld, Tatkraft, Meditation, Weisheit) sind der Pfad dieser Praxis.

---

8 Pañcaviṃśatisāhasrikā-prajñāpāramitā-Sūtra, P 565 (Conze 614) und 573 (Conze 625).

Erleuchtung erwächst aus der Praxis des Bodhisattva wie eine Blüte aus der Pflanze. Zwischen beiden besteht Kontinuität, und Kontinuität ist eine bestimmte Form der Identität.[9] *Prajñā* entwickelt sich also, während sie praktiziert wird, und diese Praxis ist selbst die Erleuchtung. Zwischen dem rechten Lebensvollzug des Bodhisattva, wie er in den Sūtras beschrieben wird, und der Erleuchtung besteht kein Unterschied. ›Erleuchtung‹ ist für die Prajñāpāramitā-Sūtras[10] gleichbedeutend mit Einsicht in die Wirklichkeit, wie sie ist (ihre Soheit, *tathatā*), d. h. ohne die Projektionen der dualistischen Kategorien des Verstandes. Eine solche Erfahrung ist nichts anderes als Nirvāṇa.

Prajñā erscheint aber in den Prajñāpāramitā-Sūtras nicht einfach als die sechste der Vollkommenheiten, sondern sie ist die Grundlage aller anderen, und damit ist wiederum ein neuer Akzent gegenüber dem frühen Buddhismus gesetzt. Sie ist die Weisheit, die alles erleuchtet und die Praxis tatsächlich ich- und absichtslos machen kann. *Prajñā* heißt, wie wir sagten, die Dinge in ihrer Soheit zu erkennen, d. h. in ihrer wahren Natur ohne Verunreinigungen. In der Weisheitsschau sind alle Wesen, einschließlich der Buddhas und Bodhisattvas, einander Brüder *(anujāta)*, und die Sūtras beschreiben *prajñā*, die weibliche Weisheit, als Mutter. So wie Kinder besorgt sind, daß die Mutter gesund bleibt, sorgen Buddhas und Bodhisattvas dafür, daß die Weisheit gepflegt wird, denn würde sie verkümmern, müßten alle leiden. Weisheit ist nicht mehr nur ein Mittel, auch nicht einfach das Ziel, sondern der wahre Grund der Wirklichkeit überhaupt, in den alle dualistischen Erscheinungen, Vorstellungen und meditativen Schauungen zurückkehren, ohne sich selbst zu verlieren.

Die Einheit im Grund und die Vielheit in der Erscheinung sind *beide* leer. Eins verschwindet nicht im anderen, sondern beide werden in *prajñā* transzendiert in eine Erfahrung, die unaussprechlich ist, denn sie ist weder identisch mit beiden noch getrennt von ihnen. Dies ist die Weisheit der Leere *(śūnyatā)*, die das *Gaṇḍavyūha-*

---

9 D. T. Suzuki, Essays in Zen Buddhism III, 230.
10 Pañcaviṃśatisāhasrikā-prajñāpāramitā-Sūtra, P 396 (Conze 411).

sūtra beschreibt[11], indem es den pilgernden Knaben Sudhana zum Palast Maitreyas gelangen läßt: »Der Knabe schaute den Palast mit dem Geist der Gleichheit und fand, daß er gerade so war wie der Raum der Leere; daß er sich wie der Kosmos der Wahrheit grenzenlos überallhin erstreckte; daß er wie der heilige Buddha war, ohne die geringste Falschheit und ohne die geringste Befleckung; daß er wie das Bild im Spiegel war oder wie der Traum oder wie der Blitz oder wie der Widerhall; daß er durch die Wirkungszusammenhänge zustande gebracht war; daß er daher weder Sein noch Nichts war.«

Die Prajñāpāramitā-Sūtras sprechen von den Drei Toren der Befreiung *(vimokṣamukha)*, nämlich der Leere *(śūnyatā)*, der Bestimmungs- (oder Bezeichnungs-)losigkeit *(animittatā)* und der Wunschlosigkeit *(apraṇihitatā)*. Die Leere werden wir in der Einführung zum Herz-Sūtra noch näher darlegen, sie bedeutet jedenfalls hier, daß nichts aus sich selbst besteht, sondern durch Ursachen bedingt ist und darum nicht in sich selbst real sein kann. Wer dies erkennt, überwindet die Ichhaftigkeit und wird von ihren Folgen, vor allem dem Anhaften an den Dingen, befreit. Die Bezeichnungslosigkeit bedeutet, daß alle Bezeichnungen trügerisch sind und letztlich vermieden werden müssen, weil der Mensch glaubt, die Sache selbst in der Bezeichnung zu haben. Die Bezeichnung ist aber ein Modell, das vom Bewußtsein projiziert wird, sie bearbeitet also die Wahrnehmung in solcher Weise, daß das Wahrgenommene nicht mehr es selbst in seiner Soheit ist. Bezeichnete Wahrnehmung ist deshalb ein Hindernis für die Befreiung, weil sie irrtümlich und irreführend ist. Irrtümlich, weil sie nicht die ›Sache als solche‹ trifft, irreführend, weil der Mensch die durch seinen psychisch-mentalen Wahrnehmungsmodus gefärbte Sache (oder Person) begehrt oder ablehnt. Und aus diesen Emotionen erwächst alles weitere Unheil. Die Wunschlosigkeit bedeutet, daß der zur Leere vorgedrungene Geist alle Dualitäten, also auch den Gegensatz von Wünschbarem und Unerwünschtem, übersteigt, er wird frei von seinem Verlangen. Ein solcher Geist wird als reines Bewußtsein, als reines universal-

11 Vgl. das vorige Kapitel S. 165. – die Übersetzung stammt von T. Doi, Kegon-Sutra, 399 (s. Literaturverzeichnis).

transparentes Leuchten *(prabhāsvara),* als der Grund der Wirklichkeit selbst beschrieben.

Im Laufe der Jahrhunderte wurden unzählige Kommentare zu den Prajñāpāramitā-Sūtras verfaßt, allen voran steht Nāgārjunas enzyklopädisches Werk *Mahāprajñāpāramitopadeśa,* das vielleicht auch von einem Schüler des großen Philosophen verfaßt und jedenfalls im Jahre 405 n. Chr. von Kumārajīva ins Chinesische übersetzt wurde. Ein weiterer bedeutender Kommentator ist Haribhadra (ca. 750–800), der wiederum auf die tibetischen Kommentatoren großen Einfluß ausgeübt hat. Aber nicht nur Kommentare, sondern auch Zusammenfassungen der ungeheuren Literatur waren nötig, damit die Lehren überschaubar wurden. Solche Zusammenfassungen sind entweder selbst Sūtras, wie das Diamant-Sūtra und das Herz-Sūtra, die um 400 n. Chr. entstanden, oder begrifflich scharf formulierte und intellektuell ausgerichtete Sammlungen von Merksprüchen, die den Inhalt der Prajñāpāramitā-Sūtras systematisierten. Das berühmteste Werk dieser Art ist Maitreyanāthas *Abhisamayālaṃkāra,* das in 273 Merksprüchen in einzelnen Sektionen den allmählichen Fortschritt des Bodhisattva auf dem Pfad zur Befreiung beschreibt, und zwar auf der Grundlage des Sūtra in 25 000 Versen *(Pañcaviṃśati-sāhasrikā prajñāpāramitā-sūtra),* aus dem im folgenden ein Kapitel wiedergegeben ist.

Die hier abgedruckte Übersetzung aus dem Prajñāpāramitā-Sūtra stützt sich auf zwei Werke:

1. Auf den Sanskrittext einer weiteren Rezension dieses Sūtra (wohl aus dem 5. Jh. n. Chr.), das sich nach dem Einteilungsschema und den Kapitelbezeichnungen des Kommentars Abhisamayālaṃkāra von Maitreyanātha richtet, hrsg. von N. Dutt, Calcutta Oriental Series, Nr. 28 (1934).

2. Auf Edward Conzes englische Übersetzung eines Textes, den er »Großes Sūtra der Vollkommenheit der Weisheit« nennt und dem er das Pañcaviṃśatisāhasrikā-prajñāpāramitā-sūtra in der Edition von N. Dutt, in einigen Abschnitten aber auch die Version in 100 000 Versen, Lesarten der Version in 18 000 Versen und verschiedene chinesische Versionen zugrunde legt (Literaturverzeichnis).

Die Übersetzung des Herz-Sūtra stützt sich auf den von Conze erstellten Sanskrittext.

1. Prajñāpāramitā-Sūtra: Der Erleuchtungsgedanke (Kapitel 2)

Erläuterungen

Das erste Kapitel des Sūtra beschreibt die Umstände der Predigt des Buddha auf dem Geierberg bei Rajagrha. Der Buddha predigt wiederum nicht in seinem irdischen Leib, sondern in dem Herrlichkeitsleib, der einem subtileren Daseinsbereich angehört. Eintausendzweihundertfünfzig Mönche sind um ihn versammelt, und von ihnen heißt es, daß sie alle Arhats seien. Hinzu kommen fünfhundert Nonnen, Laien und Laienanhängerinnen, von denen es heißt, sie seien alle in diesem Leben befreit. Dazu gesellen sich unzählige himmlische Wesen. Der Buddha sitzt auf seinem Löwenthron und ist in tiefer Konzentration versunken. Er taucht aus der Versenkung auf, strahlt Erleuchtungsstrahlen in alle Richtungen und spricht die Belehrungen über die Bodhisattvaschaft.

Vor allem geht es um die genaue Bezeichnung der einzelnen Stadien der Bodhisattvaschaft. Bereits im frühen Buddhismus war der Weg eines Wesens auf dem Weg zur Erleuchtung in vier Stadien eingeteilt worden: 1. einer, der in den Strom (der Lehre) eingetreten ist; 2. einer, der noch einmal in das irdische Leben zurückkehren wird, um sich zu vervollkommnen; 3. einer, der nicht noch einmal wiedergeboren wird, weil er in diesem Leben die Befreiung erlangen wird; 4. ein Arhat. Die Schule der Sarvāstivādins hatte dieses Schema bereits auf sieben Stadien erweitert, und im Mahāyāna schließlich werden die Zehn Stufen der Bodhisattvaschaft *(bhūmi)*[1] unterschieden.

Das 2. Kapitel erläutert den Erleuchtungsgedanken, er ist der Grund allen weiteren geistigen Aufstiegs. Es ist typisch für die

---

1 Siehe Glossar.

Mahāyāna-Sūtras, daß der Buddha die Unterweisung an Śāriputra richtet, der sonst als besonders gelehrter Arhat gilt. Der gelehrte Mönch des Hīnayāna, einer der wichtigsten Schüler des Buddha, kann sich noch nicht von seinen rationalistischen Gedankenschranken frei machen und wird Subhūti gegenübergestellt, der hier als viel weiser gilt, denn er verkörpert die Einsicht in die Leere und das Bodhisattva-Ideal des Mahāyāna.

Die Belehrung kreist um eine Auslegung der Sechs Vollkommenheiten und ihre Anwendung. Der Bodhisattva darf bei keiner Übung stehenbleiben, auch nicht bei der Meditation, die zu genießen eine selbstbezogene und ichbewußte Fehlhaltung wäre. Kein Zustand und kein Stadium darf objektiviert werden.

Dieses Kapitel zeichnet sich aber vor allem durch die zweiundzwanzig Bilder für den Erleuchtungsgedanken aus. Kommentatoren sind immer wieder angeregt worden, diese Bilder zu erläutern und das Wesen des Bodhisattva-Pfades mit ihrer Hilfe anschaulich darzustellen. Um zu zeigen, wie dieser Überlieferungsprozeß zustande kommt, sind die kondensierten Merksprüche des Abhisamayālaṃkāra hinzugefügt. Diese sind gemeinsam mit dem Sūtra-Text von Haribhadra (um 750–800) und später vor allem von tibetischen Meistern immer neu kommentiert worden und dienen auch heute noch als Einübung in den buddhistischen Weg, wie er in Europa vor allem von tibetischen Meditationsmeistern gelehrt wird.

Text

Der Erleuchtungsgedanke *(bodhicitta)*

1. Die Entfaltung des mit dem Wunsch nach vollkommener Erleuchtung *(sambodhi)* verbundenen Erleuchtungsgedankens, im allgemeinen

Als der Erhabene sah, daß sich das gesamte Universum mit der Welt der Götter, der Welt Māras[1], der Welt Brahmas, mit der Schar der

1 Personifikation des Vergänglichen. In der Buddha-Legende der ›Versucher‹.

Asketen und Brahmanen und ebenso die Bodhisattvas, die ›Kronprinzen‹[2], versammelt hatten, sagte er zum Ehrwürdigen Śāriputra:

»Ein Bodhisattva, ein großes Wesen, der alle *dharmas* (Daseinsfaktoren) verstehen will, soll sich in der Vollkommenheit *(pāramitā)* der Weisheit *(prajñā) üben.«*

2. Die mit dem Wunsch nach vollkommener Erleuchtung verbundene Entfaltung des Erleuchtungsgedankens, im einzelnen

Śāriputra: »Wie nun soll er sich in der vollkommenen Weisheit üben?«

Der Erhabene: »Da soll sich, Śāriputra, ein Bodhisattva, ein großes Wesen, das in der Vollkommenheit der Weisheit verweilt hatte, ohne im Verweilen zu verharren, in der Vollkommenheit des Gebens *(dāna)* vervollkommnen, wohl wissend, daß völliger Verzicht (deswegen) nicht eingetreten ist, weil (der Zusammenhang von) Gabe, Geber und Empfänger (noch) nicht erfaßt worden ist. Er soll sich in der Vollkommenheit der Tugend *(śīla)* vervollkommnen, ohne in die Extreme von Vergehen und Nicht-Vergehen[3] zu verfallen. Er soll sich in der Vollkommenheit der Geduld *(kṣānti)* vervollkommnen und unerschütterlich bleiben. Er soll sich in der Vollkommenheit der Tatkraft *(vīrya)* vervollkommnen und in seiner körperlichen und geistigen Tatkraft nicht nachlassen. Er soll die Vollkommenheit der Meditation *(dhyāna)* erreichen und (dennoch) keinen Genuß darin finden. Er soll die Vollkommenheit der Weisheit entfalten mit der Absicht, weder der Weisheit noch der Torheit zu verfallen.«

3. Die mit dem Wunsch nach vollkommener Erleuchtung verbundene Entfaltung des Erleuchtungsgedankens, der das Wohl anderer zum Gegenstand hat, im allgemeinen

»Und weiter soll sich ein Bodhisattva, ein großes Wesen, in der Vollkommenheit der Weisheit üben, wenn er alle Wesen in jeder der

---

2 *Kumārabhūta*: ›Kronprinz‹, Beiname des Bodhisattva, des Anwärters auf die Buddhaschaft.
3 ›Sünde‹ und ›Nicht-Sünde‹ *(āpatti, anāpatti)*.

zehn Himmelsrichtungen und in zahllosen Weltsystemen, die so zahlreich sind wie die Sandkörner im Ganges, zum Nirvāṇa, zum Bereich des Nirvāṇa *(nirvāṇadhātu)* führen will, das frei ist von jedem (hinderlichen) Rest.«[4]

4. Die mit dem Wunsch nach vollkommener Erleuchtung verbundene Entfaltung des Erleuchtungsgedankens, der das Wohl der anderen zum Gegenstand hat, im einzelnen

»Ebenso soll ein Bodhisattva ein großes Wesen, sich in der Vollkommenheit der Weisheit üben, wenn er die Geizigen zum Geben veranlassen will, die Zügellosen zur Tugend, die Übelwollenden zur Geduld, die Schwachen zur Tatkraft, die Zerstreuten zur Konzentration und Meditation und den Toren zur Gewinnung der Weisheit.«

Die 22 Arten des Erleuchtungsgedankens

5. Die Entfaltung des mit Festigkeit verbundenen Erleuchtungsgedankens, vergleichbar der *Erde*

»Und weiter soll ein Bodhisattva, ein großes Wesen, in der vollkommenen Weisheit verweilen, wenn er alle *dharmas* in all ihren Aspekten kennenlernen will.«

6. Die Entfaltung des mit fester Absicht verbundenen Erleuchtungsgedankens, vergleichbar dem leuchtenden *Gold*

»Da soll sich der Bodhisattva, das große Wesen, nachdem er in der Vollkommenheit der Weisheit verweilt hatte, ohne im Verweilen zu verharren, in der Vollkommenheit des Gebens vervollkommnen wegen des Nicht-Erfassens (der Unterscheidung) von Gabe, Geber und Empfänger. Und dasselbe soll er tun hinsichtlich der Vollkommenheit der Moral, (bis hin zu) der Vollkommenheit der Weisheit, wegen des Nicht-Erfassens von beiden, Weisheit und Torheit.«

---

4 *anupādiśeṣanirvāṇa*: Nirvāṇa nach dem Tode, d. h. ohne den Körper, das Gefühl usw. als ›hinderlichen‹ Rest.

7. Die Entfaltung des mit fester Absicht verbundenen Erleuchtungsgedankens, vergleichbar dem *Neumond*

»Nach dem Verweilen in der Vollkommenheit der Weisheit soll sich der Bodhisattva, das große Wesen, in den vier Vergegenwärtigungen der Achtsamkeit[5], in den vier rechten Bemühungen[6], in den vier Grundlagen magischer Kräfte[7], in den fünf geistigen Fähigkeiten[8], in den fünf (äußeren) Kräften[9], in den sieben Erleuchtungsgliedern[10] und im Achtfachen Pfad *(aṣṭāngikamārga)* vervollkommnen. Er soll die Leerheitsversenkung *(śūnyatā-samādhi)*, die bezeichnungslose Versenkung *(animitta-samādhi)*, die Wunschlosigkeits-Versenkung *(apraṇihita-samādhi)* entfalten.[11] Er soll die vier Stufen der Versenkung *(dhyāna)*, die vier Unbegrenztheiten *(apramāṇa)*, die vier unstofflichen Erfahrungen *(arūpyasamāpatti)*, die acht Befreiungen *(vimokṣa)*, die neun Erfahrungen aufeinanderfolgender Zustände *(anupūrvavihārasamāpatti)* und die neun Vorstellungen *(saṃjñā)* des Ekelhaften *(aśubha)* entfalten.[12] Welche neun? Die Vorstellung eines aufgedunsenen, eines wurmzerfressenen, eines faulenden, eines blutigen, eines blau gewordenen, eines angefressenen, eines zerlegten, eines verbrannten Leichnams und eines

---

5 *smṛtyupasthāna*, Pāli *satipaṭṭhāna*: Achtsamkeit in bezug auf: Körper, Empfindungen, Bewußtseinsabläufe, alle äußeren Dinge.

6 *samyak-prahāṇa*: 1. Unheilsames, das noch nicht im Bewußtsein erwacht ist, nicht aufkommen zu lassen; 2. unheilsame Gedanken, die bereits aufgekommen sind, zu überwinden; 3. Tugenden, die noch nicht entwickelt sind, entstehen zu lassen; 4. Tugenden, die bereits entwickelt sind, nicht verkommen zu lassen, sondern zu pflegen und zu verstärken.

7 *ṛddhipāda*: 1. die Energie, die sich aus der bewußten Übung der Willenskonzentration entwickelt, 2. die Energie, die sich aus der bewußten Übung der Gedankenkonzentration entwickelt, 3. die Energie, die sich aus der bewußten Übung der Konzentration der Tatkraft entwickelt, 4. die Energie, die sich aus der bewußten Übung der Konzentration analytischer Bewußtseinskraft entwickelt.

8 Diese fünf Fähigkeiten werden analog *indriya* (Sinneskräfte) genannt, weil sie zu entwickeln sind: Glaube *(śraddhā)*, Tatkraft *(vīrya)*, Achtsamkeit *(smṛti)*, Meditation *(dhyāna)* und Weisheit *(prajñā)*.

9 *bala*: Sie sind identisch mit den fünf geistigen Fähigkeiten, aber auf höherer Entwicklungsstufe.

10 *bodhyaṅga*, Pāli *bojjhaṅga*: Achtsamkeit oder Gedächtniskraft *(smṛti)*, Unterscheidung der Lehren *(dharmapravicaya)*, Anstrengung *(vīrya)*, Freude *(prīti)*, Verzückung *(praśrabdhi)*, meditative Versenkung *(samādhi)*, vollkommene Gelassenheit *(upekṣā)*.

11 Siehe Einführung, S. 125 f.

12 Diese Konzentrationsübung auf den Ekel mutet uns fremd an. Sie ist in frühester buddhistischer Praxis verwurzelt, wo man an Leichenverbrennungsplätzen meditierte, um sich die Vergänglichkeit des Daseins vor Augen zu stellen.

Skeletts. Er soll die Abneigung gegen die Nahrung entfalten. Er soll die Erinnerung an den Buddha, die Lehre und die Mönchsgemeinde, an die Tugend, den Verzicht, die Götter, das Atmen, die Erregung, das Sterben und die Körperlichkeit entfalten; er soll die Wahrnehmung des Vergänglichen *(anitya),* des Leidhaften *(duḥkha),* des Ichlosen *(anātman),* des Häßlichen, des Todes, des Mangels an Freude über irgend etwas in der Welt und des Mißtrauens gegen alles in der Welt entfalten; (er soll die Erkenntnis des Leidens, der Leidensentstehung, der Leidensvernichtung und des Weges dazu entfalten; er soll die Erkenntnis der Auslöschung, der Nicht-Entstehung, der *dharmas* entfalten), der Meisterschaft, der Anpassung an weltliche Konventionen und die Erkenntnis nach den Buchstaben entfalten. Er soll die mit Gedankenerfassung und diskursivem Denken verbundene Konzentration, die von Gedankenerfassung freie, mit diskursivem Denken verbundene Konzentration und die von Gedankenerfassung und diskursivem Denken freie Konzentration entfalten. Er soll die Sinneskraft ›Ich werde das noch nicht Verstandene verstehen‹, die Sinneskraft des Verstehens und die Sinneskraft eines, der verstanden hat, entfalten. Er soll das Stadium der Meisterschaft, die Ur-Grundlagen und die Erkenntnis des Allwissenden *(sarvajñajñāna)* entfalten; er soll in der aufzunehmenden Ruhe-*(śamatha-)* und tiefe-Einsichts-*(vipaśyanā,* Pāli *vipassanā-)*Übung das dreifache Wissen, das vierfache analytische Wissen, die vier Grundlagen des Selbstvertrauens, das unvergängliche fünffache überweltliche Wissen, die Sechs Vollkommenheiten *(ṣaṭ pāramitā)*[13], die sieben Arten von Reichtümern, die acht Überlegungen eines Übermenschen, die zehn Kräfte eines Tathāgata, die achtzehn Buddha-Dharmas, das große Mitgefühl *(maitrī,* Pāli *mettā),* das große Mitleid *(karuṇā),* die große Mitfreude *(muditā)* und den großen Gleichmut *(upekṣā,* Pāli *upekkhā)* entfalten.«

8. Die mit Anstrengung verbundene Entfaltung des Erleuchtungsgedankens, vergleichbar einem flammenden *Feuer*

---

13 1. Geben, Freigebigkeit *(dāna)*, 2. Tugend *(śīla)*, 3. Geduld, Nachsicht *(kṣānti)*, 4. Tatkraft *(vīrya)*, 5. Versenkung, Meditation *(dhyāna)*, 6. Weisheit, Erkenntnis, Wissen *(prajñā)*.

»Ein Bodhisattva, ein großes Wesen, soll sich in der Vollkommenheit der Weisheit üben, wenn er die Erkenntnis des All-Wissens, welches mit den besten aller Aspekte ausgestattet ist, gewinnen will. Ein Bodhisattva, ein großes Wesen, soll sich in der Vollkommenheit der Weisheit üben, wenn er die Kenntnis der Pfade vervollkommnen, die Kenntnis aller Aspekte (des Daseins) erreichen, die Erkenntnis der Gedanken und Taten aller Wesen gewinnen, die Befleckungen und alle mit ihnen verbundenen Rückstände herausreißen will. In dieser Weise soll sich ein Bodhisattva, ein großes Wesen, üben.

Und in gleicher Weise soll, Śāriputra, ein Bodhisattva, ein großes Wesen, sich in der Vollkommenheit üben, wenn er in den gefestigten Zustand eines Bodhisattva eintreten will; wenn er die Ebene des Hörers *(śrāvaka)* und des Pratyeka-Buddha überschreiten will; wenn er im unumkehrbaren Zustand (der Bodhisattvaschaft) verharren will; wenn er die Stufe eines ›Kronprinzen‹ vollständig hinter sich lassen will; wenn er das sechsfache überweltliche Wissen gewinnen will; wenn er die ruhelosen Gedanken und Taten der Wesen wahrnehmen will; wenn er die Erkenntnisse aller Anhänger und Pratyeka-Buddhas übertreffen will; wenn er zu den Dhāraṇī- und den Konzentrationstoren *(dhāraṇī-samādhimukha)*[14] gelangen will.«

9. Der mit der Vollkommenheit des Gebens verbundene Erleuchtungsgedanke, vergleichbar einem großen *Schatz*

»Der Bodhisattva, der geizige Wesen zum Spenden anhalten und die Gaben, die von allen Anhängern und Pratyeka-Buddhas gespendet werden, mittels der Hervorbringung eines einzigen mit Freude verbundenen Gedankens übertreffen will, soll sich in der Vollkommenheit der Weisheit üben.«

10. Der mit der Vollkommenheit der Tugend verbundene Erleuchtungsgedanke, vergleichbar einer *Juwelenmine*

---

14 Mystische Formel mit Silben, denen magische Kraft zukommt. Die Formel oder Silbe enthält die Quintessenz eines Sūtra, eines Buddha oder Bodhisattva.

»Der Bodhisattva, der den Unmoralischen in Tugend festigen will, soll sich in der Vollkommenheit der Weisheit üben.«

11. Der mit der Vollkommenheit der Geduld verbundene Erleuchtungsgedanke, vergleichbar dem *großen Ozean*

»Der Bodhisattva, der die mit zornigen Gedanken Erfüllten in der Geduld festigen will, soll sich in der Vollkommenheit der Weisheit üben.«

12. Der mit der Vollkommenheit der Tatkraft verbundene Erleuchtungsgedanke, vergleichbar einem *Donnerkeil (vajra)*

»Der Bodhisattva, der die Trägen mit Tatkraft erfüllen will, soll sich in der Vollkommenheit der Weisheit üben.«

13. Der mit der Vollkommenheit der Versenkung (Meditation) verbundene Erleuchtungsgedanke, vergleichbar einem *Berg*

»Der Bodhisattva, der die Wesen voller verwirrter Gedanken zur Versenkung führen will, soll sich in der Vollkommenheit der Weisheit üben.«

14. Der mit der Vollkommenheit der Weisheit verbundene Erleuchtungsgedanke, vergleichbar einer *Arznei*

»Der Bodhisattva, der die Toren in der Weisheit festigen will, soll sich in der Vollkommenheit der Weisheit üben.«

15. Der mit der Vollkommenheit der Geschicklichkeit (bei der Wahl) der Mittel verbundene Erleuchtungsgedanke, vergleichbar einem *Freund*

»Der Bodhisattva, das große Wesen, der durch einen geschickten Verwandlungsakt die auf die Kenntnis aller Aspekte gerichtete Erzeugung heilsamer Gedanken unmeßbar und unauslotbar machen will, soll sich ebenfalls in der Vollkommenheit der Weisheit üben.

Auch wenn ihre Gaben nur klein waren, auch wenn sie den Sittengesetzen nur wenig Beachtung geschenkt hatten, auch wenn sie nur wenig Geduld geübt hatten, auch wenn ihre Tatkraft nur spärlich entwickelt war, auch wenn sie in die Versenkung nur geringfügig eingetreten waren, auch wenn sie die Weisheit nur wenig entfaltet hatten, so soll der Bodhisattva, das große Wesen, der dank seiner Kenntnis aller Aspekte durch einen geschickten Verwandlungsakt (diesen kleinen Betrag erworbener Verdienste) unmeßbar und unauslotbar (groß) machen will, sich in der Vollkommenheit der Weisheit üben. Und weiter, Śāriputra, soll ein Bodhisattva, ein großes Wesen, sich in der Vollkommenheit der Weisheit üben, wenn er in der Vollkommenheit der Freigebigkeit wandeln will und genauso soll er mit den fünf anderen Vollkommenheiten verfahren.

Ein Bodhisattva, ein großes Wesen, soll sich in der Vollkommenheit der Weisheit üben, wenn er um des Heiles aller Wesen willen geduldig die Qualen der Höllen, die Geburten als Tier und die Welt des (Todesgottes) Yama ertragen will, wenn er aus Rücksicht auf die Wesen (auf das erworbene Verdienst) verzichten will, obgleich es in Hunderten von Äonen angesammelt worden war; wenn er in der Familie eines Buddha wiedergeboren werden will; wenn er die achtzig kleineren Eigenschaften und die zweiunddreißig Kennzeichen eines Übermenschen erlangen will.«

16. Der mit dem Gelöbnis verbundene Erleuchtungsgedanke, vergleichbar einem wunscherfüllenden *Edelstein*

»Und weiter, Śāriputra, soll ein Bodhisattva, ein großes Wesen, sich in der Vollkommenheit der Weisheit üben, wenn er den Körper eines Buddha zu erlangen wünscht; wenn er die Stufe eines ›Kronprinzen‹ erreichen will; wenn er niemals auf den Umgang mit Buddhas und Bodhisattvas verzichten will.

Und weiter, Śāriputra, soll ein Bodhisattva, ein großes Wesen, sich in der vollkommenen Weisheit üben, wenn er mit einer einzigen Stimme zahllose Weltsysteme in jeder der zehn Himmelsrichtungen belehren will; wenn er die ungebrochene Tradition des dreifachen Juwels[15] bewahren will; wenn er in sich selbst all die heilsamen Grundlagen pflegen will, die ihn befähigen, die Tathāgatas zu verehren und anzubeten.«

17. Der mit (übernatürlichen) Kräften verbundene Erleuchtungsgedanke, vergleichbar der *Sonne*

»Und weiter, Śāriputra, soll sich ein Bodhisattva, ein großes Wesen, in der Vollkommenheit der Weisheit üben, wenn er die Wünsche aller Wesen nach Nahrung, Getränken, Kleidung, Wohlgerüchen, Girlanden, Blumen, Räucherwerk, medizinischen Pulvern, Salben, Ruhelagern, Stühlen, Häusern, Geld, Schmuck, Juwelen, Edelsteinen, Perlen, Lapislazuli, Muscheln, Quarz, Korallen, Gold, Silber, Hainen, Königreichen erfüllen will.

Und weiter, Śāriputra, soll ein Bodhisattva, ein großes Wesen, sich in der Vollkommenheit der Weisheit üben, wenn er alle Wesen in der Welt, deren höchste Ebene das *dharma*-Element *(dharma-dhātu)* ist und die das Raum-Element *(ākāśa-dhātu)* als Begrenzung hat, in der Vollkommenheit des Gebens, der Tugend, der Geduld, der Tatkraft, der Meditation und der Weisheit festigen will.

Und weiter, Śāriputra, soll ein Bodhisattva, ein großes Wesen, sich in der Vollkommenheit der Weisheit üben, wenn er dafür sorgen will, daß eine einzige Entfaltung eines heilsamen Gedankens nicht vergeht bis zu der Zeit, da er auf der Terrasse der Erleuchtung die vollkommene Erleuchtung erreicht.

Und weiter, Śāriputra, soll ein Bodhisattva, ein großes Wesen, sich in der Vollkommenheit der Weisheit üben, wenn er von den Buddhas und Erhabenen in den zehn Himmelsrichtungen gepriesen werden will.«

18. Der mit Erkenntnis verbundene Erleuchtungsgedanke, vergleichbar einem süßen *Lied*

»Und weiter, Śāriputra, soll ein Bodhisattva, ein großes Wesen, sich in der Vollkommenheit der Weisheit üben, wenn er begierig ist, in

15 Buddha, Dharma, Saṃgha, vgl. Vorwort S. 11 ff.

der Leere des Subjekts *(adhyātma-śūnyatā)* (und den siebzehn anderen Formen der Leere) unterrichtet zu werden; wenn er begierig ist, die Soheit *(tathatā)* aller *dharmas*, die Soheit des *dharma*-Elements, die Soheit aller Grenzen der Wirklichkeit usw. zu durchschauen.

Und weiter, Śāriputra, soll ein Bodhisattva, ein großes Wesen, sich in der Vollkommenheit der Weisheit üben, wenn er begierig ist, im großen dreitausendfach unendlichen Weltsystem die letzten unteilbaren Bestandteile von Erde, Wasser, Feuer und Luft zu erkennen.

Und weiter, Śāriputra, weiß ein Bodhisattva, ein großes Wesen, wenn er in der Vollkommenheit der Weisheit wandelt, daß ein Geschenk, das so, das heißt im Geiste der vollkommenen Weisheit, gemacht wurde, Frucht bringt. Wenn er auf diese Weise eine Gabe gegeben hat, so wird er in guten Familien, daß heißt bei Kriegern, Brahmanen oder Hausherren oder unter den verschiedenen Arten von Göttern, wiedergeboren. Eine solche Gabe hilft, die erste, (bis hin zur) achten Versenkungsstufe zu erreichen; sie hilft, die siebenunddreißig *dharmas* zu erwerben, die als Flügel der Erleuchtung dienen; und sie hilft, die Frucht des ›Stromeintritts‹ *(srota-āpatti,* Pāli *sotāpatti)* (usw. bis hin zur) Pratyeka-Buddhaschaft und die vollkommene Buddhaschaft zu erlangen.

Und weiter, Śāriputra, soll ein Bodhisattva, ein großes Wesen, der sich in vollkommener Weisheit bewegt, wissen, daß eine so (das heißt im Sinne der Vollkommenheit der Weisheit) und mit der Geschicklichkeit bei der Wahl der Mittel gegebene Gabe zur Vollkommenheit des Gebens führt (dasselbe gilt für die anderen fünf Vollkommenheiten).«

Śāriputra: »Wie wird die Vollkommenheit des Gebens von einem Bodhisattva, einem großen Wesen, erfüllt, der eine Gabe gibt, und wie werden die anderen fünf Vollkommenheiten erreicht?«

Der Erhabene: »Die Vollkommenheit des Gebens wird erfüllt, wenn Gabe, Geber und Empfänger nicht als Grundlage (der Vollkommenheit des Gebens) genommen werden; die Vollkommenheit der Tugend wird erfüllt durch das Vermeiden der Extreme von Vergehen und Nicht-Vergehen; die Vollkommenheit der Geduld wird erfüllt durch Unerschütterlichkeit; die Vollkommenheit der Tatkraft wird erfüllt durch das Fehlen von körperlicher und geistiger Ermüdung; die Vollkommenheit der Meditation wird erfüllt durch die Abwesenheit von Ablenkung und Begriffsbildung; die Vollkommenheit der Weisheit wird erfüllt durch die genaue Kenntnis der *dharmas* ohne Erforschung ihres endgültigen Tatbestandes. In dieser Weise werden die Sechs Vollkommenheiten durch einen Bodhisattva, ein großes Wesen, erfüllt, der eine Gabe spendet. In gleicher Weise werden alle sechs Vollkommenheiten beim Wandel in der Vollkommenheit der Tugend, (usw. bis hin zur) Vollkommenheit der Weisheit erfüllt.«

19. Der mit den überweltlichen Kenntnissen verbundene Erleuchtungsgedanke, vergleichbar einem *Großkönig*

»Und weiter, Śāriputra, soll ein Bodhisattva, ein großes Wesen, sich in der vollkommenen Weisheit üben, wenn er mittels der Entfaltung eines einzigen Gedankens die zahllosen Weltsysteme in jeder der zehn Himmelsrichtungen überschreiten will; wenn er mit der winzigen Spitze eines hundertfach gespaltenen Haares das gesamte Wasserelement im dreitausendfach unendlichen Weltsystem, das sich im großen Ozean, in großen und kleinen Flüssen, in Tümpeln und Teichen befindet, emporhebt, ohne jedoch die darin wohnenden Lebewesen zu verletzen; wenn er mit einem einzigen mächtigen Atemzug aus seinem Mund die alles verbrennenden Feuer im großen dreitausendfach unendlichen Weltsystem zusammen mit dem kosmischen Weltenbrand am Ende eines Äons ausblasen will; wenn er mit der Spitze eines einzigen Fingerglieds den alles zermalmenden Wirbelwind beruhigen will, der gegen die ganze Erde und alle Berge, angefangen mit Sumeru[16], dem großen Sumeru, die Gebirgskreise, die großen Gebirgskreise anrennt und sie schüttelt, verstreut und zu Staub zermahlt; wenn er während einer einzigen Versenkungsphase im Lotossitz das gesamte Raumelement im

16 Zentralberg unseres Weltsystems in der altindischen Kosmologie, vergleichbar mit dem Olymp in der griechischen Mythologie.

großen dreitausendfach unendlichen Weltsystem auflöst; und wenn er, nachdem er mit einem einzigen Haar die Berge, und zwar den Sumeru, den großen Sumeru, und die Gebirgsketten, die großen Gebirgskreise (usw.), im großen dreitausendfach unendlichen Weltsystem zusammengebunden und emporgehoben hat, jenseits aller Weltsysteme fortschleudern will.

Und weiter, Śāriputra, soll ein Bodhisattva, ein großes Wesen, sich in der vollkommenen Weisheit üben, wenn er mit dem himmlischen Auge alle Buddhas und Erhabenen in jeder der zehn Himmelsrichtungen und in allen Buddha-Feldern *(buddha-kṣetra)* wahrnehmen will; wenn er mit dem himmlischen Ohr ihrer Darlegung des Dharma lauschen will; wenn er die Gedanken und Taten aller Wesen kennenlernen will; wenn er sich ihrer früheren Leben erinnern will; wenn er das überweltliche Wissen um die Vernichtung der Triebe in sich hervorrufen will; wenn er sich der Grenzen der Wirklichkeit bewußt werden will.«

20. Der mit der Ausrüstung mit Erkenntnis und Verdienst verbundene Erleuchtungsgedanke, vergleichbar einer *Schatzkammer*

»Und weiter, Śāriputra, soll sich ein Bodhisattva, ein großes Wesen, in vollkommener Weisheit üben, wenn er mit einer einzigen Almosenschale alle Buddhas und Erhabenen mit ihren Mönchsgemeinschaften darstellen will, die sich so zahllos wie die Sandkörner des Ganges in allen Weltsystemen und in jeder Himmelsrichtung befinden. Und ebenso soll sich ein Bodhisattva, ein großes Wesen, in der Vollkommenheit der Weisheit üben, wenn er den Tathāgatas mit Blumenregen, Räucherwerk, Wohlgerüchen, Girlanden, Salben, aromatischen Pudern, Stoffstreifen, Sonnenschirmen, Fahnen und Wimpeln seine Verehrung und Anbetung darbringen will.

Und weiter, Śāriputra, soll sich ein Bodhisattva, ein großes Wesen, in der vollkommenen Weisheit üben, wenn er alle Wesen in den zahllosen Weltsystemen und in jeder einzelnen der zehn Himmelsrichtungen, in den fünf Elementen der Lehre, und zwar in Tugend, Sammlung, Weisheit, Befreiung, in der Frucht des Stromeintritts (usw. bis hin zur) Pratyeka-Erleuchtung *(pratyeka-bodhi),* (usw. bis hin zum) Bereich des Nirvāṇa, das frei ist von jedem (hinderlichen) Rest, festigen will.«

21. Der mit den ›Erleuchtungsschwingen‹ verbundene Erleuchtungsgedanke, vergleichbar einer *großen Straße*

»Und weiter, Śāriputra, soll sich ein Bodhisattva, ein großes Wesen, in der vollkommenen Weisheit üben, wenn er die Buddha-Eigenschaften der vergangenen, zukünftigen und gegenwärtigen Buddhas und Erhabenen erlangen will; wenn er den Gegensatz von bedingten und unbedingten *dharmas* überwinden will; wenn er die Soheit aller vergangenen, zukünftigen und gegenwärtigen *dharmas* durchschauen will und an die Grenzen der Nicht-Entfaltung gelangen will.«

22. Der mit Beruhigung und Einsicht verbundene Erleuchtungsgedanke, vergleichbar einem *Wagen*

»Und weiter, Śāriputra, soll ein Bodhisattva, ein großes Wesen, sich um die vollkommene Weisheit bemühen, wenn er den Vorrang vor allen Anhängern und Pratyeka-Buddhas erlangen will; wenn er zum engsten Gefolge der Buddhas und Erhabenen gehören will; wenn er (selbst) ein Gefolge haben will und wenn er das Gefolge eines Bodhisattva erwerben will; und wenn er die Spenden anderer reinigen will.

Und weiter, Śāriputra, soll ein Bodhisattva, ein großes Wesen, sich in vollkommener Weisheit üben, wenn er alle Gedanken der Niedertracht unterdrücken will; wenn er verhindern will, daß irgendein Gedanke der Unmoral und des Übelwollens jemals wieder auftaucht; wenn er jeden Gedanken der Unduldsamkeit aufgeben will; wenn er verhindern will, daß seine Gedanken abschweifen und alle törichten Gedanken jemals wieder auftauchen.

Und weiter, Śāriputra, soll ein Bodhisattva, ein großes Wesen, sich in vollkommener Weisheit üben, wenn er alle Wesen dazu bringen will, in der Entfaltung verdienstvollen Handelns zu verharren, das in Freigebigkeit, Tugend, in Fortschritten bei der Meditation, im

Dienen und vertrauensvollen Darreichen von Geschenken an den Tathāgata besteht.

Und weiter, Śāriputra, soll ein Bodhisattva, ein großes Wesen, sich in vollkommener Weisheit üben, wenn er die fünf Augen[17], nämlich das fleischliche und das himmlische Auge, das Weisheitsauge, das Auge der Leere und das Buddha-Auge, hervorbringen will; wenn er mit seinem himmlischen Auge in jeder der zehn Himmelsrichtungen die Buddhas und Erhabenen sehen will, die zahllos sind wie die Sandkörner im Ganges; wenn er mit dem himmlischen Ohr den Lehrgesprächen der Buddhas und Erhabenen über die *dharmas* lauschen will; wenn er mit der wahren Natur seines Herzens die Gedanken der Buddhas und Erhabenen begreifen will; wenn er sich der Bodhisattvaschaft und der damit verbundenen früheren Leben der Buddhas und Erhabenen erinnern will; und wenn er das Schauspiel ihrer wunderschaffenden Kräfte betrachten will.

Und weiter, Śāriputra, soll ein Bodhisattva, ein großes Wesen, sich in vollkommener Weisheit üben, wenn er bis zum Erwachen zur vollkommenen Erleuchtung durch die Entfaltung der Kraft eines ungetrübten Erinnerungsvermögens alle *dharmas,* nachdem er sie gehört hat, im Gedächtnis behalten will, die von den Buddhas, den Erhabenen, in allen Weltsystemen aller zehn Himmelsrichtungen gelehrt werden; wenn er die Buddha-Felder der vergangenen Buddhas, der Erhabenen, der zukünftigen Buddhas, der Erhabenen, und der Buddhas, der Erhabenen, die gerade in der Welt und in allen zehn Himmelsrichtungen wirken und sich selbst erhalten.«

23. Der mit der Inspiration der Dhāraṇīs verbundene Erleuchtungsgedanke, vergleichbar einer *Quelle*

»Und weiter, Śāriputra, soll ein Bodhisattva, ein großes Wesen, sich in vollkommener Weisheit üben, wenn er erfahren will, was immer von den Buddhas, den Erhabenen, der zehn Himmelsrichtungen gelehrt worden ist, gerade gelehrt wird oder eines Tages gelehrt wer-

17 Die fünf Augen *(cakṣu)* entsprechen den fünf Stufen des Schauens, die wiederum den graduellen Stufenweg zur vollkommenen Weisheit darstellen: *māṃsacakṣu, divyacakṣu, prajñācakṣu, dharmacakṣu und buddhacakṣu.*

den wird, und zwar in Form von Lehrreden, Lehrreden in Prosa und Versen, Prophezeiungen, Versen, Zusammenfassungen, Einleitungen, ›So-wurde-gesagt‹-Berichten, Wiedergeburtsgeschichten, erweiterten Texten, Wundergeschichten, Erzählungen, Unterweisungen, und was von den Anhängern (des Buddha) selbst nicht gehört worden war, um (dies alles) dann im Gedächtnis zu behalten, durch Predigt weiterzugeben, im Verständnis (der) Soheit all dessen voranzuschreiten und Einzelheiten anderen zu erläutern.«

24. Der mit der Weitergabe der Lehre verbundene Erleuchtungsgedanke, vergleichbar dem *lieblichen Ton*

»Und weiter, Śāriputra, soll ein Bodhisattva, ein großes Wesen, sich in vollkommener Weisheit üben, wenn er jeder der zehn Himmelsrichtungen und den Weltsystemen, die so zahlreich sind wie die Sandkörner im Ganges, und allen Gegenden der Finsternis Licht bringen will, zu denen das Licht von Sonne und Mond sonst nicht dringt; wenn er in jeder der zehn Himmelsrichtungen und in zahllosen Weltsystemen allen Wesen, die in den verschiedenen Buddha-Feldern wiedergeboren werden, die Botschaft vom Buddha, seiner Lehre und seiner Gemeinde verkünden will und sie in der rechten Ansicht festigen will.«

25. Der mit dem Pfad des einen Fahrzeugs verbundene Erleuchtungsgedanke, vergleichbar einem *Fluß* bei Hochwasser

»Und weiter, Śāriputra, soll ein Bodhisattva, ein großes Wesen, sich in vollkommener Weisheit üben, wenn er will, daß in jeder der zehn Himmelsrichtungen in zahllosen Weltsystemen durch seine Allmacht alle blinden Wesen mit ihren Augen Formen sehen können; daß die Tauben mit ihren Ohren Töne hören können; daß die im Geist Verwirrten ihre Geistesklarheit wieder erlangen, daß die Nackten Kleidung erhalten und die Hungernden gespeist werden; daß alle Wesen, die in qualvollen Daseinsstufen wiedergeboren worden sind, vom Zustand der Qual befreit werden und menschliche Körper erhalten; daß durch seine Hilfe die Sittenlosen in der

Tugend, die Zerstreuten in der Sammlung, die Törichten in der Weisheit gefestigt und die Nicht-Befreiten befreit werden; daß diejenigen, die keine Vorstellung und kein Wissen von der Befreiung haben, zur Vorstellung und zum Wissen von der Befreiung gelangen; daß diejenigen, die die Wahrheit nicht kennen, die Frucht des Stromeintritts (usw. bis hin zur) Erleuchtung eines Pratyeka-Buddha, (usw. bis zur) höchsten, richtigen und vollkommenen Erleuchtung erhalten.«

26. Der mit dem Wahrheitskörper verbundene Erleuchtungsgedanke, vergleichbar einer großen *Regenwolke*

»Und weiter, Śāriputra, soll ein Bodhisattva, ein großes Wesen, sich in vollkommener Weisheit üben, wenn er mit den Verhaltensweisen eines Tathāgata vertraut werden will.

Und weiter, Śāriputra, soll ein Bodhisattva, ein großes Wesen, der in der vollkommenen Weisheit wandelt, sich überlegen: ›Irgendwann werde ich (unmittelbar vor meinem Parinirvāṇa)[18] den Elefantenblick zurückwerfen[19], und ich werde wohl mit meinen Füßen wenigstens zehn Zentimeter über dem Erdboden schweben; ich werde mich dem Fuße des Bodhi-Baumes nähern, umgeben von allen Göttern, verehrt von vielen Hunderttausenden von Millionen von zehn Millionen Göttern; und diese Götter werden einen Teppich am Fuße des Bodhi-Baumes ausbreiten; und der Boden wird zu Diamant werden, auf dem ich nach der Verwirklichung der höchsten, richtigen und vollkommenen Erleuchtung gehe, stehe, sitze oder liege; und ich werde (bereits) an dem Tag, da ich mein Heim verlasse, um die vollkommene Erleuchtung wissen und das Rad der Lehre in Bewegung setzen[20], damit, wenn ich das Rad der Lehre in

---

18 Der Eintritt ins endgültige Nirvāṇa jenseits der Körperlichkeit, also der physische Tod, vgl. S. 190, Anmerkung 4.

19 Anspielung auf den letzten Blick des Buddha vor seinem Tode auf die Stadt Vaiśālī, wobei er wie ein Elefant den ganzen Körper umwandte.

20 ›Drehung des Rades der Lehre‹: die erste ›Predigt‹ des Buddha bei Benares, in der er die Grundwahrheiten seiner Lehre darlegt (vgl. das gleichnamige Sūtra). Nach Ansicht der Anhänger des Mahāyāna-Buddhismus ist die zweite ›Drehung‹ die Entstehung ihrer Schule und die dritte ›Drehung‹ die Entstehung des Vajrayāna – vgl. Vorwort S. 25 ff.

Bewegung setze, zahllose Wesen das leidenschaftslose und fleckenlose ›Auge der Lehre‹ zur Betrachtung der *dharmas* reinigen, von den Trieben ohne weiteres Anhaften frei werden und von der vollkommenen Erleuchtung nicht mehr abzubringen sind; damit sich eine Gemeinschaft von Jüngern um mich versammelt, deren Zahl weder ermessen noch errechnet werden kann – zahllose Wesen, die durch eine einzige Darlegung der Lehre zu asketisch und einsam (lebenden) Heiligen werden oder zu Bodhisattvas, großen Wesen, die von der höchsten, richtigen und vollkommenen Erleuchtung nicht mehr abzubringen sind; damit sich eine Gemeinschaft von Bodhisattvas um mich versammelt, deren Zahl weder ermessen noch errechnet werden kann; damit die Dauer meiner Lebenszeit unmeßbar und mein Glanz unermeßlich wird; damit nach meiner vollkommenen Erleuchtung in meinem Buddha-Feld keine noch so kleine Gelegenheit (für das Auftauchen) von Gier, Haß und Verblendung besteht; damit die Wesen nach meiner vollkommenen Erleuchtung mit (einem solchen Grad von) Weisheit ausgestattet werden, daß die Buddhas, die Erhabenen, in anderen Buddha-Feldern diesen Ruf des Triumphs erschallen lassen: ›Gut ist die Ruhe! Gut ist die Selbstzucht! Gut ist die Selbstmeisterung! Gut ist es, ein religiöses Leben geführt zu haben! Heilsam ist das Nicht-Verletzen aller lebenden Wesen!‹; damit die wahre Lehre nicht verschwinden möge, wenn ich das Nirvāṇa verwirklicht habe; damit die Wesen in den Weltsystemen, die zahllos sind wie die Sandkörner im Ganges, und in den zehn Himmelsrichtungen nur das Ziel der höchsten, richtigen und vollkommenen Erleuchtung vor Augen haben.‹

Zu der Zeit, Śāriputra, da ein Bodhisattva, ein großes Wesen, der in der vollkommenen Weisheit wandelt, diese Tugendqualitäten entwickelt, überlegen die vier großen Könige im großen dreitausendfach unendlichen Weltsystem folgendermaßen: ›Wir werden die vier Almosenschalen diesem Bodhisattva geben, diesem großen Wesen, genauso wie es die großen Könige der Vergangenheit gegenüber den Tathāgatas der Vergangenheit zu tun pflegten.‹ Und die Götter der Dreiunddreißig sind entzückt, die Yama-Götter, die Tuṣita-Götter, die Nirmanaratthi-Götter, die Parinirmitavaśavartin-

Götter[21] sind erfreut und bereiten sich vor, diesem Bodhisattva, diesem großen Wesen, zu Diensten zu sein.

Die Hausherren der Asuras werden verspottet, und die himmlischen Hausherren in dem dreitausendfach unendlich großen Weltsystem leben auf und freuen sich. Und die höheren Götter beschließen, ihn einzuladen, wenn er vollkommen erleuchtet ist, damit er (für sie) das Rad der Lehre drehe.

Wenn zu dieser Zeit ein Bodhisattva, ein großes Wesen, der in der vollkommenen Weisheit wandelt, in der Entfaltung der Sechs Vollkommenheiten Fortschritte macht, dann werden die Söhne und Töchter aus guten Familien, welche Anhänger des Bodhisattva-Fahrzeugs sind, entzückt sein und sich wünschen, seine Mutter und sein Vater, seine Frau und seine Söhne, seine Verwandten und Angehörigen zu sein. Die Götter, bis hinauf zu den Akaniṣṭha-Göttern, sind entzückt, weil der Bodhisattva den Geschlechtsverkehr meidet. Vom ersten Erleuchtungsgedanken an übt sich der Bodhisattva in sexueller Enthaltsamkeit.«

Śāriputra: »Hat nun der Bodhisattva in jedem Falle Eltern, Frauen, Söhne, väterliche und mütterliche Verwandte?«

Der Erhabene: »Einige Bodhisattvas haben sie. Andere dagegen nehmen vom ersten Erleuchtungsgedanken an die Enthaltsamkeit auf sich und führen als ›Kronprinzen‹ den Bodhisattva-Wandel, bis sie die höchste vollkommene Erleuchtung erfahren haben. Andere (Bodhisattvas) wiederum nehmen die fünf Sinnesfähigkeiten mittels ihrer Geschicklichkeit in der Wahl der Mittel wahr, verlassen ihr Haus und verwirklichen die höchste vollkommene Erleuchtung. Gerade so wie ein kluger Magier oder der Lehrling eines Magiers, erfahren in der Schöpfung magischer Illusionen, die fünf geistigen Fähigkeiten heraufbeschwört, sich an ihnen freut, mit ihnen spielt, ihnen zu Diensten ist. Was denkst du, Śāriputra, hat der Magier oder der Lehrling eines Magiers die fünf Sinnesfähigkeiten tatsächlich wahrgenommen und erlebt?«

---

21 Das buddhistische Weltbild kennt drei Bereiche (den der Begierde, den der Form, den formlosen), denen verschiedene Klassen von göttlichen Wesen zugeordnet sind. Der Himmel der Dreiunddreißig usw. gehört zum Bereich der Begierde *(kāmaloka)*. Alle diese Wesen unterliegen dem *saṃsāra*.

Śāriputra: »Nein, Herr.«

Der Erhabene: » Genauso nehmen die Bodhisattvas mittels ihrer Geschicklichkeit in der Wahl der Mittel um der heranreifenden Wesen willen die fünf Arten der Sinnesfähigkeiten wahr, ohne jedoch von diesen Sinnesfähigkeiten befleckt zu werden. Sinnesbegierden werden von den Bodhisattvas mit den Worten verächtlich zurückgewiesen: ›Alles verzehrend sind die Sinnesbegierden, ekelhaft, todbringend, schädlich!‹ In diesem Geist hält der Bodhisattva, um der heranreifenden Wesen willen, die fünf Sinnesfähigkeiten im Zaum.«

2. Herz-Sūtra: Die Weisheit der Leere

Erläuterungen

Das *Prajñāpāramitā-hṛdaya-sūtra*, kurz: Herz-Sūtra, ist wegen seiner Prägnanz zu einem der beliebtesten Texte des Mahāyāna-Buddhismus geworden, vor allem in China und Japan. Aber auch von Buddhisten in Europa und Amerika wird das Sūtra im Zusammenhang mit Meditationsübungen vor allem der Zen-Schule täglich rezitiert. Das Sūtra ist an keine bestimmte Schule des Mahāyāna gebunden und in ihm ist das Wesen der Spiritualität des Mahāyāna unübertroffen klar zum Ausdruck gebracht.

Die Lehre von der Leere *(śūnyata)* wird auf dem Hintergrund der frühbuddhistischen Einsichten in die fünf *skandhas,* die Gesamtheit der *dharmas* (Grundelemente), die Drei Tore der Befreiung[1], die sechs Sinnesorgane und Sinnesobjekte, die Lehre vom Entstehen in gegenseitiger Abhängigkeit *(pratītyasamutpāda)* und die Vier Edlen Wahrheiten hymnisch entfaltet, indem gezeigt wird, daß diese Unterscheidungen nur relativ und darum letztlich hinfällig sind. Erlangen und Nicht-Erlangen werden von der Weisheit überwunden, darum kann der Bodhisattva gelassen und furchtlos in der Einheit des Buddha-Geistes, die Verschiedenheit nicht leugnet, ver-

1 Siehe S. 185

weilen. Das Sūtra schließt mit einem Mantra, das gleichsam die ganze Prajñāpāramitā-Erfahrung noch einmal in einem Ausruf des Wunderbaren, des Glückes und der Befreiung konzentriert.

Das Sūtra ist um 350 n. Chr. in Indien entstanden, 400 n. Chr. erstmals von Kumārajīva, und später noch viele Male ins Chinesische übersetzt worden. Bereits im 7. Jh. wurde es als Mantra-Spruch im Kult oder auch außerhalb des Kultes gebraucht, d. h. als eine Formel, die Böses abwenden und Heilsames bewirken sollte. Auf diese Weise konnte es sogar trotz seines schwierigen philosophischen Gehaltes unter den Laien-Buddhisten große Verbreitung erlangen, wenngleich sich der Gebrauch hier nicht unerheblich von dem in den Zen-Klöstern unterscheidet, in denen das Sūtra als Zusammenfassung oder Inbegriff der Erleuchtungserfahrung gilt. In der Tat, ohne die spirituelle Erfahrung des sich einenden Bewußtseins, die auch Wesensschau (jap. *kenshō)* oder Satori genannt wird, muß der Text dieses Sūtra letztlich unverstanden bleiben. Alle Kommentare, die über Jahrhunderte hinweg einen riesigen Berg von gelehrten Anmerkungen zum Herz-Sūtra aufgetürmt haben, können den Leser keinen Schritt näher bringen zur *direkten Erfassung* dessen, worum es im Sūtra geht: den Durchbruch zur umfassenden Erfahrung der Nicht-Dualität, der Leere *(śūnyatā),* der Soheit *(tathatā)* der Wirklichkeit. Nur das Bewußtsein, das durch einen spontanen Sprung oder lange Meditationserfahrung (etwa im Stil des Zen, also völlig ungegenständlich und ohne jede ›Objektivierung‹) an das ›andere Ufer‹, wie es in Indien heißt, gelangt ist, kann die Seligkeit der Leere ermessen. Die Leere ist kein Nichts, kein dunkles Ende allen Lebens, sondern das Tor zum wahren Selbst, zur Überfülle, die alles, was wir als Sein kennen und als Nichts fürchten, transzendiert.

Avalokiteśvara, der auf die Welt gnädig herabblickende Bodhisattva der Barmherzigkeit, belehrt den Mönch Śāriputra über die Leere, und so setzt auch dieses Sūtra die Auseinandersetzung mit dem Hīnayāna fort. *Ontologisch* bedeutet die Leere oder das Nicht-Selbst *(anātman,* Pāli *anattā),* daß die Grundbausteine der Wirklichkeit, die *dharmas,* nicht in sich selbst bestehen. Alle Kategorien der Unterscheidung, auch solche Begriffe wie ›Nirvāṇa‹, ›Buddha‹

oder ›Bodhisattva‹ sind menschliche Bezeichnungen, sie können die Wirklichkeit nicht erfassen. *Logisch* bedeutet die Lehre von der Leere, daß das Gegenteil jeder Aussage in der Aussage selbst enthalten ist. Bezeichnungen sind voneinander abhängig, und die Abstraktion *einer* Seite der sich ständig verändernden Wirklichkeit ist ein einseitiger Standpunkt. Nirvāṇa und der Kreislauf der Geburten *(saṃsāra)* sind nicht zwei Welten, sondern zwei geistige Standpunkte bzw. Bewußtseinszustände. *Psychologisch* bedeutet die Leere, daß die Wirklichkeit begrifflich nicht erfaßbar ist und darum alle Objekte unseres Verlangens losgelassen werden können, daß also das Anhaften des Willens an Objekten überwunden werden kann.

Nāgārjuna hat in seinem Kommentar zur Prajñāpāramitā-Sūtra die Leere unter verschiedenen Aspekten erläutert. Einige davon sind: a. die Leere der Bewußtseinsaktivitäten *(vijñāna)*, denn außerhalb von ihnen gibt es kein Ich-Zentrum, die Person ist vielmehr das Zusammenspiel dieser Faktoren; b. die Objekte des Bewußtseins bestehen nicht in sich selbst, sondern sind zueinander relativ und kommen erst in dieser Beziehung zur Existenz (sie haben keine inhärente Existenz); c. unsere Unterscheidung von innerer und äußerer Welt ist relativ, sie hängt vom Standpunkt ab und ist darum letztlich nicht gültig; d. auch die Idee der Leere *(śūnyatā)* ist kein absolutes ›Etwas‹, an das man sich *außerhalb* vom Strom des Werdens und Vergehens klammern könnte, sondern auch dieser substantialisierte Begriff der Leere muß entleert werden *(śūnyatāśūnyatā)*; e. die letztgültige Wahrheit *(paramārthika}* steht der relativen Wahrheit *(saṃvṛti)* nicht einfach gegenüber und ist nicht etwas, das man erlangen kann – so wie ein Schiffbrüchiger sich auf eine Insel retten könnte –, sondern *ist* das wahre Wesen der relativen Wahrheit selbst; f. nichts, was wir bezeichnen, bestimmen oder abgrenzen können, existiert so, wie es erscheint; alle ›Objekte‹ des Verlangens wie des Unbehagens sind leer, und diese Leere jenseits jeder möglichen Bezeichnung in der Kette gegenseitiger Abhängigkeiten ist Nirvāṇa.

Der Begriff der Leere klingt zunächst so, als würde hier das Sein negiert und der Mensch ins Nichts gestellt, und so hat man die Lehre von der Leere als pessimistisch bezeichnen wollen. Das ist völlig falsch. Es geht um die Negation der Negation – aber nicht im dialektischen Sinn, der immer wieder eine neue Position, d. h. einen abgegrenzten Standpunkt, aufbaut, sondern um die Negation jeder Position, um das Sich-Öffnen für die wunderbare Wirklichkeit jenseits von Raum und Zeit. Für denjenigen, der die Weisheit der Leere erfährt, ist Leere Wirklichkeit, die einzige Wirklichkeit überhaupt, die Fülle des Unsagbaren, auf das wir nur im Paradox hinweisen können, weil alle Gegensätze der gewöhnlichen Erfahrung und Logik zusammenfallen.

Genau dies ist die Formulierung, die Nikolaus von Kues für Gott gebraucht hat: Er ist die *coincidentia oppositorum,* der Zusammenfall der Gegensätze. Dieses Mysterium, das sich in der transrationalen Meditationserfahrung öffnet, bezeichnet der Mahāyāna-Buddhismus als Leere, um jeden menschlichen Versuch des Greifens und Besitzenwollens mit Begriffen zu verhindern. Allerdings gilt das nicht nur für Gott, der vielleicht von der Welt getrennt existieren würde – dann bestünde ja noch eine Dualität, an der Gott seine Grenze hätte –, für den Mahāyāna-Buddhismus ist die Leere, die Soheit, das Nirvāṇa nicht getrennt von der Welt, sondern vielmehr ihr wahres Wesen, nicht nur jenseits von Raum und Zeit, sondern so in Raum und Zeit, daß auch diese Kategorien transzendiert werden. Die Leere ist aber nicht nur die Realität aller Erscheinungen der Welt, sondern der Grund dafür, daß Relatives *sein* kann, sie drückt sich in der Relativität aus, übersteigt sie aber gleichzeitig in der absoluten Gewißheit der Verwirklichung der Nicht-Dualität. Das Erwachen zur Wahrheit ist wie das Erwachen aus einem Traum – aber nicht die Welt als solche ist Illusion, sondern der Trug besteht in der menschlichen Meinung, diese Welt als solche in ihrer Erscheinung sei real.

All dies sind jedoch nur Worte, und das bekannte chinesische Sprichwort muß hier angeführt werden: Der Finger, der auf den Mond zeigt, ist nicht der Mond selbst – darum schaue nicht auf den Finger. Genau dies ist auch der Sinn der hymnischen Formel am Schluß des Herz-Sūtras. Grammatisch ist dieses Mantra mehrdeutig: *gate* kann als maskuliner Lokativ oder als weiblicher Vokativ verstanden werden. Im ersten Fall könnte man übersetzen: »Er ist gegangen, gegangen . . .« und denkt damit über die Weisheit nach, die denjenigen, der ihr folgt, vollkommen in die transzendente Wirklichkeit führt. Im zweiten Fall kann man sagen »O du, die du gegangen bist . . .«, und man ruft damit die personifizierte Prajñāpāramitā als Göttin an. Das Mantra ist kaum zu übersetzen und wird auch in Ostasien meist im unübersetzten Sanskrit rezitiert, nicht nur wegen der grammatischen Vieldeutigkeit, sondern weil es um ein ganz anderes Übersetzen geht, um das Übersetzen ans andere Ufer, um das Eintauchen in die Nicht-Dualität, die unbegreiflich *(acintya),* für das gewöhnliche Denken unerreichbar *(anupalabdha)* und leer *(śūnya)* ist: *Gate gate pāragate pārasaṃgate bodhi svāhā.* Dies kann als eine Anrufung der höchsten Weisheit, der Prajñāpāramitā, verstanden werden:

O Du, die gegangen ist, gegangen ans andere Ufer,
Du vollkommen ans andere Ufer Gegangene, o Erleuchtung, Heil!

Text

Der edle Bodhisattva Avalokitésvara
war versunken in den tiefen Erleuchtungsgeist
der Vollkommenheit der Weisheit.
Er betrachtete die fünf Skandhas und sah,
daß sie im Wesen leer von jeder Eigenexistenz sind.
O Śāriputra!
Hier (gilt): Form ist Leere, und Leere ist ebenso Form.
Form ist nicht verschieden von Leere,
Leere ist nicht verschieden von Form.
Was Form ist, das ist Leere,
was Leere ist, das ist Form.
Das gilt ebenso für Gefühl, Wahrnehmung, Willensimpuls und Bewußtsein.

O Śāriputra!
Hier (gilt): Alle Dharmas sind von Leere gezeichnet.
Weder entstehen noch vergehen sie.
Sie sind weder unrein noch rein.
Sie sind weder vollkommen noch unvollkommen.[1]

Deshalb, o Śāriputra, gibt es in der Leere
keine Form, kein Gefühl, keine Wahrnehmung,
keinen Willensimpuls und kein Bewußtsein.
Es gibt weder Auge, Ohr, Nase, Zunge, Körper noch Denken.
Es gibt weder Formen, Klänge, Duft, Geschmack, Objekte der Berührung noch Vorstellung.
Es gibt keinen Bereich des Sehens (und der anderen Sinnesobjekte bis hin zu keinem) Bereich des Denkens.
Weder gibt es Unwissenheit noch Überwindung der Unwissenheit.
Und (das gilt auch für die anderen Glieder des Entstehens in gegenseitiger Abhängigkeit[2] bis hin zu):
Weder ist da Alter und Tod noch Überwindung von Alter und Tod.
(Hier gibt es) kein Leiden, keine Entstehung und keine Überwindung des Leidens, und auch keinen Pfad zur Überwindung.
Es gibt keine Erkenntnis,
weder das Erlangen noch das Nicht-Erlangen (des Ziels).

Deshalb, o Śāriputra, aufgrund der (Nicht-Dualität im) Nicht-Erlangen, gestützt auf die Vollkommenheit der Weisheit, ist ein Bodhisattva frei von Verunreinigungen des Geistes.
Ohne diese Verunreinigungen ist er (vollkommen) furchtlos.
Er hat den Irrtum überwunden und den Gipfel des Nirvāṇa erreicht.

---

1 Die letzten drei Zeilen beziehen sich auf die Drei Tore der Befreiung: Leere (*śunyatā*), Bestimmungslosigkeit *(animittatā)*, Wunschlosigkeit *(apraṇihitatā)*, also die Überwindung von Dualität im allgemeinen, im Bereich der Erkenntnis, im Bereich des Willens.

2 Die zwölf aufeinander folgenden und auseinander resultierenden Glieder des Entstehens in gegenseitiger Abhängigkeit sind: Unwissenheit, karmische Bildungen, Bewußtsein, Name-Form, sechs Sinneskräfte, Berührung, Empfindung, Anhaften, Begierde, Werden, Geburt, Alter und Tod – vgl. a. Vorwort S. 20.

Alle Buddhas
der Vergangenheit, Gegenwart und Zukunft
erwachen zur höchsten vollkommenen
Erleuchtung,
denn sie haben sich
auf die Vollkommenheit der Weisheit gestützt.

Darum erkenne:
Die Vollkommenheit der Weisheit ist das große Mantra,
das Mantra großen Wissens,
das unvergleichliche Mantra,
das die Dualität transzendierende Mantra,[3]
das alle Leiden stillende Mantra,
Wahrheit, weil ohne jeden Fehl.
Durch die Vollkommenheit der Weisheit ist
das Mantra verkündet worden,
es lautet:

Gate gate pāragate pārasaṃgate bodhi svāhā.

गते गते पारगते पारसंगते बोधि स्वाहा

O Du, die gegangen ist, gegangen,
gegangen ans andere Ufer,
Du vollkommen ans andere Ufer Gegangene,
o Erleuchtung, Heil!

---

3 Wörtl.: das gleich-ungleiche Mantra.

Teil IV
Bewährung in der Welt

Gebetsfahnen. Sie werden auf Bergwipfeln angebracht, um die geistigen Wesen herbeizurufen, die dem Menschen auf dem Pfad zur Befreiung beistehen können.

Aus dem Vimalakīrti-Sūtra

Übersetzt von Michael von Brück und Jampa Panglung

Einführung

Das *Vimalakīrtinirdeśa-sūtra* (Sūtra von der Belehrung des Vimalakīrti), oder auch *Acintyavimokṣadharmaparyāya-sūtra* (Sūtra von der Unterweisung bezüglich der Lehre von der unbegreiflichen Befreiung) genannt, ist etwa zur gleichen Zeit wie das Lotos-Sūtra und die frühen Prajñāpāramitā-Texte entstanden, denn es wird erstmals von Nāgārjuna in der Mitte des 2. Jh. n. Chr. erwähnt. Eine erste chinesische Übersetzung geht auf das Jahr 188 n. Chr. zurück, es sollten noch neun weitere klassische chinesische und zwei tibetische Übersetzungen folgen. Die populärste Übersetzung war die von Kumārajiva aus dem Jahre 406. Während in Indien und Tibet das Sūtra keine herausragende Bedeutung hatte, gehörte es in China und Japan bald zu den beliebtesten Texten. Der Grund dafür ist, daß der indische und tibetische Buddhismus stark monastisch orientiert war und blieb, während die diesseitig orientierte chinesische Kultur dem indischen Buddhismus, der Entsagung und Enthaltsamkeit predigte, wenig Verständnis entgegenbrachte. Das konfuzianische Ideal der harmonischen Familie, die durch den Sohn der Familie getragene Ahnenverehrung und die Betonung kauf- und staatsmännischen Erfolgs in der Ethik des Konfuzius prägten den chinesischen Buddhismus nicht unerheblich. In diesem Prozeß spielte das indische Sūtra, das den Laien Vimalakīrti als Bodhisattva darstellt, der seinen Mönchskollegen weit überlegen ist, eine wichtige Rolle. Allerdings wird im Sūtra nicht der Laienstand als solcher, sondern der Bodhisattva Vimalakīrti gepriesen, der aufgrund seiner tiefen Einsicht und Begabung in geschickter Vermittlung *(upāya)* die *Gestalt* und den Lebensstil eines Laien annimmt, der einem großen Haus vorsteht, verheiratet ist und Kinder hat, um die Menschen dadurch zu lehren. Er bleibt dabei völlig rein und unbefleckt von Begierden, und der Text liest sich wie die berühmte Formel des Apostels Paulus: »haben, als hätte man nicht« (vgl. 1 Kor 7,29–31). Vimalakīrti will zeigen, daß man inmitten der Welt, im familiären wie wirtschaftlich-politischen Alltag seine Aufgaben erfüllen und doch frei von Begierde, Ärger und Haß bleiben kann. Dies ist eine Vollkommenheit, die auch den scheinbaren Gegensatz von Heiligem und Profanem integriert hat.

Die Forschung ist bisher zu keinem eindeutigen Ergebnis gekommen, ob Vimalakīrti eine historische Persönlichkeit war. Die Möglichkeit ist jedenfalls nicht auszuschließen, denn im Sūtra residiert Vimalakīrti in der Stadt Vaiśālī, die Hauptstadt des Gebiets eines Stammes war, der Licchavi heißt. Vaiśālī galt schon zu Lebzeiten des Buddha als ein Ort, in dem man dem Meister große Verehrung entgegenbrachte, und das läßt auch auf eine starke Laienanhängerschaft schließen. Darüber hinaus war Vaiśālī der Schauplatz des sogenannten Zweiten buddhistischen Konzils im Jahre 383 v. Chr., bei dem sich Differenzen im Saṃgha bezüglich der Interpretation der Mönchsregel und des Verhaltenskodex im allgemeinen auftaten. Wenig später führten diese Differenzen zu dem Bruch zwischen den Schulen der Sthaviravādins und der Mahāsaṃghikas, wobei letztere sich gegen eine ausschließlich monastische Interpretation wandten und die Regel so weit auslegten, daß das Bodhisattva-Ideal für alle, auch für Laien, gelten konnte. Vimalakīrti könnte eine führende Persönlichkeit im Umfeld dieser Gruppe gewesen sein, aber wir haben kaum Anhaltspunkte, um darüber Gewißheit zu erhalten.

Das Sūtra ist künstlerisch komponiert und hat dramatische Akzente, die an das Lotos-Sūtra erinnern, während der geistige Standpunkt ganz und gar mit dem der Prajñāpāramitā-Sūtras übereinstimmt. Die Verherrlichung des Laien-Bodhisattvas Vimalakīrti (wörtl. ›unbefleckter Ruhm‹) wird erzählerisch geschickt mit humorvollen Anekdoten, Ironie und schockierenden Paradoxa verbunden, so daß die Lehre von der Leere *(śūnyatā)* und die daraus folgende Einheit aller Gegensätze in einfacher und bildhafter Sprache verständlich werden kann. Humor und Weisheit reichen sich hier gegenseitig die Hand. Diese Verbindung macht den Reiz des Sūtra aus, das von seinem bedeutendsten Erforscher, Étienne Lamotte, als

›Kronjuwel‹ der buddhistischen Mahāyāna-Literatur bezeichnet worden ist.

Man kann vermuten, daß die im Vimalakīrti-Sūtra gelehrte Einheit der Gegensätze, von Heiligem und Profanem, Gut und Böse, Entsagung und Sinnlichkeit, entweder von tantrischen Strömungen beeinflußt ist oder die spätere tantrische Literatur beeinflußt hat. In den Tantras wird die *sakramentale Einheit* der Wirklichkeit zum Maßstab gemacht, insofern alles zum Symbol und Mittel der Reinigung und transformativen Übung werden kann. Selbst Māra, die Personifikation des Übels und der Hindernisse, wird als Bodhisattva angeschaut, der sein Spiel spielt, um letztlich die Wesen zur Befreiung zu führen. Tugend und Übel sind relativ – auch der tugendhafte Weg, die Meditationsübung, das Tun des Guten können zum Gift werden, wenn sich der Mensch daran hängt, wenn er sein Ich dadurch stärkt, stolz wird und nicht erkennt, daß all dies auch leer ist. Und das Übel oder die ›negative‹ Handlung kann zum Guten gereichen, wenn sie den Betreffenden aus den Dualitäten, aus dem Anhaften, Begehren und Haß herausführt, meint Vimalakīrti. Das Absolute Gute unterscheidet sich von dem relativen Bösen, aber auch vom relativen Guten.

Ein anderer Aspekt dieser Einheit der Gegensätze wird in den fabelhaften Wundererzählungen, wie wir sie schon vom Avataṃsaka-Sūtra kennen, ans Licht gebracht. Die magischen Kräfte bringen Zauberwelten hervor, die nicht einfach den Glauben angesichts des Unglaubwürdigen fordern, sondern die helfen sollen, die Vorstellungskraft des Hörers bzw. Lesers über die Welt der Dualität hinauszuführen. Sie sollen unsere Wahrnehmung, die von vorgefaßten und ganz und gar relativen, zeitlich begrenzten Begriffen des Möglichen und des Unmöglichen ausgeht, anregen und kreativ werden lassen, um die gegenseitige Durchdringung der Erscheinungen, wie sie im Avataṃsaka-Sūtra gelehrt wird, aufgrund ihrer vollkommenen Leere, auf die sich die Prajñāpāramitā-Sūtras konzentrieren, anschaulich vor das innere geistige Auge zu stellen. »Und so demonstriert Vimalakīrti klar die wirkungsvolle Komplementarität des vermeintlich ›positiven Weges‹, im *Avataṃsaka* und des ›negativen Weges‹ im *Prajñāpāramitā,* indem er zeigt, daß das letzte und eigentliche Wunder in der völligen Gleichwertigkeit von Leere und der das Auge blendenden Relativität einander durchdringender Welten besteht.«[1]

Aber auch diese Relativität und gegenseitige Durchdringung aufgrund der Leere ist mit dem Verstand nicht erfaßbar, weder in Bildern noch in Paradoxa. Der Verstand kann die in direkter meditativer Erfahrung geschaute Nicht-Dualität der Wirklichkeit, die überräumlich und überzeitlich ist, nicht be-greifen, analytisch feststellen oder ableiten, sondern nur gelten lassen. Das ist der Sinn der im Sūtra immer wieder auftretenden Formel: *anutpattika-dharmakṣānti,* Geltenlassen der Entstehungslosigkeit aller Dinge, wobei *kṣānti* wörtlich Geduld heißt und als eine der Sechs Vollkommenheiten bekannt ist. Dieses Geltenlassen ist gleichbedeutend mit dem staunenden Schweigen, in dem sich alle Unterscheidungen einen. Das Schweigen Vimalakīrtis ist der Inbegriff seiner Weisheit und Höhepunkt des Sūtra.

1. Vimalakīrti und die Mönche (Kapitel 3)

Erläuterungen

Das Sūtra beginnt im 1. Kapitel mit einer vorbereitenden Szene: Der Buddha, umgeben von zahlreichen Mönchen, Bodhisattvas und himmlischen Wesen, sitzt auf dem Löwenthron und predigt den Dharma. Ratnākara, ein reicher Kaufmannssohn aus Vaiśālī, singt einen Lobpreis auf den Buddha und bittet um Unterweisung. Der Buddha spricht über die Tugenden und Übungswege eines Bodhisattva. Im 2. Kapitel wechselt die Szene, und Vimalakīrti wird vorgestellt. Er ist ein vollkommener Bodhisattva; daß er in der Stadt Vaiśālī erscheint, hat seine Ursache in der Geschicklichkeit *(upāya),* die er in außerordentlichem Maß gemeistert hat. Er ist

1 R.A.F. Thurman, The Holy Teaching of Vimalakīrti, Introduction, S. 9 (s. Literaturverzeichnis).

unter die Laien gegangen und zieht damit gleichsam die soziale Konsequenz aus der Lehre von der Nicht-Dualität. Seine Aufgabe ist es, einerseits die Arroganz der Mönche bloßzulegen, andererseits die Laien zu ermutigen, selbst den Bodhisattva-Pfad zu gehen.

Vimalakīrti verfügt aufgrund seines gereinigten Bewußtseins über die übernatürlichen Kräfte, die wir schon im Avataṃsaka-Sūtra kennengelernt haben. Er wendet wieder ein geschicktes Mittel an und bringt selbst Krankheit über sich, damit ihn viele Menschen besuchen, so daß er die Gelegenheit zur Predigt nutzen kann. Er predigt das Mahāyāna auf der Grundlage der Disziplin des Hīnayāna, denn sie ist und bleibt die Voraussetzung für den umfassenderen Weg des Bodhisattva. Die Krankheit ist aber mehr, sie ist nicht nur Verstellung, sondern zeigt des Bodhisattvas Solidarität mit der menschlichen Situation. Er wird krank um der Menschen willen, nimmt Leid auf sich, damit die Menschen, die an Leib und Geist krank sind, erkennen, daß es einen Weg aus der Krankheit gibt. Mañjuśrī fragt Vimalakīrti im 5. Kapitel nach Ursache und Verlauf der Krankheit, und Vimalakīrti antwortet:

»Mañjuśrī, meine Krankheit kommt von der Unwissenheit und dem Durst nach Sein, und sie wird so lange währen wie die Krankheiten aller Lebewesen. Wären alle Lebewesen frei von Krankheit, so wäre ich auch nicht krank. Warum? Mañjuśrī, für einen Bodhisattva besteht die Welt nur aus Lebewesen, und Leben in der Welt bedeutet Krankheit. Wären alle Lebewesen frei von Krankheit, wäre der Bodhisattva auch frei von Krankheit. Mañjuśrī, wenn zum Beispiel der einzige Sohn eines Kaufmanns krank ist, werden die Eltern auch krank aufgrund des (bedrohlichen) Zustandes ihres Sohnes. Und die Eltern werden so lange leiden, wie sich der einzige Sohn nicht von seiner Krankheit erholt hat. Gerade so, Mañjuśrī, liebt Bodhisattva alle Lebewesen, als wären sie sein einziges Kind. Er wird krank, wenn sie krank sind, und er gesundet, wenn sie gesunden. Mañjuśrī, du fragst, woher meine Krankheit kommt? Die Krankheit eines Bodhisattva kommt von seiner großen Barmherzigkeit und heilenden Hinwendung *(mahākaruṇā)* zu allen Lebewesen.«

Das 3. Kapitel erzählt, wie der Buddha seine Śrāvaka-Schüler zu Vimalakīrti schicken will, um den Kranken zu besuchen. Einer nach dem anderen zögert. Die Beschränkungen der Hīnayāna-Lehren und ihrer Praxis werden in Anekdoten angeprangert, die jeweils genau auf die betreffende Person zugeschnitten sind. Im 4. Kapitel wird es den Mahāyāna-Bodhisattvas ebenso ergehen, denn auch sie stehen in Gefahr, beim Buchstaben der Lehre oder einem nur intellektuellen Verständnis stehenzubleiben.

Text

Dann faßte der Licchavi Vimalakīrti den Gedanken: »Ich bin krank und liege mit Schmerzen zu Bett, aber der Tathāgata, der Heilige, der vollkommen erleuchtete Buddha, erachtet es nicht für nötig, sich meiner zu erbarmen, nach mir zu schicken und sich nach meinem Befinden zu erkundigen.«

Der Herr[1] kannte die Gedanken Vimalakīrtis und sprach zu dem ehrwürdigen Śāriputra: »Śāriputra, gehe du, und erkundige dich nach der Krankheit des Licchavi Vimalakīrti.«

Der so angesprochene Śāriputra antwortete dem Buddha: » Herr, ich mag nicht zu dem Licchavi Vimalakīrti gehen und mich nach seinem Befinden erkundigen. Warum? Ich erinnere mich, daß ich mich eines Tages unter einem Baum im Wald zur Meditation niedergelassen hatte und Vimalakīrti zu mir trat und sprach: ›Ehrwürdiger Śāriputra, so begibt man sich nicht in Versenkung. Du solltest dich so in Versenkung vertiefen, daß weder Körper noch Geist irgendwo in der dreifachen Welt erscheinen. Du solltest dich so in Versenkung vertiefen, daß du als ganz gewöhnlicher Mensch erscheinen kannst, ohne doch dabei deine Bewußtseinsruhe zu verlieren. Man soll so meditieren, daß weder die spirituellen Errungenschaften noch die ganz normalen weltlichen Merkmale (eines Men-

1 Der Sanskrittitel *bhagavān* bezeichnet im Hinduismus Gott, im Buddhismus wird er für den Buddha verwendet als Inbegriff des Höchsten. Wir übersetzen in Anlehnung an christlichen Sprachgebrauch für das höchste Wesen mit ›Herr‹ oder einfach ›der Buddha‹.

schen) verschwinden. Du solltest dich so in Versenkung vertiefen, daß das Bewußtsein weder innen ruht noch nach draußen zu den äußerlichen Formen wandert. Du solltest dich so in Versenkung vertiefen, daß die siebenunddreißig Aspekte des Erleuchtungsweges offenkundig werden, ohne daß du dich in irgendwelche dogmatischen Argumente gegen (sogenannte) Irrlehren verstrickst. Du solltest dich so in Versenkung vertiefen, daß du vollkommen befreit wirst, ohne daß die Leidenschaften, die diese Welt beherrschen, aufgegeben würden. Ehrwürdiger Śāriputra, wer sich so in Versenkung vertieft, wird vom Herrn als wahrlich in Versenkung Vertiefter *(pratisaṃlīna)* betrachtet.‹

Herr, als ich diese Lehre hörte, war ich zu keiner Antwort fähig und schwieg. Und deshalb mag ich nicht zu dem vortrefflichen Mann gehen und mich nach seinem Befinden erkundigen.«

Darauf sprach der Buddha zu dem ehrwürdigen Mahāmaudgalyāyana: »Maudgalyāyana, gehe du zu dem Licchavi Vimalakīrti, und erkundige dich nach seinem Befinden.«

Maudgalyāyana antwortete: »Herr, ich mag nicht zu dem Licchavi Vimalakīrti gehen und mich nach seinem Befinden erkundigen. Warum? Ich erinnere mich, daß ich einmal den Dharma auf einem großen Platz der Stadt Vaiśālī vor verheirateten Laien predigte, und der Licchavi Vimalakīrti kam vorbei und sprach: ›Ehrwürdiger Maudgalyāyana, so sollte man den Dharma nicht für die Laien in solchen weißen Kleidern lehren. Der Dharma muß entsprechend dem Dharma gelehrt werden.

Ehrwürdiger Maudgalyāyana, der Dharma ist ohne Sein *(niḥsattva),* denn er ist frei von Verunreinigungen des Seienden. Er ist ohne Selbst, denn er ist frei vom Schmutz der Begierde. Er ist ohne Leben, denn er ist frei von Geburt und Tod. Er ist ohne Personenhaftigkeit, denn er läßt vergangene Ursprünge und zukünftige Schicksale hinter sich. Der Dharma ist Gleichheit *(śama)* und Friede *(upaśama),* denn er ist frei von abgrenzenden Bezeichnungen. Er ist frei von Verlangen, denn er kennt kein Objekt. Er ist frei von Worten und Buchstaben, (er ist) unaussprechlich und übersteigt alle Gedanken.

Der Dharma ist allgegenwärtig, denn er gleicht dem unendlichen Raum. Er ist farblos, bestimmungs- und gestaltlos, denn er ist frei von Werden. Er ist ohne einen Begriff von *mein,* denn er ist frei von den gewöhnlichen Vorstellungen des Besitzes. Er ist ohne Vorstellungsbildung, denn er ist frei vom Urteilen, Denken und Bewußtsein. Er ist unvergleichlivh, denn ihm steht kein Gegenteil entgegen. Er ist ohne Voraussetzungen und Bedingungen, denn er hängt von keiner Ursache ab.

Er durchdringt gleichmäßig alle Dinge, denn alles ist im absoluten Daseinsbereich *(dharmadhātu)* inbegriffen. Er entspricht der Wirklichkeit durch den Vorgang des Nicht-Entsprechens. Er verweilt an der Wirklichkeitsgrenze (*bhūtakoṭi),* denn er ist vollkommen bewegungslos. Er ist unbeweglich, denn er ist unabhängig von den sechs Sinnesobjekten. In ihm ist weder Kommen noch Gehen, denn er steht niemals still. Er ist verbunden mit Leere *(śūnyatā),* Bestimmungslosigkeit *(animittatā)* und Wunschlosigkeit *(apraṇihitatā),* denn er vermeidet sowohl Bejahung als auch Verneinung. Er ist ohne jeden Bewußtseinsgrad und übersteigt die Reichweite von Auge, Ohr, Nase, Zunge, Körper und Denken. Er ist ohne (die Unterscheidung in) Hohes und Niedriges, denn er besteht ohne Bewegung und Aktivität.

Ehrwürdiger Maudgalyāyana, wie könnte es eine Lehre über einen solchen Dharma geben? Ehrwürdiger Maudgalyāyana, selbst der Ausdruck ›den Dharma lehren‹ ist vermessen, und die solche Lehre hören, lauschen einer Vermessenheit. Ehrwürdiger Maudgalyāyana, wo keine vermessenen Worte sind, gibt es keinen Lehrer des Dharma, keinen Hörer, keinen, der ihn versteht. Es ist, als würde eine scheinbare Person *(māyāpuruṣa)* den Dharma zu scheinbaren Leuten predigen.

Deshalb solltest du den Dharma lehren, indem du dir dieser Dinge bewußt bist.

Du solltest geschickt sein entsprechend den spirituellen Fähigkeiten der Lebewesen. Du solltest den Dharma lehren mittels der korrekten Schau des Auges der Weisheit, indem du große heilende Hinwendung *(mahākaruṇā)* erweist, (den Ruhm des Mahāyāna preist), das segensreiche Handeln des Buddha anerkennst, deine Motivation reinigst und die letztgültige Wahrheit des Dharma verstehst, damit die Kontinuität der Drei Juwelen niemals unterbrochen werde.‹

Herr, als Vimalakīrti so gesprochen hatte, empfingen achthundert Laien in der Menge den Geist der unübertroffenen vollkommenen Erleuchtung[2], und ich selbst war sprachlos. Deshalb, Herr, mag ich nicht zu diesem vortrefflichen Mann gehen und mich nach seinem Befinden erkundigen.«

Dann sprach der Buddha zu dem ehrwürdigen Mahākāśyapa: »Mahākāśyapa, gehe du zu dem Licchavi Vimalakīrti, um dich nach seinem Befinden zu erkundigen.«

»Herr, ich mag nicht zu dem Licchavi Vimalakīrti gehen und mich nach seinem Befinden erkundigen. Warum? Ich erinnere mich, daß ich einmal in einer Straße des Armenviertels auf dem Bettelgang (nach Speise) war und der Licchavi Vimalakīrti vorbeikam und zu mir sagte: ›Ehrwürdiger Mahākāśyapa, die Häuser der Reichen zu meiden und nur zu den Armen zu gehen ist einseitiges Spenden des Segens.[3] Du solltest dich auf die Tatsache der Gleichheit aller Dinge gründen und (das Wohl) aller Lebewesen im Herzen haben. Du solltest um Speise im Bewußtsein von der letztgültigen Nicht-Existenz von Speise betteln. Du solltest um Almosen nachsuchen, um den Materialismus anderer auszumerzen. Wenn du in eine Stadt kommst, so solltest du dir bewußt sein, daß sie letztlich leer *(śūnya)* ist, aber dennoch mußt du weitergehen, um die (geistige) Entwicklung der Männer und Frauen zu fördern. Du solltest die Häuser betreten mit dem Bewußtsein (der Zugehörigkeit) zu der Buddha-Familie. Du solltest Almosen annehmen, indem du nichts nimmst. Du solltest körperliche Formen betrachten wie ein Blindgeborener, Klänge hören, als wären sie Echos, Düfte riechen, als

---

2 *Anuttarāyām samyaksambodhau cittāny utpāditāni:* »Sie erzeugten den Geist der höchsten vollkommenen Erleuchtung.« Ich übersetze ›empfangen‹, weil das Subjekt dieses Vorgangs nicht das empirische Ich ist, sondern der Erleuchtungsgeist aus dem unermeßlichen Bewußtseinskontinuum entsteht, das dem Ich transzendent ist.

3 Es bedeutet Segen für das Haus, wenn ein Mönch um Almosen nachsucht und der Familie Gelegenheit zu guter Tat gibt.

wären sie Wind, Geschmack ohne Neigung und Abneigung empfinden, Dinge berühren, als berührtest du sie nicht, und alles mit einem Bewußtsein betrachten, das aller Dinge letztgültigen Mangel an inhärenter Existenz erkennt. Das, was ohne inhärente Substanz und ohne hinzugefügte Substanz ist, brennt nicht. Und was nicht brennt, kann auch nicht ausgelöscht werden. Ehrwürdiger Mahākāśyapa, wenn du dich auf die acht Befreiungen *(vimokṣa)* konzentrieren kannst ohne die acht (gegenteiligen) Verdrehungen, wenn du weiter durch die Gleichheit der Verdrehungen *(mithyātvasamatā)* hindurch die Gleichheit des absolut Wirklichen (erkennst und) durchdringst und wenn du alle Lebewesen mit der Speise von einer einzigen Opferschale sättigen und (davon noch) allen Heiligen und Buddhas ein Opfer spenden kannst, erst dann sollst du selbst essen. Wer so ißt, ist weder verunreinigt noch nicht verunreinigt, weder in Konzentration versunken noch konzentrationslos, weder in der Welt der Wiedergeburten noch im Nirvāṇa verweilend. Weiter, Ehrwürdiger, jene, die dir solche Almosen geben, erlangen weder großen Verdienst noch kleinen Verdienst, weder erlangen sie noch verlieren sie etwas. Sie folgen dem Pfad Buddhas, nicht dem Weg der Śrāvakas. Nur so, ehrwürdiger Mahākāśyapa, ist die Übung des Almosenessens segensreich.‹

Herr, als ich diese Lehre hörte, war ich höchst verwundert und dachte: ›Verehrung allen Bodhisattvas! Wenn ein Laien-Bodhisattva mit solcher Beredsamkeit gesegnet ist, wer könnte dann nicht den Geist der unübertrefflichen vollkommenen Erleuchtung empfangen? Seitdem empfehle ich nicht länger das Śrāvaka-Fahrzeug und das der Pratyeka-Buddhas, sondern das Mahāyāna. Und darum, Herr, mag ich nicht zu dem vortrefflichen Mann gehen und mich nach seinem Befinden erkundigen.« (. . .)

Dann sprach der Buddha zu dem ehrwürdigen Rāhula: »Rāhula, gehe du zu dem Licchavi Vimalakīrti, um dich nach seinem Befinden zu erkundigen.«

Rāhula antwortete: »Herr, ich mag nicht zu diesem vortrefflichen Mann gehen und mich nach seinem Befinden erkundigen. Warum?

Ich erinnere mich, daß eines Tages viele junge Männer von Licchavi an den Ort kamen, da ich mich aufhielt, und zu mir sprachen: ›Ehrwürdiger Rāhula, du bist der Sohn des Herrn und hast der Welt entsagt, indem du auf das Königreich eines Weltenherrschers verzichtet hast. Was für Tugenden und Nutzen siehst du im Verlassen der Welt?‹

Als ich ihnen nun in angemessener Weise Tugenden und Nutzen der Weltentsagung erläuterte, kam der Licchavi Vimalakīrti vorbei, grüßte mich und sprach: ›Ehrwürdiger Rāhula, du solltest den Nutzen und die Tugenden der Entsagung nicht so predigen, wie du es tust. Warum? Entsagung bedeutet nichts anderes als Abwesenheit von Tugend und Nutzen. Ehrwürdiger Rāhula, über Nutzen und Tugenden kann man in bezug auf zusammengesetzte (oder relative) Dinge sprechen, Entsagung aber ist nicht zusammengesetzt, und so kann es keine Frage von Nutzen und Tugenden hinsichtlich des Nicht-Zusammengesetzten geben. Ehrwürdiger Rāhula, Entsagung ist nichts Materielles *(rūpin),* sondern frei vom Materiellen. Sie ist frei hinsichtlich der extremen Ansichten von Anfang und Ende. Sie ist der Weg der Befreiung, gepriesen von den Weisen, begangen von den Heiligen. Sie ist es, die alle Māras besiegt. Sie befreit von den fünf Zuständen der Existenz[4], reinigt die fünf Augen[5], kultiviert die fünf Kräfte[6] und ist die Voraussetzung für die fünf geistigen Fähigkeiten.[7] Entsagung bringt anderen keinerlei Schaden, sie ist in keiner Weise mit Üblem vermischt. Sie diszipliniert diejenigen, die falsche Lehrmeinungen haben, und übersteigt das Denken in Sekten. Sie ist die Brücke über den Sumpf der Begierde *(kāmapaṅka)* und entbehrt jeder Habsucht. Sie ist frei von den Vorstellungen von *Ich* und *Mein (ātmātmīyagrāha).* Sie ist ohne Anhaften und ohne Störung und beruhigt alle Erregung. Sie diszipliniert das eigene Bewußtsein und schützt das Bewußtsein anderer. Entsagung bringt

---

4 Höllenwesen, Hungergeister, Tiere, Menschen, (Titanen und Götter), meist als sechs Bereiche gezählt.

5 Fünf Arten des Sehens: das physische, göttliche, Weisheits-, Dharma-, Buddha-Sehen – vgl. a. S. 201, Anmerkung 17.

6 Glaube, Tatkraft, Achtsamkeit, Meditation, Weisheit.

7 Identisch mit den fünf Kräften, aber in einem anderen Entwicklungsstadium.

Bewußtseinsruhe *(śamathānukūla)* hervor und verhilft zu tiefer Einsicht *(vispaśyanā-saṃcodaka)*. Sie ist in jeder Hinsicht untadelig, und darum wird sie Entsagung genannt. Die das Weltliche in solcher Weise hinter sich lassen, werden ›wahrhaftig Entsagende‹ genannt.‹

Dann sagte Vimalakīrti zu den jungen Männern: ›Junge Männer, entsagt der Welt und tretet dem wohlbegründeten Saṃgha bei! Die Erscheinung eines Buddha ist äußerst selten. Ungünstige Lebensbedingungen zu überwinden, ist schwierig. Die Geburt als Mensch (mit Muße und Gelegenheit zur spirituellen Praxis) ist äußerst kostbar!‹

Die jungen Männer wandten ein: ›Aber, Haushalter, wir haben den Tathāgata sagen hören, daß keiner ohne Erlaubnis der Eltern der Welt entsagen solle.‹

Vimalakīrti antwortete: ›Junge Männer, ihr solltet euer Bewußtsein selbst auf intensivste Weise kultivieren, um den Geist der unübertroffenen vollkommenen Erleuchtung zu empfangen. Dies selbst wird eure Entsagung und eure höhere Ordination sein!‹

Daraufhin empfingen dreitausendzweihundert Jugendliche von Licchavi den Geist der unübertroffenen vollkommenen Erleuchtung. Darum, Herr, mag ich nicht zu dem vortrefflichen Mann gehen und mich nach seinem Befinden erkundigen.« (. . .)

In gleicher Weise mochte keiner von den übrigen fünfhundert Śrāvakas zu dem Licchavi Vimalakīrti gehen. Und jeder erzählte dem Buddha sein eigenes Erlebnis von den Gesprächen mit dem Licchavi Vimalakīrti.

2. Die Göttin (Kapitel 6)

Erläuterungen

Am Anfang dieses Kapitels steht ein großartiger Text, den man das Hohelied der Liebe im Mahāyāna-Buddhismus nennen kann. Wie kann aufgrund der Lehre von der Leere überhaupt Liebe möglich sein? Das Sūtra sagt, daß *nur* aufgrund der Nicht-Dualität unbedingte, voraussetzungslose und die Leidenschaft überwindende Liebe möglich ist.

Die Göttin ist ein erleuchtetes Wesen. Sie erklärt nicht die Lehre von der Leere und Nicht-Dualität, sondern läßt den ehrwürdigen und geehrten Hīnayāna-Mönch Śāriputra auf humorvolle Weise erkennen, daß es in der Wirklichkeit des Dharma keine Unterscheidungen von Mann und Frau geben kann. Wer an seinen eigenen Vorstellungen und Gedanken haftet, an dem bleiben auch die Blumen kleben, die einem Mönch zu tragen verboten sind, weil er sich aller weltlichen Genüsse, auch des Schmucks, zu enthalten hat. Blumen und Schmuck an sich sind aber weder gut noch schlecht, es kommt vielmehr ganz allein auf die Bewußtseinshaltung des Trägers an.

Text

Daraufhin sprach (der Bodhisattva) Mañjuśrī zu Licchavi Vimalakīrti: »Ehrenwerter Herr, wie sollte ein Bodhisattva über alle Lebewesen denken?«
Vimalakīrti antwortete: »Mañjuśrī, ein Bodhisattva sollte alle Lebewesen betrachten, wie ein weiser Mann die Spiegelung des Mondes im Wasser betrachtet oder wie Magier Menschen, die durch Magie entstanden sind, betrachten. Er sollte sie betrachten wie ein Spiegelbild im Spiegel, wie das Wasser einer Fata Morgana, wie den Klang des Echos, wie einen Wolkenhaufen am Himmel, wie den Anfangspunkt einer Seifenblase, wie die Erscheinung und Auflösung einer Wasserblase, wie den hohlen Stamm einer Bananenstaude, wie den Blitz des Gewitters, wie das fünfte Element, wie den siebten Sinn, wie die Erscheinung von (materieller) Form im immateriellen Bereich, wie den Sproß eines verfaulten Samenkorns, wie einen Umhang aus Schildkrötenhaaren, wie den Spaß, den einer, der zu sterben wünscht, am Scherzen hat . . ., wie Feuer, das ohne Ursache ausbricht, wie die Reinkarnation eines Wesens, das letztgültige Befreiung erlangt hat.

Genau so, Mañjuśrī, betrachtet ein Bodhisattva, der (die Einsicht in das) absolute Nicht-Selbst erlangt hat, alle Wesen.«

Daraufhin fragte Mañjuśrī weiter: »Edler Herr, wenn ein Bodhisattva alle Wesen auf solche Weise betrachtet, wie kann er dann große Liebe *(mahāmaitrī)* zu ihnen entwickeln?«

Vimalakīrti antwortete: »Mañjuśrī, wenn ein Bodhisattva alle Lebewesen so betrachtet, denkt er: ›So wie ich den Dharma in mir verwirklicht habe, so möchte ich ihn auch allen Wesen lehren.‹ Damit erzeugt er Liebe, die wahrlich eine Zuflucht für alle Lebewesen ist; eine Liebe, die frei ist vom Besitzergreifen; Liebe, die nicht fieberhaft ist, weil sie frei von unreinen Motivationen ist; Liebe, die mit der Wirklichkeit übereinstimmt, weil sie in allen drei Zeiten (Gegenwart, Vergangenheit und Zukunft) gleichbleibend ist; Liebe, die konfliktfrei ist, denn sie ist frei von Gewalt, die mit Leidenschaften verbunden ist; Liebe, die in sich nicht-zwei ist, denn sie ist weder in das Äußere noch in das Innere verstrickt; Liebe, die unerschütterlich ist, weil sie unbedingt ist.

Damit erzeugt er Liebe, die fest und von unzerbrechlicher Entschlossenheit ist wie ein Diamant; eine Liebe, die rein ist, gereinigt in ihrem innersten Wesen; eine Liebe, die gleich ist, weil ihr Bestreben gleich ist; die Liebe des Heiligen, der den Gegner überwunden hat; die Liebe des Bodhisattva, der beständig daran arbeitet, die (geistige) Entwicklung anderer zu fördern; die Liebe des Tathāgata, die die Wirklichkeit versteht; die Liebe des Buddha, die Lebewesen aus ihrem Schlaf erwachen läßt; Liebe, die spontan ist, denn sie ist spontan vollkommen erleuchtet; Liebe, die Erleuchtung ist, denn sie ist die Einheit der Erfahrung; Liebe, die keine Bestätigung sucht, denn sie hat Gier und Abneigung überwunden; Liebe, die große heilende Hinwendung *(mahākaruṇā)* ist, denn sie verleiht dem Mahāyāna Strahlkraft; Liebe, die sich niemals erschöpft, denn sie erkennt die Leere und das Nicht-Selbst; Liebe, die Geben *(dāna)* ist, denn sie lehrt den Dharma frei und ohne Geiz; Liebe, die Tugend *(śīla)* ist, denn sie macht die Lebewesen besser; Liebe, die Geduld *(kṣānti)* ist, denn sie schützt einen selbst wie die anderen; Liebe, die Tatkraft *(vīrya)* ist, denn sie übernimmt Verantwortung für alle lebenden

Wesen; Liebe, die Meditation *(dhyāna)* ist, denn sie enthält sich der Zügellosigkeit des Genusses; Liebe, die Weisheit *(prajñā)* ist, denn sie erlangt (Weisheit) zur geeigneten Zeit; Liebe, die Methode zur Befreiung *(upāya)* ist, denn sie weist den Weg überall; Liebe, die ohne Selbstruhm *(dambha)* ist, denn sie ist in der Motivation rein; Liebe, die ohne Arglist ist, denn sie handelt aus entschiedener Motivation; Liebe, die von hoher Entschlußkraft ist, denn sie ist ohne Leidenschaften; Liebe, die ohne Illusion *(māyā)* ist, denn sie ist nicht künstlich; Liebe, die Glück *(sukha)* ist, denn sie führt die Lebewesen zum Glück des Buddha. So, Mañjuśrī, ist die große Liebe eines Bodhisattva.«

Mañjuśrī: Was ist die große heilende Hinwendung *(mahākaruṇā)* eines Bodhisattva?

Vimalakīrti: Das Hingeben aller angesammelten Wurzeln heilsamer Bewußtseinsformungen *(punya)* an alle Lebewesen.

Mañjuśrī: Was ist die große Freude *(mahāmuditā)* eines Bodhisattva?

Vimalakīrti: Fröhlich und ohne Bedauern im Geben zu sein.

Mañjuśrī: Was ist der Gleichmut *(mahopekṣā)* eines Bodhisattva?

Vimalakīrti: Segensreich ohne Ansehen der Person zu wirken.

Mañjuśrī: Wohin soll man sich wenden, wenn man wegen (möglicherweise übler) Wiedergeburt in Schrecken versetzt ist?

Vimalakīrti: Mañjuśrī, ein Bodhisattva, der wegen der Wiedergeburt in Schrecken versetzt ist, soll bei der Großmut des Buddha Zuflucht nehmen.

Mañjuśrī: Wo sollte einer, der bei der Großmut des Buddha Zuflucht nehmen möchte, Standort beziehen?

Vimalakīrti: Er soll in Gleichmut gegenüber allen Lebewesen verweilen.

Mañjuśrī: Wo sollte einer, der in Gleichmut gegenüber allen Lebewesen verweilen möchte, Standort beziehen?

Vimalakīrti:	Er soll für die Befreiung aller Lebewesen leben.
Mañjuśrī:	Was sollte der tun, der alle Lebewesen zu befreien wünscht?
Vimalakīrti:	Er soll sie von ihren üblen Motivationen (Bewußtseinsverunreinigungen) befreien.
Mañjuśrī:	Wie sollte sich einer, der sie von ihren üblen Motivationen befreien will, verhalten?
Vimalakīrti:	Er soll die rechte Anstrengung unternehmen.
Mañjuśrī:	Welche Anstrengung soll er unternehmen?
Vimalakīrti:	Er soll die Anstrengung hinsichtlich des Nicht-Entstehens und Nicht-Vergehens unternehmen.
Mañjuśrī:	Was soll man nicht entstehen lassen und was nicht verdrängen?
Vimalakīrti:	Man soll nichts Böses entstehen lassen und Tugendhaftes nicht verdrängen.
Mañjuśrī:	Was ist die Wurzel von Gut und Böse?
Vimalakīrti:	Das Materielle (als Objekt der Begierde) ist die Wurzel von Gut und Böse.
Mañjuśrī:	Was ist die Wurzel des Materiellen (als Objekt der Begierde)?
Vimalakīrti:	Begierde *(kāmarāga)* ist die Wurzel des Materiellen (als Objekt der Begierde).
Mañjuśrī:	Was ist die Wurzel von Anhaften und Begierde?
Vimalakīrti:	Unreale (Gedanken-)Konstruktion ist die Wurzel der Begierde.
Mañjuśrī:	Was ist die Wurzel unrealer (Gedanken-)Konstruktion?
Vimalakīrti:	Die falsche Wahrnehmung ist ihre Wurzel.
Mañjuśrī:	Was ist die Wurzel falscher Wahrnehmung?
Vimalakīrti:	Die Wurzel falscher Wahrnehmung ist das Fehlen einer Basis (für die Wahrnehmung).
Mañjuśrī:	Was ist die Wurzel des Fehlens einer Basis?
Vimalakīrti:	Mañjuśrī, wenn etwas ohne Basis ist, wie kann es eine Wurzel haben? Deshalb beruht alles auf einer Wurzel, die keine Basis hat.

In dem Haus Vimalakīrtis lebte eine Göttin *(devī)*, die diese Lehre des Dharma von den großen Bodhisattvas mitgehört hatte. Sie war erfreut, höchst zufrieden und über die Maßen entzückt, manifestierte sich selbst in einem materiellen Formkörper und streute himmlische Blumen auf die großen spirituellen Meister, Bodhisattvas und bedeutenden Śrāvakas. Fielen die Blumen auf die Gestalten der Bodhisattvas, so glitten sie ab und sanken zu Boden. Fielen sie aber auf die Gestalten der großen Śrāvakas, blieben sie an diesen haften und glitten nicht zu Boden. Die großen Śrāvakas versuchten, die Blumen abzuschütteln, und setzten selbst ihre übernatürlichen Kräfte *(ṛddhi)* dabei ein, aber die Blumen blieben haften. Da sprach die Göttin zu dem ehrwürdigen Śāriputra:

»Ehrwürdiger Śāriputra, warum schüttelst du die Blumen ab?«

Śāriputra antwortete: »Göttin, diese Blumen ziemen sich nicht für Mönche, darum versuchen wir, sie abzuschütteln.«

Die Göttin sprach: »Sage dies nicht, Śāriputra. Warum? Diese Blumen sind durchaus ziemlich! Warum? Blumen kennen weder begriffliche Konstruktionen noch Unterscheidungen. Aber ihr, Ehrenwerte, die ihr (die Blumen) wahrnehmt und unterscheidet, seid in begriffliche Konstruktionen und in Unterscheidungen verstrickt.

Ehrwürdiger Śāriputra, für einen, der der Welt um der recht verkündeten Disziplin willen entsagt, besteht Unziemlichkeit in begrifflichen Konstruktionen und Unterscheidungen. Doch sind die Ehrenwerten voll solcher Gedanken. Wer frei ist von solchen Gedanken, entspricht immer dem, was ziemlich ist.

Ehrwürdiger Śāriputra, schau dir an, wie diese Blumen keineswegs an den Gestalten der großen spirituellen Meister, der Bodhisattvas, haften bleiben! Das liegt daran, daß sie weder in begriffliche Konstrukte noch in Unterscheidungen verstrickt sind.

So haben zum Beispiel böse Geister *(amanuṣya)* Macht über einen furchtsamen Menschen, dem Furchtlosen aber können sie nichts anhaben. So ist es auch mit denen, die verängstigt sind wegen der Gefahren der Wiedergeburt – Formen, Klänge, Düfte, Geschmäcker und berührbare Gegenstände üben Macht über sie aus. All dies kann aber diejenigen nicht aus dem Gleichgewicht bringen, die frei von Furcht vor den Leidenschaften der materiellen Welt sind. Darum kleben die Blumen an den Gestalten derer, die ihre Neigungen für die Leidenschaften noch nicht überwunden haben, fallen aber von den Gestalten jener ab, die ihre Neigungen überwunden haben. Das ist der Grund, daß die Blumen nicht an den Gestalten der Bodhisattva, die alle Leidenschaften überwunden haben, haften bleiben.«

Da sprach der ehrwürdige Śāriputra zu der Göttin: »Göttin, wie lange bist du schon in diesem Haus?«

Die Göttin antwortete: »Ich bin hier, seit der Ehrenwerte[1] Śāriputra zur Befreiung gelangt ist.«

Śāriputra: »Heißt dies, daß du dann noch nicht so lange hier in diesem Haus bist?«

Die Göttin: »Ist der Ehrenwerte schon seit einiger Zeit im Zustand der Befreiung?«

Daraufhin schwieg der Ehrenwerte Śāriputra.

Die Göttin fuhr fort: »Ehrenwerter, du giltst als der ›Erste der Weisen‹! Warum sprichst du nicht? Jetzt, da du an der Reihe bist, beantwortest du die Frage nicht.«

Śāriputra: Da Befreiung unaussprechlich ist, Göttin, weiß ich nichts zu sagen.

Göttin: Jede Silbe, die der Ehrenwerte ausspricht, hat das Wesen der Befreiung. Warum? Befreiung ist weder innerlich noch äußerlich, noch kann man sie getrennt vom (Inneren und Äußeren) erfassen. So ist es mit jeder Silbe (jedem Wort), weder sind sie innerlich noch äußerlich, noch können sie sonst irgendwo erfaßt werden. Deshalb, ehrwürdiger Śāriputra, weise nicht dadurch auf Befreiung hin, daß du die Sprache aufgibst. Warum? Die Gleichheit aller Dinge *(sarva-dharma-samatā)* ist die wunderbare Befreiung (*ārya-vimukti)*!

---

1 Sthavira, Ältester, ist eine Anrede im Saṃgha, die hier mit ›Ehrenwerter‹ wiedergegeben wird.

Śāriputra: Göttin, ist nicht Befreiung die Freiheit von Begierde, Haß und Unwissenheit?

Göttin: ›Befreiung ist Freiheit von Begierde, Haß und Unwissenheit‹ – das ist die Lehre für die Eingebildeten *(abhimānika)*.

Die aber nicht eingebildet sind, hat (der Buddha) gelehrt, daß das Wesen *(svabhāva)* von Begierde, Haß und Unwissenheit selbst nichts anderes als Befreiung ist.

Śāriputra: Ausgezeichnet, ausgezeichnet, Göttin! Bitte, was hast du erlangt, was hast du verwirklicht, daß du eine solche (Weisheit und) Beredsamkeit besitzt?

Göttin: Nichts habe ich erlangt, ehrwürdiger Śāriputra, weder Verwirklichung (der Erleuchtung) noch Weisheit. Darum bin ich so weise und beredt. Wer denkt: ›Ich habe erlangt! Ich habe verwirklicht‹, wird in dem Dharma-Vinaya als Stolzer (Hochmütiger) bezeichnet.

Śāriputra: Göttin, gehörst du zum Śravaka-Fahrzeug, zum Fahrzeug der Pratyeka-Buddhas oder zum Mahāyāna?

Göttin: Ich gehöre zum Śravaka-Fahrzeug, wenn ich dasselbe denjenigen predige (die dieses brauchen). Ich gehöre zum Fahrzeug der Pratyeka-Buddhas, wenn ich die zwölf Glieder der Entstehung in gegenseitiger Abhängigkeit für diejenigen lehre (die dies brauchen). Weil ich aber nie die große heilende Hinwendung zu allen Wesen *(mahākaruṇā)* aufgebe, gehöre ich zum Mahāyāna, da alle diese Lehre brauchen, um vollkommene Befreiung zu erlangen.

Nichtsdestoweniger, ehrwürdiger Śāriputra, so wie man den Geruch von Rizinus nicht in einem Magnolienhain verspüren kann, sondern den Duft der Magnolienblüten, so, ehrwürdiger Śāriputra, verspürt jemand, der in diesem Haus lebt, das nach dem

Parfüm der Tugenden des Buddha-Dharma duftet, nichts von dem Duft der Śravakas und Pratyeka-Buddhas. Ehrwürdiger Śāriputra, die Śakras, Brahmās, Lokapālas, Devas, Nāgas, Yakṣas, Gandharvas, Asuras, Garuḍas, Kiṃnaras und Mahoragas[2], die in diesem Haus leben, hören den Dharma aus dem Munde dieses heiligen Mannes, und angelockt von dem duftenden Parfüm der Tugenden des Buddha-Dharma, schreiten sie voran, den Geist der Erleuchtung *(bodhicitta)* zu entwickeln.

Ehrwürdiger Śāriputra, seit zwölf Jahren weile ich in diesem Haus, und ich habe keine Lehrreden gehört, die Śravakas und Pratyeka-Buddhas betreffen, sondern nur solche, die große Liebe *(mahāmaitrī)*, große heilende Hinwendung zu allen Wesen *(mahākaruṇā)* und die unbegreiflichen Qualitäten der Buddhas *(acintya-buddhadharma)* betreffen.

Ehrwürdiger Śāriputra, acht merkwürdige und wunderbare Dinge gehen dauernd in diesem Hause vor sich. Was sind diese acht? Ein goldfarbenes Licht scheint hier immerfort, so hell, daß man kaum Tag und Nacht unterscheiden kann und weder Sonnen- noch Mondlicht als solche wahrzunehmen vermag. Das ist das erste Wunder in diesem Haus.

Weiterhin, ehrwürdiger Śāriputra, wer immer dieses Haus betritt, wird von dem Augenblick an, da er die Schwelle überschritten hat, nicht länger von seinen Leidenschaften geplagt. Das ist die zweite merkwürdige und wunderbare Sache.

Weiterhin, ehrwürdiger Śāriputra, dieses Haus wird niemals verlassen von Śakra[3], Brahmā[4], den Loka-

2 Verschiedene göttliche, halbgöttliche und titanische Wesen und Geister.

3 Die buddhistische Parallele zu dem hinduistischen Indra, ein göttliches Wesen höheren Ranges.

4 In buddhistischer Kosmologie der Rang eines göttlichen Wesens, das ein Universum beherrscht, nicht zu verwechseln mit dem hinduistischen Schöpfergott Brahmā.

pālas[5] und Bodhisattvas aus anderen Buddha-Gegenden. Das ist die dritte merkwürdige und wunderbare Sache.

Weiterhin, ehrwürdiger Śāriputra, dieses Haus entbehrt niemals der Klänge des Dharma, der Erörterung der Sechs Vollkommenheiten und der Lehren über das unumkehrbare Rad des Dharma. Das ist die vierte merkwürdige und wunderbare Sache.

Weiterhin, ehrwürdiger Śāriputra, hört man in diesem Haus unentwegt die Rhythmen, Gesänge und Musik der Götter und Menschen, und aus dieser Musik tönt immerfort der Widerhall des unendlichen Buddha-Dharma. Das ist die fünfte wunderbare und merkwürdige Sache.

Weiterhin, Śāriputra, gibt es in diesem Haus immer vier unerschöpfliche Schätze, angefüllt mit allen Sorten von Juwelen, die nie abnehmen, obwohl sich alle Armen, Unglücklichen und Elenden davon nehmen dürfen, bis sie zufrieden sind. Das ist die sechste merkwürdige und wunderbare Sache.

Weiterhin, ehrwürdiger Śāriputra, kommen auf Wunsch dieses vortrefflichen Mannes unzählige Tathāgatas aus den zehn Himmelsrichtungen zu diesem Haus, wie etwa die Tathāgatas Śākyamuni, Amitābha, Akṣobhya . . . usw.

Und wenn sie kommen, lehren sie die Einführung in die Lehre, die *Tathāgatā-guhyaka*[6] (Geheimnis der Tathāgatas) heißt, bevor sie wieder Abschied nehmen. Das ist die siebte merkwürdige und wunderbare Sache.

Weiterhin, ehrwürdiger Śāriputra, all der Glanz der Wohnungen der Götter und der Glanz der Buddha-

---

5 Weltbeschützer, die über die Taten der Menschen wachen, also gleichsam das *karman*-Gesetz personifizieren und den Dharma beschützen.

6 Dies bezieht sich auf den Mahāyāna-Text *Tathāgatācintyaguhyanirdeśa*.

Gegenden erstrahlt in diesem Haus. Das ist die achte merkwürdige und wunderbare Sache.

Ehrwürdiger Śāriputra, diese acht merkwürdigen und wunderbaren Dinge sieht man in diesem Hause. Wie könnte sich derjenige, der solch unbegreifliche Dinge sieht, noch an die Lehren der Śravakas halten?

Śāriputra: Göttin, warum verwandelst du dich nicht und legst deine weibliche Gestalt ab?

Göttin: Obwohl ich seit zwölf Jahren nach meiner ›weiblichen Gestalt‹ suche, habe ich sie noch immer nicht gefunden. Ehrwürdiger Śāriputra, wenn ein Magier mit seiner magischen Kraft eine Frau hervorbrächte, würdest du sie dann fragen: ›Warum verwandelst du dich nicht und legst deine weibliche Gestalt ab?‹

Śāriputra: Nein. Solch eine Frau würde nicht wirklich existieren, was könnte denn dann an ihr verwandelt werden?

Göttin: Und genau so, ehrwürdiger Śāriputra, existieren alle Dinge nicht wirklich so (wie sie erscheinen). Würdest du nun wohl denken: ›Warum verwandelt die, deren Natur die eines magischen Gebildes ist, sich nicht und legt ihre weibliche Gestalt ab?‹

Daraufhin benutzte die Göttin ihre übernatürlichen Kräfte, um den Ehrenwerten Śāriputra in ihrer Gestalt und sich selbst in seiner Gestalt erscheinen zu lassen. Dann sprach die Göttin, die sich in Śāriputra verwandelt hatte, zu Śariputra, der in die Gestalt der Göttin verwandelt worden war: »O ehrwürdiger Śāriputra, verwandelst du dich nicht und legst deine weibliche Gestalt ab?«

Und der in eine Göttin verwandelte Śāriputra antwortete: »Ich erscheine nicht mehr in männlicher Gestalt! Mein Leib hat sich in den Leib einer Frau verwandelt! Ich weiß nicht, was ich verwandeln soll!«

Die Göttin fuhr fort: »Wenn der Ehrenwerte die weibliche Gestalt verändern könnte, so könnten alle Frauen ihre weibliche Gestalt verwandeln. Alle Frauen erscheinen in weiblicher Gestalt auf die gleiche Weise, in der der Ehrenwerte (jetzt) in weiblicher Gestalt erscheint. Obwohl sie in ihrem Wesen gar nicht weiblich sind, erscheinen sie in der Gestalt der Frauen. Dies meinte der Buddha, als er sagte: ›Alle Dinge sind (in Wirklichkeit) weder männlich noch weiblich.‹«

Dann zog die Göttin ihre übernatürlichen Kräfte zurück, und beide gewannen ihre gewöhnliche Gestalt wieder. Und sie sprach zu ihm: »Ehrwürdiger Śāriputra, was hast du mit deiner weiblichen Gestalt gemacht?«

Śāriputra: Meine weibliche Gestalt ist weder gemacht noch verändert.

Göttin: Ausgezeichnet, ausgezeichnet, Ehrwürdiger! Und ebenso sind alle Dinge weder gemacht noch verändert, und daß sie weder gemacht noch verändert sind, das ist die Lehre des Buddha.

Śāriputra: Göttin, wo wirst du wiedergeboren werden, wenn du diese Existenz verläßt?

Göttin: Ich werde dort wiedergeboren, wo die scheinbaren Inkarnationen des Tathāgata geboren werden.

Śāriputra: Die von einem Buddha emanierten Form-Körper wandern aber nicht wirklich im Kreislauf der Geburten und werden auch nicht geboren.

Göttin: Alle Dinge und Lebewesen sind gleich, sie unterliegen nicht dem Kreislauf der Geburten und werden auch nicht geboren.

Śāriputra: Göttin, wie schnell wirst du zur vollkommenen Erleuchtung der Buddhaschaft gelangen?

Göttin: Zu der Zeit, da du, Ehrenwerter, einmal mehr mit den Qualitäten eines gewöhnlichen Individiuums ausgestattet (das heißt wiedergeboren) wirst, werde ich die vollkommene Erleuchtung der Buddhaschaft erlangen.

Śāriputra: Göttin, es ist unmöglich, daß ich einmal mehr mit

	den Qualitäten eines gewöhnlichen Individuums ausgestattet werde.
Göttin:	Und genau so, ehrwürdiger Śāriputra, ist es unmöglich, daß ich die vollkommene Erleuchtung der Buddhaschaft erlangen könnte. Warum? Weil vollkommene Erleuchtung auf dem Grund beruht, der ein Nicht-Grund ist. Wo es also keine Basis gibt, wie könnte einer die vollkommene Erleuchtung der Buddhaschaft erlangen?
Śāriputra:	Aber der Tathāgata hat (doch) erklärt: ›Die Tathāgatas, die so zahlreich wie der Sand des Ganges sind, haben vollkommene Buddhaschaft erlangt, erlangen vollkommene Buddhaschaft und werden vollkommene Buddhaschaft erlangen.‹
Göttin:	Ehrwürdiger Śāriputra, der Ausdruck ›die Buddhas der Vergangenheit, der Gegenwart und der Zukunft‹ ist ein konventioneller (relativer) Ausdruck, der aus einer bestimmten Anzahl von Silben besteht. Die Buddhas sind weder vergangen noch gegenwärtig, noch zukünftig. Ihre Erleuchtung übersteigt die drei Zeitphasen! Aber sage mir, Ehrenwerter, hast du die Arhatschaft erlangt?
Śāriputra:	Durch Nicht-Erlangen habe ich sie erlangt.
Göttin:	Ebenso *ist* vollkommene Erleuchtung erlangt, denn es gibt kein Erlangen vollkommener Erleuchtung.

Da sprach der Licchavi Vimalakīrti zu dem ehrwürdigen Śāriputra: »Ehrwürdiger Śāriputra, diese Göttin hat bereits zweiundneunzig Millionen Milliarden von Buddhas gedient. Sie verfügt über ihr überweltliches Wissen. Sie hat wahrlich alle ihre Gelübde erfüllt. Sie hat (den Bewußtseinszustand des) Geltenlassens der Entstehungslosigkeit aller Dinge *(anutpattika-dharmakṣānti)*[7] erlangt. Sie hat das Stadium erlangt, wo es kein Zurückfallen (auf dem Weg zur

7 Die Gelassenheit des Ruhens in der unerschütterlichen Wirklichkeit, die Entstehen und Vergehen übersteigt.

Erleuchtung) mehr gibt. Durch die Kraft ihres Gelübdes kann sie leben, wo immer sie es wünscht, um allen lebenden Wesen auf dem Weg zur Befreiung beizustehen.«

3. Das Dharma-Tor der Nicht-Dualität (Kapitel 8)

Erläuterungen

Dieses Kapitel spricht für sich selbst. Die Nicht-Dualität, die Befreiung, die Leere, hat viele Aspekte. In den verschiedenen Antworten der Bodhisattvas wird noch einmal die gesamte Mahāyāna-Lehre knapp zusammengefaßt. Worauf es ankommt, ist aber nicht die bloße Kenntnis der Lehren, sondern die direkte Erfahrung der Nicht-Dualität, die sich im alltäglichen Leben auswirkt – für den heiligen Bodhisattva gibt es nichts Unheiliges, er durchdringt alles mit der Kraft seiner Liebe und Barmherzigkeit, er ist mitten in der Welt ein Licht, das andere erleuchtet. Aber das Wissen und das Tor zur Erfahrung der Nicht-Dualität lassen sich nicht in Worte fassen. Darum kulminiert das Sūtra in dem gütigen Schweigen Vimalakīrtis.

Text

Dann fragte der Licchavi Vimalakīrti jene Bodhisattvas: »Ehrenwerte Herren, bitte erläutert, wie die Bodhisattvas in das Dharma-Tor der Nicht-Dualität eintreten!« Der Bodhisattva Dharmavikurvaṇa erklärte: »Edler Herr[1], Entstehen und Vergehen sind zwei, was aber nicht entstanden und erschienen ist, kann auch nicht vergehen. Daher ist das Erlangen des Zustandes, in dem das Bewußtsein die Entstehungslosigkeit aller Dinge mit Gewißheit gelten läßt *(anutpattika-dharmakṣāntiprāpti),* der Eintritt in Nicht-Dualität.«

Der Bodhisattva Śrīgandha erklärte: »*Ich* und *Mein* sind zwei.

1 *kulaputra*, wörtl. ›Sohn aus (guter) Familie‹.

Wenn die Voraussetzung (der Existenz) des Selbst nicht gemacht wird, kann es kein *Mein* (Besitzstreben) geben. Die Abwesenheit der Bejahung des Selbst *(anadhyāropa)* ist deshalb der Eintritt in Nicht-Dualität.«

Der Bodhisattva Śrīkūṭa erklärte: »Verunreinigung *(saṃkleśa)* und Reinigung *(vyavadāna)* sind zwei. Wenn (das Wesen der) Verunreinigung klar verstanden wird, kann die Idee der Reinigung nicht entstehen. Der Pfad, der zur vollkommenen Überwindung aller Gedankenkonstruktionen führt, ist der Eintritt in Nicht-Dualität.«

Der Bodhisattva Bhadrajyotis erklärte: »Zerstreuung *(vikṣepa)* und Aufmerksamkeit *(manyanā)* sind zwei. Wo keine Zerstreuung ist, ist auch keine Aufmerksamkeit, kein Denkprozeß und kein Interesse. Daher ist das Aufhören dieses Interesses der Eintritt in Nicht-Dualität.«

Der Bodhisattva Subāhu erklärte: »Bodhisattva-Geist und Śravaka-Geist sind zwei. Wenn beide so verstanden werden, daß sie *einem* illusionären Geist gleichen *(māyācittasama),* gibt es weder Bodhisattva-Geist noch Śravaka-Geist. Daher ist die Gleichheit der Bestimmungen von verschiedenen Arten des Geistes der Eintritt in Nicht-Dualität.«

Der Bodhisattva Animiṣa erklärte: »Greifen und Nicht-Ergreifen sind zwei. Was nicht ergriffen wird, wird nicht wahrgenommen, und was nicht wahrgenommen wird, kann weder angenommen noch verworfen werden. Daher ist das Nicht-Handeln und die Nicht-Bewegung aller Dinge der Eintritt in Nicht-Dualität.«

Der Bodhisattva Sunetra erklärte: »Bestimmtheit durch Merkmale *(ekalakṣaṇa,* wörtl.: Einzelheit von Merkmalen) und Merkmallosigkeit *(alakṣaṇa)* sind zwei. Nichts anzunehmen oder (gedanklich) zu konstruieren bedeutet, weder seine Bestimmtheit noch seine Merkmallosigkeit festzustellen. Die Gleichheit beider zu erkennen ist der Eintritt in Nicht-Dualität.«

Der Bodhisattva Tiṣya erklärte: »Gut *(kuśala)* und Böse *(akuśala)* sind zwei. Sucht man weder Gut noch Böse und versteht, daß Bestimmung *(nimitta)* und Bestimmungslosigkeit nicht-zwei sind, ist das der Eintritt in Nicht-Dualität.

Der Bodhisattva Siṃha erklärte: »Sündhaftigkeit *(sāvadya)* und Sündlosigkeit sind zwei. Mittels der diamantgleichen Weisheit, die bis ins Wesen vordringt, weder gebunden noch befreit zu sein, ist der Eintritt in Nicht-Dualität.«

Der Bodhisattva Siṃhamati erklärte: »Zu sagen, ›dies ist unrein‹ *(sāsrava)* und ›dies ist rein‹, ergibt Zweiheit. Wer die Erscheinungen *(dharma)* in ihrer Gleichheit *(samatā)* erkannt hat, formt keine Begriffe von Unreinheit und Reinheit (ist aber auch noch nicht völlig frei von Begriffen und hängt an Gleichheit als Gegensatz zu einem anderen). Weder an der Bezeichnung noch an der Bezeichnungslosigkeit zu hängen ist der Eintritt in Nicht-Dualität.«

Der Bodhisattva Śuddhādhimukti erklärte: »Zu sagen, ›dies ist Glück‹ *(sukha)* und ›dies ist Leiden‹ *(duḥkha)*, ist Zweiheit. Wer durch äußerste Reinheit in der Erkenntnis frei von aller Berechnung *(gaṇanā)* ist, dessen Geist steht über (dieser Zweiheit) wie leerer Raum. Und so tritt er in Nicht-Dualität ein.«

Der Bodhisattva Narayana erklärte: »Zu sagen, ›dies ist weltlich‹ und ›dies ist überweltlich‹, ist Zweiheit. Diese Welt hat die Natur der Leere, darum gibt es weder Überwinden noch Verstricktsein in die Welt, weder Bewegung noch Stillstand. Darum gilt: Weder zu überwinden noch verstrickt zu sein, weder zu gehen noch anzuhalten – das ist der Eintritt in Nicht-Dualität.«

Der Bodhisattva Dāntamati erklärte: »Kreislauf der Geburten *(saṃsara)* und Befreiung *(nirvaṇā)* sind zwei. Bodhisattvas, die das Wesen *(svabhava)* der Befreiung schauen, werden weder wiedergeboren, noch gehen sie ins Nirvāṇa ein. Solche Erkenntnis ist der Eintritt in Nicht-Dualität.«

Der Bodhisattva Pratyakṣadarśana erklärte: »Erschöpflich *(kṣaya)* und unerschöpflich sind zwei. Was erschöpft ist, ist endgültig erschöpft. Was endgültig erschöpft ist, *wird* nicht mehr erschöpft, darum ist es ›unerschöpflich‹. Was unerschöpflich ist, ist unmittelbar-augenblicklich *(kṣaṇika)*, und was unmittelbar-augenblicklich ist, ist unerschöpfbar. Dies zu erkennen ist ›Eintritt in den Grund der Nicht-Dualität‹.«

Der Bodhisattva Parigūḍha erklärte: »Selbst und Nicht-Selbst sind zwei.[2] Da die Existenz eines Selbst nicht wahrgenommen werden kann, was gibt es, das als Nicht-Selbst existieren könnte? Die Nicht-Zweiheit, die durch die Schau des Wesens beider wahrgenommen wird, ist der Eintritt in Nicht-Dualität.«

Der Bodhisattva Vidyuddeva erklärte: »Wissen und Unwissenheit sind zwei. Das Wesen von Wissen und Unwissenheit ist dasselbe. Unwissenheit aber ist unbestimmt *(avyākṛta),* unberechenbar und jenseits des Gedankenspektrums. Die Erkenntnis dessen ist der Eintritt in Nicht-Dualität.«

Der Bodhisattva Priyadarśana erklärte: »Die Materie[3] selbst ist leer. Leere entsteht nicht durch Zerstörung von Materie, sondern das Wesen der Materie selbst ist Leere *(rūpasvabhāva śūnyatā).* Darum ist es völlig dualistisch, von Leere auf der einen Seite und von Materie (Form) oder Empfindung, Wahrnehmung, Wille oder Bewußtsein auf der anderen Seite zu sprechen. Bewußtsein selbst ist Leere. Leere entsteht nicht durch die Zerstörung von Bewußtsein, sondern das Wesen des Bewußtseins selbst ist Leere. Ein solches Verständnis der fünf Daseinsgruppen *(skandha)* und sie in dieser Weise durch Weisheit zu erkennen ist der Eintritt in Nicht-Dualität.«

Der Bodhisattva Prabhāketu erklärte: »Zu sagen, daß die vier Grundelemente *(dhātu)* eine Sache bilden und der Äther als Raumelement *(akaśa-dhātu)* eine andere, ist eine Zweiheit.[4] Die vier Grundelemente selbst sind ihrem Wesen nach Raum. Auch die Vergangenheit ist dem Wesen nach Raum. Die Zukunft ist auch dem Wesen nach Raum. Und so ist auch die Gegenwart dem Wesen nach Raum. Die Erkenntnis, die die Elemente auf solche Weise durchdringt, ist der Eintritt in Nicht-Dualität.«

Der Bodhisattva Pramati erklärte: »Auge und Form sind zwei. Das Sehen recht zu verstehen und hinsichtlich der Form weder An-

2 Hinweis auf das buddhistische *anattā* (Nicht-Selbst) gegenüber der hinduistischen *ātman*-(Selbst-)Lehre.

3 *rūpa*, wörtl. ›Form‹.

4 Die Elemente, vor allem auch der Raum, wurden im Abhidharma-Hīnayāna substantialisiert gedacht, was der Lehre des Buddha von der Vergänglichkeit *(anicca)* widersprach.

haften *(rāga)* noch Haß *(dveṣa)* oder Verwirrung *(moha)* zu empfinden ist Frieden *(śānti)*. In gleicher Weise verhält es sich mit Ohr und Klang, Nase und Geruch, Zunge und Geschmack, Körper und Berührung, Bewußtsein und Erscheinungen – sie alle sind Zweiheiten.[5] Aber das Bewußtsein zu kennen und weder in Anhaften noch Abneigung noch Verwirrung angesichts der Erscheinungen zu verfallen, dies nennt man ›Frieden‹. In solchem Frieden zu leben ist der Eintritt in Nicht-Dualität.«

Der Bodhisattva Akṣyamati erklärte: »Die Tugend des Gebens und das Übertragen der positiven Bewußtseinsformungen auf andere, um Allwissenheit zu erlangen *(sarvajñānapariṇāma)*, sind zwei. Das Wesen des Gebens selbst ist Allwissenheit, und das Wesen der Allwissenheit selbst ist vollkommenes Übertragen (der positiven Bewußtseinsformen auf andere). So ist es auch mit Tugend, Geduld, Tatkraft, Meditation und Weisheit auf der einen und ihrer Übertragung um der Allwissenheit willen auf der anderen Seite – sie sind zwei.[6] Die wahre Natur der Allwissenheit aber ist das Übertragen. Darum ist der Eingang in dieses einfache Prinzip der Eintritt in Nicht-Dualität.«

Der Bodhisattva Gambhīramati erklärte: »Es ist dualistisch zu sagen, Leere sei das eine, Bestimmungslosigkeit ein anderes und Wunschlosigkeit wieder ein anderes.[7] Was leer ist, hat keine Bestimmung. Was keine Bestimmung hat, hat keinen Wunsch. Wo es keinen Wunsch gibt, gibt es keinen Gedankenablauf, keinen Intellekt, kein Bewußtsein. Die Drei Tore der Befreiung als das eine Tor der Befreiung zu erkennen, ist der Eintritt in Nicht-Dualität.«

Der Bodhisattva Śāntendriya erklärte: »Es ist dualistisch, von ›Buddha‹, ›Dharma‹ und ›Saṃgha‹ zu sprechen. Der Dharma selbst ist das Wesen des Buddha, der Saṃgha selbst ist das Wesen des Dharma, und alle sind nicht-zusammengesetzt. Das Nicht-Zusam-

---

5 Hinweis auf die Sinne und Sinnesobjekte.

6 Hinweis auf die Sechs Vollkommenheiten. Allwissenheit bedeutet nicht die quantitative Kenntnis aller relativen Erscheinungen, sondern die qualitative Einsicht in Grund und Wesen der Erscheinungen.

7 Hinweis auf die Drei Tore zur Befreiung: Leere, Bezeichnungs-(Bestimmungs-)losigkeit, Wunschlosigkeit, vgl. oben S. 179.

mengesetzte ist unendlicher Raum. Das Prinzip aller Dinge (und Vorgänge) ist dem unendlichen Raum gleich. Dies zu verstehen ist der Eintritt in Nicht-Dualität.«

Der Bodhisattva Apratihatanetra erklärte: »Das Zusammentreffen vergänglicher Dinge (die Daseinsgruppen) und das Vergehen des Zusammentreffens vergänglicher Dinge sind zwei. Das Zusammentreffen selbst aber ist das Aufhören. Warum? Wenn der Gedanke an das Zusammentreffen vergänglicher Dinge nicht aufkommt und nicht existiert, gibt es keinen Begriff *(kalpa),* keine Vorstellung *(vikalpa),* keine Imagination *(parikalpa),* die jenes Zusammentreffen vergänglicher Dinge und das Vergehen dieses Zusammentreffens betreffen würde. Deshalb die Identifikation mit dem Vergehen selbst *(nirodha-svabhāva)* – Nicht-Entstehen und Nicht-Vergehen, das ist der Eintritt in Nicht-Dualität.«

Der Bodhisattva Suvinīta erklärte: »Körperliche, verbale und mentale Gelübde sind nicht dualistisch.[8] Warum? Diese Dinge haben die Bestimmung des Nicht-Handelns. Die Bestimmung des Nicht-Handelns des Körpers ist dasselbe wie das Wesen des Nicht-Handelns der Rede, und die Bestimmung des Nicht-Handelns der Rede ist dasselbe wie die in bezug auf das Denken. Man muß diese Tatsache des letztgültigen Nicht-Handelns der Dinge kennen, denn diese Erkenntnis ist der Eintritt in Nicht-Dualität.«

Der Bodhisattva Puṇyakṣetra erklärte: »Es ist dualistisch, Handlungen als heilsam, unheilsam oder neutral anzusehen. In Wirklichkeit sind heilsame, unheilsame und neutrale Handlungen aber nicht-zwei. Das innere Wesen *(svalakṣaṇa)* all solcher Handlungen ist leer *(śūnya);* da gibt es (im letztgültigen Sinn) weder Heilsames noch Unheilsames, noch Neutrales, noch Handeln überhaupt. Das Nicht-Vollziehen solchen Handelns ist der Eintritt in Nicht-Dualität.«

Der Bodhisattva Padmavyūha erklärte: »Dualismus kommt daher, daß man von ›Selbst‹ besessen ist, aber das rechte Verständnis des Selbst bringt keinen Dualismus hervor. Wer also in

8 Hinweis auf die Leere auch der Mönchsregel *(vinaya).*

Nicht-Dualität verweilt, ist ohne Gedankenkonstrukte *(vijñapti)*, und diese Freiheit von Gedankenkonstruktionen ist der Eintritt in Nicht-Dualität.«

Der Bodhisattva Śrīgarbha erklärte: »Dualität besteht in Manifestation von Wahrnehmbarem. Nicht Dualität ist Objektlosigkeit. Deshalb ist Nicht-Ergreifen und Nicht-Verwerfen der Eintritt in Nicht-Dualität.«

Der Bodhisattva Candrottara erklärte: »Finsternis *(tamas)* und Licht *(jyoti)* sind zwei, während die Abwesenheit von Finsternis und Licht nicht-dualistisch ist. Warum? Während der Versenkung in absoluter Ruhe *(nirodhasamapatti)* gibt es weder Dunkelheit noch Licht, und so ist es mit dem Wesen aller Dinge. Der Eintritt in diese Gleichheit ist der Eintritt in Nicht-Dualität.«

Der Bodhisattva Ratnamudrāhasta erklärte: »Es ist dualistisch, die Welt zu verabscheuen und sich an der Befreiung zu erfreuen; weder die Welt zu verabscheuen noch sich an der Befreiung zu erfreuen ist Nicht-Dualität. Warum? Befreiung ist dort, wo Fesseln sind. Wo aber letztlich keine Gefangenschaft ist, welche Notwendigkeit zur Befreiung gibt es dort? Der Bettelmönch, der weder gebunden noch befreit ist, empfindet weder Lust *(abhirati)* noch Abscheu *(parikheda)*, und so tritt er in Nicht-Dualität ein.«

Der Bodhisattva Maṇikūṭarāja erklärte: »Es ist dualistisch, von guten und schlechten Pfaden zu sprechen. Wer wirklich auf dem Weg ist, folgt keinem schlechten Pfad. Indem er in solcher Ununterschiedenheit verweilt, denkt er nicht in Begriffen von ›gutem Pfad‹ und ›schlechtem Pfad‹. Da er das Wesen (von dualistischen Begriffen) versteht, verstrickt sich sein Intellekt nicht in Dualität. Das ist der Eintritt in Nicht-Dualität.«

Der Bodhisattva Satyarata erklärte: »Es ist dualistisch, von ›wahr‹ *(satya)* und ›falsch‹ *(mṛṣā)* zu sprechen. Wenn derjenige, der wirklich die Wahrheit gesehen hat *(dṛṣtasatya)*, nicht einmal das Wesen der Wahrheit begrifflich erfaßt, wie könnte er Falschheit erkennen? Warum? Man sieht dieses Wesen nicht mit dem physischen Auge und auch nicht mit dem Auge der Weisheit. In dem Maße, in dem Ansicht *(darśana)* und Schauung *(vidarśana)* überwunden werden, wird es gesehen. Dort, wo es weder Sehen noch Nicht-Sehen gibt, ist der Eintritt in Nicht-Dualität.«

Als die Bodhisattvas ihre Erklärungen gegeben hatten, wandten sie sich alle an Mañjuśrī: »Mañjuśrī, was ist der Eintritt des Bodhisattva in Nicht-Dualität?«

Mañjuśrī antwortete: »Ehrenwerte Herren, ihr habt alle gut gesprochen. Aber dennoch, alle eure Erklärungen waren selbst dualistisch. Alle Worte zu vermeiden, nichts zu sagen, nichts auszudrücken, nichts zu erklären, nichts anzukündigen, auf nichts hinzuweisen, nichts zu bezeichnen – das ist der Eintritt in Nicht-Dualität.«

Dann sagte Mañjuśrī zu dem Licchavi Vimalakīrti: »Edler Herr, wir haben alle unsere Lehren kundgetan. Mögest du nun die Lehre vom Eintritt in Nicht-Dualität für uns aufklären!«

Daraufhin schwieg der Licchavi Vimalakīrti und sagte nichts.

Mañjuśrī lobte den Licchavi Vimalakīrti: »Ausgezeichnet! Ausgezeichnet, ehrenwerter Herr! Dies ist in der Tat der Eintritt in die Nicht-Dualität der Bodhisattvas. Hier haben Worte, Klänge und Gedanken keinen Platz.«

Als diese Worte gesprochen waren, traten fünftausend Bodhisattvas in das Tor des Dharma der Nicht-Dualität ein und gelangten zu dem Bewußtsein, das die Entstehungslosigkeit aller Dinge (in vollkommener Gewißheit) gelten läßt.

Glossar

Abhidharma: buddhistische Lehren, in systematischer Weise dargestellt; der ›dritte Korb‹ des → Hīnayāna-Kanon (neben → *sūtra* und → *vinaya).*

ācārya: geistlicher Lehrer.

acintya: unbegreiflich.

adhiṣṭhāna: wörtl.: Fundament, Gnade, die Kraft, mit der Buddhas den Bodhisattvas bei dem Bemühen beistehen, alle Lebewesen zur Befreiung zu führen.

advayatvā: Nicht-Dualität.

ākāśa: Raum, Äther, das fünfte Element.

Akṣobhya: Buddha der Unerschütterlichkeit des Gelübdes, einer der Tathāgatas.

Amitābha: Buddha unendlichen Lichtes, einer der fünf → Tathāgatas im tantrischen Buddhismus.

Amoghasiddhi: Buddha, der sein Ziel furchtlos und unbeirrt verwirklicht, einer der fünf → Tathāgatas.

anātman (anattā): Nicht-Selbst.

animittatā: Bestimmungslosigkeit, Formlosigkeit, eines der Drei Tore der Befreiung (vgl. → *sūnyatā,* → *apraṇihitatā).*

anubhava: (geistige) direkte Erfahrung.

anupalabdha: nicht (sinnlich) wahrnehmbar.

apraṇihitatā: Wunschlosigkeit, eines der Drei Tore zur Befreiung (vgl. → *sūnyatā,* → *animittatā).*

arhat: Heiliger des → Hīnayāna.

arūpa: formlos.

arūpaloka: formloser Bereich, eine der drei Welten der buddhistischen Kosmologie, → *triloka.*

ārya: wörtl.: edel, im Buddh.: heilig.

Āryadeva: indischer buddhist. Meister, wohl 2. Jh. n. Chr., Hauptschüler des Nāgārjuna.

āśā: Hoffnung.

asaṃkheya: unzählbar.

Asaṇga: um 350 n. Chr., systematisierte die Prajñāpāramitā-Texte, bedeutender Meditationsmeister und Mitbegründer der Vijñānavāda-(Nur-Bewußtseins-)Schule.

aṣṭāngikamārga: der Achtfache Pfad der buddhistischen Praxis: ganzheitliche Anschauung *(samyag-dṛṣṭi),* ungeteilter Entschluß *(samyak-saṃkalpa),* untadelige Rede *(samyag-vāk),* vollkommenes Handeln *(samyak-karmānta),* gleichgewichtige Anstrengung *(samyag-vyāyāma),* ganzheitliche Lebensführung *(samyag-ājīva),* unablässige Achtsamkeit *(samyak-smṛti),* ganzheitliche Einswerdung *(samyak-samādhi).*

asura: Wesen, die auf Ebenen zwischen Göttern und Menschen angesiedelt sind, Halbgötter, Dämonen oder Titanen.

ātman: Selbst.

Avalokiteśvara: Bodhisattva der Barmherzigkeit.

avicī: die niedrigste der Höllen.

avidyā: Unwissenheit.

avijñapti: unbeschreiblich, undenkbar.

bhūmi: Stufe, Ebene, die Zehn Stufen der Bodhisattvaschaft: Ebene der Freude *(pramuditā)*, der Reinheit *(vimalā)*, des Leuchtens *(prabhākarī)*, des Strahlens *(arciṣmatī)*, der Unüberwindbarkeit *(sudurjayā)*, des Widerstehens *(abhimukhī)*, des Weitreichens *(dūraṃgamā)*, der Unerschütterlichkeit *(acalā)*, der heilsamen Intelligenz *(sādhumatī)* und der Dharmawolke *(dharmameghā)*.

Bodh Gayā: Ort der Erleuchtung Gautama Śākyamunis, im heutigen nordindischen Bundesstaat Bihar.

bodhi: Erleuchtung.

bodhicitta: altruistisch motiviertes Trachten nach Erleuchtung.

bodhisattva: Wesen auf dem Erleuchtungsweg; erleuchtetes Wesen, das anderen auf dem Weg beisteht und darum auf den Eingang ins → *nirvāṇa* zeitweilig verzichtet (Heiliger des Mahāyāna).

Brahmā: ein göttliches Wesen in einem relativ niedrigen Bereich, nicht zu verwechseln mit dem hinduistischen Schöpfergott Brahmā oder dem hinduist. absoluten Prinzip der Wirklichkeit, *brahman*.

buddhagotra: Buddha-Linie oder -Familie.

cakravartin: ein Weltenherrscher in der indischen Kosmologie (dessen Rad oder Wagen ungehindert überallhin rollen kann).

citta: Geist, Bewußtseinskontinuum.

deva: göttliches Wesen, das aber noch im Bereich des Kreislaufs der Geburten angesiedelt ist, auch Symbol für bestimmte Aspekte des Bewußtseinskontinuums.

devī: Göttin.

dhāraṇī: kurzer Spruch, oft nur eine Silbe, die den spirituellen Gehalt kondensiert ausdrückt, auch für magische Zwecke gebraucht.

dharma: Weltgesetz, Einsicht in das Wesen der Wirklichkeit, allgemein auch: buddhistische Praxis.

dharma-kāya: transzendenter Geist-Körper, absoluter Wahrheitskörper.

Dharmakīrti: buddhistischer Logiker, 600–660 n. Chr.

dharmāḥ: Bezeichnung für die Daseinselemente oder -faktoren im → Hīnayāna.

dhātu: Element, Bereich.

dhyāna: Meditation, Versenkungsmethode.

dṛṣṭi: Anschauung, philosophische Lehrmeinung.

duḥkha: das Leiden daran, daß die ichhaften Projektionen unwirklich sind.

dveṣa: Haß.
ekayāna: das eine Fahrzeug.
Garuḍa: geflügeltes Reittier des → Amoghasiddhi.
gāthā: Vers, Gesang.
Gayā: Stadt in der Nähe von → Bodh Gayā.
geya: Gesänge, die vorhergehende Prosa wiederholend zusammenfassen.
guru: Lehrer, spiritueller Meister.
Hīnayāna: Kleines Fahrzeug.
Indra: Gott und König des Himmels der Dreiunddreißig, → *deva*.
indriya: Fähigkeit der sinnlichen Wahrnehmung.
itivṛttaka: Texte, die Ursache und Wirkung sowie ihre Verknüpfung *(→ nidāna)* darstellen, auch Sūtras, die aufgrund einer Frage bzw. eines besonderen Vorkommnisses gepredigt wurden.
jagat: Welt, Menschheit.
jambudvīpa: die irdische Welt.
jātaka: insgesamt 547 Geburtsgeschichten, die von den früheren Leben des Buddha erzählen, Teil des Khuddaka-Nikāya.
jñāna: Erkenntnis.
jyoti: Licht.
kalpa: Weltzeitalter, in dem ein Universum entsteht und vergeht.
kalyāṇamitra: ›tugendhafter Freund‹, Mahāyāna-Lehrer, der die Schüler begleitet und inspiriert, wobei der Schüler aber selbst nach Befreiung streben muß.
kāma: Liebe, Begierde.
kāraṇa: Ursache.
karman: umfassender, die moralischen Qualitäten einschließender Ursache-Wirkungs-Zusammenhang.
karuṇā: heilende Hinwendung.
kleśa: Verunreinigung (des Bewußtseins), vor allem die ›drei Gifte‹ *moha* (Unwissenheit), *rāga* (Begierde) und *dveṣa* (Haß).
koṭi: die Zahl 10^7.
Kushinagar: Ort, an dem der Buddha starb (ins → *pariṇirvāṇa* einging).
lakṣaṇa: Merkmal, Zeichen.
Mādhyamika: eine der wichtigsten Schulen des Mahāyāna, begründet von Nāgājuna, basiert auf der Lehre des Mittleren Weges *(mādhyamaka)* in Erkenntnistheorie und Ethik.
mahākaruṇā: große heilende Hinwendung zu allen Wesen.
Mahāsaṃghika: eine der beiden Schulrichtungen, in die sich der → *saṃgha* wohl bereits beim 2. buddhistischen Konzil von Vaiśālī 383 v. Chr. spaltete; weitherzigere Auslegung der Mönchsregel.
Mahāyāna: Großes Fahrzeug.
Maitreya: Bodhisattva, der im → *tuṣita*-Himmel darauf wartet, als zukünftiger Buddha wiederzukommen.

maitrī: Liebe.

maṇḍala: zwei- oder dreidimensionale Anordnung von Symbolen für Bewußtseinskräfte.

mantra: Klänge oder rezitierte Strophen, die Bewußtseinskräfte symbolisieren und aktivieren.

Mañjuśrī: Bodhisattva der Weisheit.

Māra: Personifikation des Bösen und der Hindernisse (auf dem buddhist. Pfad).

māyā: die Illusion, die die Welt der Erscheinungen für die Soheit der Wirklichkeit hält.

moha: Unwissenheit.

mokṣa: Befreiung, Eintritt ins Nirvāṇa.

mṛṣā: falsch.

muni: schweigender Asket.

Nāgārjuna: bedeutendster buddhist. Philosoph in Indien, 1.–2. oder 3. Jh. n. Chr., Begründer der → Mādhyamika-Schule und der → *śūnyatā*-Lehre.

nāgas: Schlangengottheiten.

nairātmya: ohne Selbst, d. h. ohne inhärente Existenz.

nidāna: die zwölf Glieder des Entstehens in gegenseitiger Abhängigkeit: Unwissenheit *(avidyā)*, karmische Bildungen *(saṃskāra)*, Bewußtsein *(vijñāna)*, Name-Form *(nāmarūpa)*, sechs Sinneskräfte *(ṣaḍāyatana)*, Berührung *(sparśa)*, Empfindung *(vedanā)*, Anhaften *(tṛṣṇa)*, begierdehaftes Greifen *(upādāna)*, Existenz *(bhāva)*, Geburt *(jāti)*, Alter und Tod *(jaramaraṇa)*.

nirmāṇa-kāya: körperliche Manifestation oder Inkarnation.

nirodha: das Aufhören, das Zur-Ruhe-Bringen.

nirvāṇa: Verlöschen des Ich-Wahns, letztgültiger Zustand des Friedens.

Pāli-Kanon: kanonische Schriftensammlung der → Theravādins, seit dem 1. Jh. v. Chr. gesammelt, abgeschlossen in ›drei Körben‹ *(tripiṭaka)* im 5. Jh. n. Chr., nämlich *vinaya-piṭaka* (Ordensregeln), *sutta-piṭaka* (Lehrreden des Buddha), *abhidhamma-piṭaka* (philosophische Abhandlungen).

paramārthika: letztgültige, absolute Wahrheit.

pāramitā: Vollkommenheit; die Sechs Vollkommenheiten des Mahāyāna sind: selbstloses Geben *(dāna)*, tugendhaftes Verhalten *(śīla)*, Geduld *(kṣānti)*, Tatkraft *(vīrya)*, Meditation *(dhyāna)*, Weisheit *(prajñā)*.

pariṇāma: wörtl.: Entwicklung, Übertragung von → *punya* (positive karmische Bewußtseinsformungen bzw. ›Verdienst‹) auf andere.

parinirvāṇa: endgültiger Eintritt ins *nirvāṇa* jenseits der Körperlichkeit, Tod.

prajñā: Weisheit, Erkenntnis der Leere.

pratītyasamutpāda: Entstehen in gegenseitiger Abhängigkeit.

pratyeka-buddha: einer, der für sich allein den Dharma verwirklicht, ohne seine Erleuchtung anderen vermitteln zu können (im Gegensatz zum *samyaksaṃbuddha*, dem vollkommen Erleuchteten).

preta: Hungergeist.

pudgala: Person, Ich-Zentrum.
pūjā: Gottesverehrung, Anbetung.
punya: positive Bewußtseinsformung (oft mit ›Verdienst‹ übersetzt), die dadurch zustande kommt, daß heilsame Gedanken und Taten Eindrücke im Bewußtseinskontinuum hinterlassen, die dieses fortan prägen und reifen lassen.
pūrṇam: Fülle, Vollkommenheit.
puruṣa: Mensch, Person.
putra: Sohn.
rāga: Begierde, Neid.
Ratnasaṃbhava: der im Juwel geborene transzendente Buddha, einer der fünf → Tathāgatas, der Wünsche gewährt.
ṛddhi: parapsychische Kraft.
rūpa: Form, Gestalt.
rūpaloka: Bereich der Form, eine der drei Welten der buddhistischen Kosmologie, → *triloka*.
samādhi: meditative Stabilisierung und Equilibrium der Bewußtseinskräfte, Versenkungszustand.
Samantabhadra: ›der allumfassend Gute‹, bedeutender Bodhisattva, Schützer derer, die den Dharma lehren, verkörpert die Nicht-Dualität von Gleichheit und Verschiedenheit, im tantrischen Buddhismus identifiziert mit dem Ursprungs-Buddha, der den → *dharma-kāya* symbolisiert.
śamatha: Ruhen des Geistes auf einem Punkt.
saṃbhoga-kāya: Seligkeitskörper im feinstofflichen Bereich.
saṃgha: Gemeinschaft all derer, die den Dharma praktizieren, oft auch nur den Mönchsorden bezeichnend.
saṃsāra: Kreislauf der Wiedergeburten.
saṃvṛti: konventionelle, relative Wahrheit.
śānti: Frieden.
Śāriputra: einer der Hauptschüler des Buddha, wegen seiner intellektuellen Begabung berühmt.
sarva: alle.
sarvajñāta: Allwissenheit (eines Buddha).
satya-dvaya: zwei Wahrheitsebenen: die konventionelle (relative) und die absolute Wahrheit.
siddha: einer, der → *siddhi* vollkommen beherrscht.
siddhi: übernatürliche bzw. parapsychische Fähigkeit, auch: vollkommene Kontrolle über die physischen und psychischen Kräfte.
skandha: Daseinsaggregat oder -gruppe: Form, Körper *(rūpa)*, Gefühl *(vedanā)*, Wahrnehmung *(saṃjñā)*, Willensimpuls *(saṃskāra)*, Bewußtsein *(vijñāna)*.
smṛti: Gedächtnis, Achtsamkeit.
śrāddhā: Glaube, Vertrauen (in die Wahrhaftigkeit des Meisters).
śrāvaka: Hörer, Hīnayāna-Schüler des Buddha.

Subhūti: bedeutender Schüler des Buddha, in den Prajñāpāramitā-Sūtras Hauptvertreter der → *śūnyata*-Lehre, vertritt vielleicht die Waldeinsiedler-Tradition außerhalb des Saṃgha, die eine der Wurzeln für die Entstehung des → Mahāyāna ist.

sukha: Glück, Seligkeit.

śūnyatā: Leere in bezug auf inhärente Existenz (eines der Drei Tore der Befreiung, vgl. → *animittatā*, → *apraṇihitatā*).

sūtra: wörtl.: Faden, aneinandergereihte Texte, Textsammlung mit Lehrreden des Buddha.

Sūtrayāna: Buddhismus, der sich auf die Sūtras beruft.

svabhāva: Wesen, Natur, inhärente Existenz.

Tantra: eine Hauptströmung der indischen Religionen, die Hinduismus und Buddhismus durchdrungen hat und sich durch eine sakramentale Sicht der gesamten Wirklichkeit auszeichnet: *alles* kann zum Symbol für das Heilige werden.

Tantrayāna: Buddhismus, der die tantrische Praxis als zusätzliche Methode zu den Sūtras lehrt.

Tathāgata: der ›So-Gegangene‹ (oder -Gekommene), der in die Wahrheit oder vollkommene Erleuchtung Eingegangene, Titel der Buddhas.

tathatā: Soheit, das wahre Wesen der Wirklichkeit.

Theravāda: eine der Schulen des frühen Buddhismus, die zur Gruppe der Sthaviras (›die Ältesten‹) gehört, heute die Form des Buddhismus in Sri Lanka und Südostasien.

Theravādin: Anhänger des → Theravāda.

trikāya: die ›drei Körper‹ des Buddha in der Mahāyāna-Buddhologie: → *dharmakāya*, → *saṃbhoga-kāya*, → *nirmāṇa-kāya*.

triloka: die ›drei Welten‹ innerhalb des → *saṃsāra: 1. kāmaloka*, die Welt der Begierde (Höllenbereich, → *pretas*, Tiere, Menschen, → *asuras*, → *devas*); 2. *rūpaloka*, Welt der begierdelosen Körperlichkeit, die von verschiedenen Klassen von Göttern bevölkert wird; 3. *arūpaloka*, die Welt der Körperlosigkeit, d. h., die Wesen sind reine Bewußtseinskontinua.

tripiṭaka: die ›drei Körbe‹ des → Pāli-Kanon.

tṛṣṇa: Durst nach Dasein, Begierde.

tuṣita: Himmel der ›stillen Zufriedenheit‹, in dem Wesen wohnen, die nur noch einmal wiedergeboren werden (müssen); hier hält sich der zukünftige Buddha Maitreya gegenwärtig auf.

udāna: wunderbare Geschichten.

upadeśa: Unterweisung.

Vajrayāna: ›Fahrzeug des Diamantzepters‹; der *vajra* (Diamantzepter) ist Symbol der Unzerstörbarkeit; tantrischer Buddhismus, wie er vor allem in Tibet gepflegt wird.

Vairocana: höchster der transzendenten Buddhas, dem absoluten → *dharmakāya* gleich.

Vijñānavāda: wichtige Schule des Mahāyāna, von Maitreya und Asaṅga gegründet, auch Nur-Bewußtseinsschule genannt.

vinaya: Sammlung der Verhaltensregeln, vor allem der Mönchsregeln.

vipaśyanā: tiefe Einsicht in das Wesen der Wirklichkeit, bes. in deren Leere.

vyākaraṇa: Erzählung aus früheren Leben der Arhats und Bodhisattvas.

yoga: wörtl.: Anjochen, Übungsweg zur Konzentration des Bewußtseins und Einung aller physischen und psychischen Kräfte, im Hinduismus wie Buddhismus Weg zur Befreiung aus Unwissenheit und Zerstreuung.

Literaturverzeichnis (Auswahl)

1. Quellenhinweise

Saddharmapuṇḍarīka, hrsg. v. H. Kern u. B. Nanjio, Bibliotheca Buddhica X, St. Petersburg 1912, repr. 1970.

Sanskrit Manuscripts of Saddharmapuṇḍarīka, collected from Nepal, Kashmir and Central Asia. Compiled by Institute for the Comprehensive Study of Lotus Sūtra, Rissho University, Tokyo 1977.

Miao fa lien hua ching ... (Saddharmapuṇḍarīkasūtra), registriert im Druckhaus von Nan-king (Chin-ling-Druckerei) 1872.

Gaṇḍavyūhasūtra, hrsg. v. P. L. Vaidya, Mithila Institute, Darbhanga 1960.

Aṣṭasāhasrikā-prañāpāramitā-sūtra, hrsg. v. P. L. Vaidya, Mithila Institute, Darbhanga 1960.

Pañcaviṃśatisāhasrikā-prajñāpāramitā-sūtra, hrsg. v. N. Dutt, Calcutta Oriental Series Nr. 28, London 1934.

The Prajñāpāramitā-Hṛdaya Sūtra. Kritische Ausgabe, in: E. Conze, 30 Years of Buddhist Studies, London 1967, 148–167.

Hphags pa Dri ma med par grags pas bstan pa (Vimalakīrti-nirdeśa-sūtra), in: Peking Kanjur, hrsg. v. D. T. Suzuki, The Tibetan Tripiṭaka, Tokyo-Kyoto 1957, Vol. 34, Nr. 843.

Śāntideva, Śikṣāsamuccaya, hrsg. v. P. L. Vaidya, Buddhist Sanskrit Texts No. 11, Darbhanga 1961.

2. Übersetzungen

B. Kato, Myōhō-renge-kyō. The Sutra of the Lotus Flower of the Wonderful Law, Tokyo 1971.

L. Hurvitz, Scripture of the Lotus Blossom of the Fine Dharma, New York 1976.

M. von Borsig, Juwel des Lebens. Buddhas erleuchtetes Erbarmen. Aus dem Lotos-Sūtra, Freiburg 1986.

Torakazu Doi, Das Kegon Sūtra. Das Buch vom Eintreten in den Kosmos der Wahrheit, Tokyo 1978.

Th. Cleary, The Flower Ornament Scripture Vol. I–III, Boulder-Boston-London 1984–1987.

E. Conze, The Large Sūtra on Perfect Wisdom with the divisions of the Abhisamayālaṃkāra, Berkeley-London 1975.

E. Conze, Buddhist Wisdom Books. The Diamond Sūtra and the Heart Sūtra, London ²1970.

É. Lamotte, L'Ensignement de Vimalakīrti, Louvin 1962.

R. A. F. Thurmann, The Holy Teaching of Vimalakīrti, Pennsylvania State Univ. Press. – London ^{4}1986.

3. Studien

M. v. Borsig, Leben aus der Lotosblüte: Nichiren Shōnin, Freiburg 1976.
M. v. Brück, Denn wir sind Menschen voller Hoffnung. Gespräche mit dem XIV. Dalai Lama, München 1988.
R. u. M. v. Brück, Ein Universum voller Gnade. Die Geisteswelt des tibetischen Buddhismus, Freiburg 1987.
E. Conze, Der Buddhismus. Wesen und Entwicklung, Stuttgart ^{6}1977.
H. Dumoulin, Geschichte des Zen-Buddhismus, Bd. 1: Indien und China, Bern 1985.
H.-J. Greschat, Die Religion der Buddhisten, München 1980.
L. Lancaster (Hrsg.), Prajñāpāramitā and Related Systems, Berkeley 1977.
H. Nakamura, Indian Buddhism, Tokyo 1980.
Sangharakshita, A Survey of Buddhism, Boulder-London 1980.
Sangharakshita, The Eternal Legacy. An Introduction to the Canonical Literature of Buddhism, London 1985.
H. W. Schumann, Buddhismus. Stifter, Schulen und Systeme, Olten-Freiburg ^{2}1978.
M. Winternitz, Der Mahāyāna-Buddhismus, 2. Bd., Tübingen 1930.

4. Anthologien

E. Frauwallner, Die Philosophie des Buddhismus, 2. Bd., Berlin ^{2}1969.
H. v. Glasenapp, Pfad zur Erleuchtung. Buddhistische Grundtexte, Köln 1980.
J. Mehlig, Weisheit des alten Indien, Bd. 2, München 1987.
G. Mensching, Buddhistische Geisteswelt, Darmstadt 1955.
R. v. Muralt, Meditations-Sūtras des Mahāyāna-Buddhismus, 2 Bd., Zürich 1956.
P. Pfandt, Mahāyāna-Texts. Translated into Western Languages, Köln 1983.

5. Vergleich mit dem Christentum

H. Dumoulin, Begegnung mit dem Buddhismus, Freiburg 1982.
H. M. Enomiya-Lasalle, Zen-Buddhismus, Köln 1966.
H. Küng/H. Bechert u. a., Christentum und Weltreligionen, München 1984.
G. Mensching, Buddha und Christus, Stuttgart 1978.
K. Takizawa, Reflexionen über die universale Grundlage von Buddhismus und Christentum, Frankfurt a. M. 1980.
H. Waldenfels, Absolutes Nichts. Zur Grundlegung des Dialogs zwischen Buddhismus und Christentum, Freiburg 1976.